醫療爭議管理

醫療促進溝通關懷與衝突管理

醫療促進溝通調解〔修訂版〕

總策劃 陳永綺
書田診所小兒科主任醫師

總審定 李詩應
西園教學醫院神經科主治醫師

審　定 黃鼎文
日本龜田綜合醫院泌尿科主任醫師

病方　醫方　?　!　醫療促進溝通調解員

和田仁孝・中西淑美◎合著

李晨芸・詹文君・黃羿文
董瑋亭・李訓承・王薇婷◎合譯

医療メディエーション—
コンフリクト・マネジメントへのナラティヴ・アプローチ

目 錄
CONTENTS

醫療促進調解的角色扮演

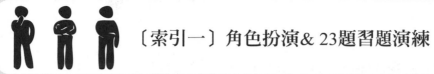

〔索引一〕角色扮演 & 23題習題演練

〔索引二〕15個實用重點提示

促進溝通調解、從心出發、醫病雙贏、全方位醫療事故處理之開端

王志嘉

　　近10年來，醫療體系變化之大，非身處在醫療體系的醫事人員，實在不容易體會。有學者提到「醫療糾紛」與「健保體制」，是造成醫療體系逐漸崩解、不確定感與不安的原因，從醫療實務的觀察的確如此，此二者又互相影響，造成不少醫療人員離開曾嚮往的醫療職場，學非所用，或是願意踏入內、外、婦、兒、急診等重症領域的醫師越來越少，導致分配不均，逐漸影響到醫療體系的正常運作，醫院關閉病床、住院需要等病床、以及急診擁塞的情形越來越普遍。

　　醫療爭議或糾紛的增加，無疑是造成醫療體系變化最直接的原因。從醫界的角度觀察，醫療訴訟雖具有「三低一高」——低起訴率、低定罪率、低執行率、高偵查率的現象，看似影響不大，實則卻大大傷害了醫界的心靈，醫師公會全國聯合會在順應醫界聲音的情形下，提出了醫療法第82-1條的修正案，冀能將醫療刑責「明確化」與「合理化」，提供一個更安全的執業環境。然而，從病人或家屬的角度觀察，又何嘗不是傷害與痛苦，捫心自問如果發生在自己的親友身上，是否也跟病人或家屬有相同的反應呢？

　　醫療爭議或糾紛，沒有人願意發生，在這方面醫病的立場是一致的；然而，卻在爭議或糾紛發生後，醫病轉為對立面，以往的信賴關係不復見，甚至導致訴訟，造成醫病雙輸。《當醫療遇上衝突糾紛，訴訟是最好的解決方法？》（李詩應、陳永綺合著，原水出版）一書中「佐佐木太太」，雖贏了官司，內心卻更空虛、更失落，她想要的

「真相」或「道歉」依然遙不可求，顯然的透過訴訟來解決醫療爭議都是輸家，無論誰贏了官司，沒有一方是贏家，故訴訟是醫療爭議與糾紛處理的最後手段。那要問的是，是否能透過「訴訟外解決的方式」來處理，進而造成醫病互相體諒與了解，而使醫病雙贏呢？

訴訟外解決醫療爭議的方式，包括：和解、調解、仲裁、補償、與保險等。從醫療爭議或糾紛的研究發現，真相、道歉、與適當的補償，是病人與家屬最想要的，特別是「真相」，書中的「佐佐木太太」或是國內數起知名的醫糾案件都有類似的情形。顯然，訴訟是硬碰硬，不可能得知真相，更遑論道歉；和解、調解與仲裁，醫病對立面不若訴訟強烈，真相與道歉比較有機會得到。然而一般的和解、調解與仲裁，著重在醫病雙方的折衝、評價醫療行為當時的情形、雙方各讓一步以取得平衡、讓事情盡早落幕，回歸常軌，雖比訴訟好太多，但距離病人想要的好像還有一段距離，似乎仍有調整的空間。

拜讀由李詩應、陳永綺醫師夫婦，翻譯日本學者和田仁孝、中西淑美著的《醫療促進溝通調解》一書，的確為醫療爭議與糾紛發生後，**醫病關係的調整與修復，提供了「新」與「心」的選擇**。醫療促進溝通調解，強調的是「促進式」的調解，其與一般和解、調解、或仲裁強調的「評價式」調解，是有所不同的。「促進式」調解的精神，在於建立醫病雙方共同信賴與公正的「調解關懷員」，在醫療爭議的調處過程，提供醫病雙方溝通的平台、提供對話的機會，**調解關懷員適時找出雙方的共同目標與共識，目標是設定在重新建立與修復醫病雙方破壞的關係**。

換言之，「促進式」的調解，的確對醫病關係嫌隙後的修復是有幫助的，誠如前述，醫療爭議發生後，不僅病人與家屬受到傷害，醫療人員也受到傷害，醫病雙方都有修復的必要。「促進式」的調解，就是提供醫病雙方關係修復的平台，讓醫病之間透過再次對話的機會，有機會修補彼此的關係，除了醫病雙方有機會將此傷害宣洩、事緩則圓就成功了一部分外，尚能促進醫病雙方的了解與體諒，真相與

道歉在此氛圍下較容易達成，其最終理想在於達到醫病雙贏「WIN-WIN」的境界。

「促進式」的調解，不同於以往的和解、評價式調解、或仲裁等，它著重在醫病關係的修復，打破醫病雙方既定的成見（書中稱為「認知框架」），故調解關懷員的「溝通技巧」及「信賴與公正的特性」，是促進式調解關鍵核心與成敗關鍵。調解關懷員的設立與適當訓練，至為重要，欣慰的是衛生福利部與各縣市衛生局，對於醫療機構設立的調解關懷組織非常重視，台北市衛生局也與李醫師夫婦合作，共同開展調解關懷員的訓練，的確為醫療爭議的預防與處理露出了一線曙光。此外，醫界的團體，如各地的醫師公會、各醫事法律學會、甚至法院等，也相繼投入訴訟前的調解，相信在此書的問市後，更能將「促進式」調解的內涵逐漸推動，是一本值得仔細品閱的好書。

醫療爭議與糾紛的處理，涉及的因素非常複雜，必然是多管齊下、全方位的處理，以「促進式」的溝通調解為開端，從心出發，調整與修復醫病關係的嫌隙，並輔以相關的補償機制，以去（101）年推動的「生育事故救濟試辦計畫」為例，經過一年的審議，也讓醫糾鑑定與訴訟減少了80%，**相信在溝通調解與補償機制的雙軌並進，對於民眾想要的真相、道歉、與適當補償的距離又更向前邁進了一步，至於訴訟則是最後手段性。**最後，希望在醫界、法界、與民眾等有志之士的共同努力之下，大家共同為醫療品質與病人安全的目標而努力，有一天能再次見到**醫病信賴、友善、與良性互動的環境，達到醫、法、病三贏的目標。**

（本文作者為三軍總醫院家庭醫學科主治醫師、
中華民國醫師公會全國聯合會醫事法律智庫副執行長）

推薦序
②

理性與感性的一本書

李作英

　　由於科技的進步與醫療環境的快速變遷，臨床上醫療人員為病人
所進行的各項診斷、檢查與治療程序，相對性的確較以往更為複雜。
此外資訊的發達與教育水平的提升，一般民眾對健康知識的了解與對
本身權益的重視程度，也較以往對醫療品質的期待與要求相形增加。
因此往往在醫療互動的情境中，若溝通不良產生時，醫病雙方將出現
認知的落差，進而產生醫療衝突或糾紛。

　　調查顯示台灣在醫療糾紛的案例方面，從1987年至2001年每年接
受醫事鑑定的委託件數從147件增加至406件，案件有逐年增加的趨
勢。此外1999－2011年間，平均每年約發生500－550件，主要爭議對
象80%為醫師。由於醫療衝突事件的增加，不但使部份醫療從業人員
對醫療環境產生投入的卻步，也使病人在就醫過程中對醫療人員失去
信心。故為降低衝突的發生，適當的溝通與調解的介入，在醫院培訓
的角色上，扮演了相當重要的地位。

　　臨床上大部份醫病衝突發生時，忙碌的醫方多採用專業的角度與
溝通方式，對病人進行解釋，較為忽略應站在同理的立場，因此也較
難取得病人或家屬的諒解。本書所介紹的「醫療促進溝通調解」與
「醫療促進溝通調解員」的內容，則是建議**調解員雖為醫院的角色，
但應站在醫院第三者中立角度的立場與對話方式，進行醫病之間的溝
通，才能找出雙方聯繫的最大可能性，以爭取到更多的認同，降低醫
療衝突的可能性**。這是這本書所傳達的一個重要訊息，也是現今醫院
的調解人員，須注入的一個重要概念與多加練習的技巧。

有幸在今年參加了由台北市衛生局所舉辦，「陳忠純紀念促進醫病關係教育公益信託」（CDPET）會長陳永綺醫師與執行長李詩應醫師所負責教授的「促進醫療溝通」研習會，經由兩位老師熱心的傳道授業，參與的學員均難得的體驗了溝通與調解的精髓，且經由案例的設計與實際演練，不但教學情境更活化，學習的運用也更加深入。更可貴的是兩位老師在日本受訓與融會貫通後，發心將這套課程移植回台灣，並將課程內容以深入淺出的方式翻譯成此書，準備貢獻給台灣的醫界使用，實值得每位醫療人員學習與研讀，也期待醫界未來能更進一步認識溝通調解的角色與技巧。

　　本書內容可看到一些理性的方法與技巧，但同時也能充份感受到作者對生命感性的尊重與關懷，在此要謝謝作者對醫界與社會所作的付出與回饋。

　　特為此序，以為祝福。

（本文作者為台北市護理師護士公會常務理事、
振興醫療財團法人護理部副主任）

醫病雙方的眞誠對話是良好的醫療體系永續成立的條件

荒神裕之
黃鼎文

　　日本的國民健康保險於1961年開辦，隨著經濟發展，給付的範圍與種類也逐漸擴大。到目前爲止，與其他各國相比，日本健保制度中的被保險人自由就醫體系仍是其重要的特徵。現在全日本有各級醫院約8600家，基層診所約9900家提供健保服務。開辦以來有世界最低的嬰幼兒死亡率、最長平均壽命、世界衛生組織的醫療制度評比第10名、國民健康度第1名等等，各項耀眼的成績。

　　然而，少子高齡化所帶來的疾病人口構造的變化，與醫學本身的高度專科分化，讓醫療體系也隨著時代有著很大的變遷。特別是從2002年以來，日本警察單位開始傾向將醫療疏失當成刑事案件調查，而在醫院第一線的醫師，護理人員也逐漸在案件的調查中被當成嫌疑犯對待。同時，媒體也多以加害者的角度來報導醫療人員的疏失。雖然讓醫病雙方更加重視醫療安全，卻也間接導致日本社會「醫療不信」的現象。其中2006年的福島縣立大野醫院產婦死亡事件，就是一個影響深遠的重大醫療糾紛案件。

　　在事件中的病患，因粘連性前置胎盤導致手術中大量出血，以致休克死亡。術前雖有對病患與家屬作完整的說明，並事先就針對可能發生的合併症及其重大性進行評估，且曾建議轉院。本案的警方仍以業務過失致死的嫌疑罪名，將擔任手術的婦產科醫師現場逮捕。儘管本案的婦產科醫師最後被判無罪，日本婦產科醫學會還是針對警方處

置過當提出聲明抗議。之後，以全國性的規模，發生多數的產科醫師選擇退職轉科及願意選產科的住院醫師減少，讓基層的婦產科診所與各大醫院的婦產科病房關閉，造成無處可接生的現象。正所謂「產科醫療崩壞」的緊急狀態。

一個偶發的醫療疏失，演變成刑事訴訟案件，更影響到全日本醫療體系的正常運作，是當初始料未及的。為此，日本厚生勞動省（衛生福利部），日本婦產科醫學會，與各地方政府合作共同推動一連串的改革。包括縮短婦產科醫師的工時，改善薪資結構，並創設產科醫療無責任補償制度，以防止事態進一步惡化，目前也逐漸顯現成效。

台灣在1995年開辦國民健康保險至今多年，以上所述日本近來的醫療現況與現今台灣醫療環境相對照，正是他山之石，可以攻錯。尤其是本書《醫療促進溝通調解》能在台灣出版，更深具意義。

和田教授、中西教授，本書的兩位作者，提倡**良好的醫療體系能夠永續成立的基本條件，就是應該回歸到醫病雙方的真誠對話。**

綜觀本書，雖然有稍稍令人費解的現代溝通理論，但也透**過角色扮演的方式，深入淺出的介紹在醫療現場第一線能派上用場的溝通技巧。**希望透過本書的內容，能讓在現今醫療環境中遇到挫折，在臨床業務上苦惱的中文讀者，有一個解決的線索。

本文作者為東京厚生中央醫院醫療安全管理室暨骨科主治醫師
荒神裕之
東京厚生中央醫院 泌尿外科住院醫師
黃鼎文

病人安心，醫療人員放心，
創造一個醫病雙贏的環境

陳永綺

　　二〇一二年六月與和田老師初見面時，就因為相談甚歡而在沒有做好完整的事前規劃下，接下了翻譯書的重任，回來台灣時，為了找人幫忙翻譯的過程中，我才真正感受到事態嚴重了，不能再半調子學習日文了。也因此，不得不開始認真努力的學習新的語言，雖然從小就很哈日，只是都沒能下定決心好好學習日文，有機會學時也是有一搭沒一搭的學，真是所謂的「一天捕魚三天曬網」。

　　當然這本翻譯書不是我一個人完成的，而是經過了幾度波折才尋找到這些願意情商贊助、不顧血汗的翻譯者，找到他們大力幫忙真的是讓我感動得痛哭流涕。他們雖然都是日文的佼佼者，但對牽涉醫法專業的日文書還都是初次接觸，翻譯的稿件也是深怕有所出入，因此我自己也就只好一邊學習日文，一邊讀翻譯者送回來的翻譯稿件，一邊看對著原文一字一字的對照，不敢造次。當我自己覺得有疑問時，還得請教我的日文老師，也因此常常被老師用狐疑的眼光看我，問我：「為什麼要看這麼難的書？明知道程度還不夠呢！」我只好苦笑的回答：「騎虎難下啊！」就這樣我只能硬著頭皮，更努力的讀日文，因為已經無路可退，只可惜我的日文還是念得不好！

　　雖然一遍又一遍的讀，細細的品嘗著書中的意思，每次讀完總是有不一樣的感受、不一樣的收穫。中西與和田兩位老師的理念、經驗與畢生的精華，都在字裡行間裡，每次讀完只能用「驚嘆」與「慶幸」來形容我的心情。此書，被日本學員稱為「聖經」不無他的

道理。衝突爲何而來、如何促進溝通調解、如何管理好衝突等等，全部都鉅細靡遺、一步步地教導與指引，更有例子讓我們可以練習與體會。**雖然此書是著重在醫療，醫病互動的領域，但是對於一般人的互動溝通協調也都適用，畢竟醫療領域只是人生活的一部分，唯有在這醫療領域中有較複雜的情緒衝突，因此才另以專書來討論。**

　　正逢台灣醫病關係如此緊張的狀態，能有此翻譯書的誕生，相信是我們台灣人的幸福，**希望此書能帶給台灣一個新的方向，以醫療安全為主軸，達到病人安心，醫療人員放心的新境界，創造一個醫病雙贏的環境。**在此，謝謝幾位參與翻譯的友人與審定的黃鼎文醫師，更謝謝出版社的林小鈴主編與梁瀞文小姐，沒有你們，此書是不可能誕生的！

（本文作者爲書田診所小兒科主任醫師、
陳忠純紀念促進醫病關係教育公益信託推廣會會長）

通往安心、安全醫療環境之路的地圖

李詩應

　　這本書是我們赴日本學習醫療促進溝通調解兩位恩師的大作，也是**通往安心安全的醫療環境之路的地圖。在學習這條路上的人，會發覺這本書非常實用，不管是作為基礎課程的預習，複習與再三思考與練習的書，都是必備的。**

　　向日本學習這件事，最常遇見的第一反應是：「你的日文很強吧？」每每我便會慚愧的回答實在是不行。說到底，這件事天時地利人和缺一不可。天時是，因為311大地震之後日本人因為深深感受到臺灣人的熱情無私援助日本，加上又因政治上的干擾，還讓臺灣吃驚，日本人在這雙重感受下，普遍產生對台灣人有著非常溫馨的感覺。地利是，日本相對於歐美，與台灣的距離很近，尤其是松山羽田對飛之後，更大大節省時間。我們才有可能如此頻繁的去日本學習和談事情，時間效率值，高到連自己都難以相信。人和是，和田老師曾經去哈佛當研究學者兩年，加上經常作國際性交流與合作，英文比起一般日本人來說，是非常流利的，而我們曾經全家一起去哈佛附設醫療院所從事研究員兩年，英文溝通還算順暢，因此與和田老師的溝通，藉著英文幾乎毫無障礙。

　　儘管如此，日文翻譯讓我們實在是吃足苦頭。以我來說，這本翻譯，我的角色是在第一手翻譯後，內人陳醫師看過整理改完電子檔後，傳給在日本的黃鼎文醫師，作審訂工作，將紙本改完確認無誤後，再用快遞寄回臺灣，內人再改在電子檔上，才輪到我上場驗收，把檔案印出來，最後看還有沒有錯字不妥之處。

也因爲如此，在約半年時間，分別上完兩次的基礎課程後，才開始有機會陸續看翻譯的接近完成稿。邊看邊越覺得這本書有好多寶藏，例如裡面提到的電影《羅丹薩的夜晚》，這個故事帶來的省思。爲此我與內人還特地再去借片子看過，並作深入討論過。也因此發覺，我以前看過此片，但是看過此書後，再去看此片，所獲得的深入許多。從不知道看事情的角度可以如此不一樣。這個段落也與兩個非學醫的兒子們分享討論過，他們一致認爲非常有衝突性與教育性，我們打算在將來進階課程中作分享與討論。相信不管是對於見識也好，對人際關係地省思也好，都能如我們般提升不少。

其次，老師書上提到的無射之射戰國時代的故事，其層次之高令人不得不敬佩萬分；再者是有些地方設想之周到實在是令人感受得到，每一細節都曾經有老師仔細思考過才寫出來的痕跡，絕不含糊。還有**哈佛交涉術BATNA的實際應用實例，以及許多實際案例的練習與思考**。這些都是書裡面到處都有的寶藏，不勝枚舉，只能待讀者一一自行去發覺與思索，必能入寶山而不會空手回。

（本文作者爲西園教學醫院神經科主治醫師、
陳忠純紀念促進醫病關係教育公益信託推廣會執行長）

作者序
1

普及醫療促進溝通調解
構築良好的醫病關係

和田仁孝

　　進入21世紀之後，日本的醫療事故訴訟逐年增加，被追訴刑事責任的醫生也不在少數。在這醫療崩壞的情況下，爲了不讓醫病雙方的醫療事故問題走上訴訟一途，我於2001年提出了「院內促進溝通調解」的概念，此概念著重的是醫病雙方的對話與重建雙方的信賴關係。並於2005年開始培育院內促進溝通協調員。此概念一提出，便讓醫病雙方覺得獲益良多，因此快速普及。目前，一年約有3000名以上的醫護人員來參加這門研習課程。

　　2010年在國立台灣大學陳聰富教授的熱情邀約下，讓我有幸到台北進行以醫療促進溝通協調爲主題的演講。也因此認識了主宰台灣CDPET的李詩應與陳永綺醫生賢伉儷。兩位的研究都是以透過CDPET來構築病方與醫方之間協調的對話關係。因爲擁有相同的理念，讓我們一見如故。爲了讓台灣的醫療促進溝通協調概念早日普及，並爲改善醫病雙方的關係盡一份心力。兩位醫生多次來日，並實際參與醫療促進溝通協調員的研修課程。藉由我們所提供的資料，兩位也融會貫通了醫療促進溝通協調的理念與技法。

　　李醫師與陳醫師兩位回台後，也開設了醫療促進溝通協調的研修課程，並且成立了其相關組織——「TAHM」。然而，爲了讓醫療促進溝通協調更加普及化，並更深入地鑽研此一概念，我們也於2008年成立了「JAHM」。今後，希望能透過台日兩國的交流，讓醫療促進溝通調解更加普及，並構築更良好的醫病關係。也希望中文版的發行，能爲改善台灣醫病雙方關係略盡棉薄之力。

醫療促進溝通協調開創全新醫療品質

中西淑美

　　這本醫療促進溝通調解概念書，能在台灣發行中文版，我感到十分榮幸。

　　希望本書能成為讓台灣構築更良好醫病關係的第一步。

　　醫療促進溝通協調是開創全新醫療品質與安全的ADR概念。為了達到以真誠態度面對雙方當事人，以冷靜態度觀察現實，逐步累積變革的事實，朝重新構築信賴關係的理想前進之目標，希望奠基於理性的感性、感覺、感情的醫療促進溝通協調概念能被廣為流傳。

學習促進溝通調解，
活用於複雜的醫療現場

　　從本書的前身《医療コンフリクト・マネジメント―メディエーションの理論と技法》（《醫療衝突、管理―促進溝通調解》（台灣未出版））出版以來已經五年有餘了。這五年來，一般大眾對「**醫療促進溝通調解**」一詞的認知度逐漸提高，此一詞彙也於醫療現場迅速普及。

　　西元2003年，當日本醫療機能評價機構的「認定病院患者安全推進協議會」的相關部會剛開始進行檢討時，我們也只還在摸索著如何構成研修課程的階段。雖說當時有一些透過以法律實務家為對象之第三機構來幫忙調解的促進溝通調解研修企畫，但是當考量到醫療現場複雜的對話過程，這些研修課程就幾乎沒有什麼參考價值。如果只是將促進溝通調解的構造與技巧做表面上教育的話，對於實際的醫療現場是沒有什麼用處的。所以，當務之急是要構築一個能夠培養出藉由學習促進溝通調解的基本理念為基礎，並能應用到複雜的醫療現場之涵養。

　　我國（日本）的促進溝通調解教育，大致上可以分為三個時期。

　　第一期：由法學研究者為中心，以用第三機構幫忙調解來達成解決紛爭的目的，為促進溝通調解的理論探究時期。筆者和田本身於1982年在哈佛法學院留學之際，學習了促進溝通調解，1988年任教於九州大學不久後，便在研討會中舉辦了促進溝通調解角色扮演等活動。但是，此一時期的促進溝通調解教育只定於大學的學術領域。

　　第二期：1990年代後半，日本引進了以法律關係者為對象的美國

實務研修訓練並加以推廣。這是因爲在美國從事促進溝通調解員研修的小林久子先生（現爲九州大學教授）將美國的教育程序導入日本，才能廣泛地提供這些以法律實務家爲中心的研修。經濟產業省也開始開發相關課程。但是，這些研修皆來自於第三機構來幫忙調解的想法。因此以美國的文化與環境爲前提、將重心放在擁有固定模式的技能教育等念頭，對醫療現場的促進溝通調解教育來說，非常不足也不適合。

　　第三期：以醫療促進溝通調解員的形式，並非以透過第三機構來幫忙調解，而是將其視爲醫療現場的軟體設備加以普及化的現況。

　　爲了讓醫療現場的促進溝通調解能夠順利運作，有幾點需要留意之處。若要將其視爲醫院的軟體設備進行推廣的話，高層的理解及支持、公平公正的事實檢證以及剛正不阿的說明等，都是重要的必備條件。跟我們同時在美國展開醫療促進溝通調解教育的美國哥倫比亞大學法學院教授卡羅爾‧利普曼（Carol B Liebman），也明確地指出了「醫療促進溝通調解的前提，在於事實的共享」。因此，我們一直在追求的是，足以支撐「事實的公正檢證與共享」的醫療促進溝通調解教育。事實的公正檢證與共享、真摯坦率的對話過程，除了是醫療現場促進溝通調解的實踐目標，也可說是不可或缺的必備條件。

　　此外，考量到醫療現場的複雜多變，我們需要的不是表面的技巧和技術教育，而是能自然而然讓基本態度與理念深入內心，與培養出能實際運用能力的新觀念爲基礎之課程。舉例來說，IPI（爭點分析模式）也從只考量哈佛流的狹隘利益，演變爲情感、關係、促進當事者本身的對話與敏感度，甚至於與「以患者角度進行的事實檢證」息息相關之分析技能。

　　基於此一觀點，以從事促進溝通調解理論研究的和田，及擁有醫療現場實際經驗的中西爲主，加上以佐佐木孝子女士爲首的醫療事故被害者家屬，並在一直以來都爲醫療促進溝通調解的普及及教育盡心

盡力的眾多醫療安全管理者們的建議與協助之下，醫療促進溝通調解的教育課程正式誕生。尤其是佐佐木孝子女士，給予我們一個重要的契機去思考將促進溝通調解視爲醫療現場軟體設備的必要性與可能性。因此，對我們而言，佐佐木女士可說是「醫療促進溝通調解之母」。相關課程推出後，醫療促進溝通調解在逐漸普及的同時，也面臨了各式各樣的考驗，但透過這樣的過程，醫療促進溝通調解也更加成長茁壯。

在2005年，日本醫療機能評價機構首次開設醫療促進溝通調解養成研修課程時，課程內容只有初級篇，一年只開設三場，學生僅79人。但幾年後，學生人數急速增加。2010年時的學生人數超過2500名，課程也增加了中級篇、應用篇、其他問題領域的進級研修等，讓授課內容更加完整並且多樣化。在這急速普及的過程中，我們對醫療促進溝通調解有了更深一層的體悟，也有了更進一步的作爲。

第一，爲因應不同的需求，修習課程的方法也更加多樣化。日本醫療機能評價機構和早稻田總研國際公司（Waseda University International Corporation），依舊會對外募集研修課程的參加者。但是，不同於這兩個機構，其他的醫院團體、各地醫師公會、地方政府、個別醫療設施等都希望能進行更有組織性的培育與養成課程，我們也提供了能因應不同需求的研修課程。目前，後者的學生總數遠多於前者。下面所列名單，爲撰寫此篇文章時，正在著手進行醫療促進溝通調解員的培訓，以及塑造醫療促進溝通調解典範的醫療團體。除此之外，以北里大學醫院、武藏野紅十字醫院、虎之門醫院、國立心血管疾病研究中心爲首，超過30個的個別醫療設施，都在獲得其高層的同意下，正在進行醫療促進溝通調解的研修課程。

〈醫院團體〉
　　全國社會保險協會聯合會、國家公務員共濟組合聯合會、國立醫

院機構（九州區域、東北、北海道區域、關東信越區域）、全日本民醫聯、全國自治體醫院協議會、日本私立醫科大學協會（東京）、靜岡縣醫院協會、日本文化厚生農業協同組合聯合會、熊本縣保險醫協會、勞動者健康福祉機構（勞災醫院相關）

〈各地醫師會〉

　　愛媛縣醫師會、新潟縣醫師會、福岡市醫師會、京都府醫師會

〈地方政府〉

　　岩手縣、新瀉縣、高知縣

第二，一開始對此事有所關心的醫生，幾乎都是以個人的名義來參加研修。但演變至今，醫療設施都以組織的形式引進醫療促進溝通調解的研修課程，比方說以醫院團體或各地醫師會主辦的研習會等。就算是日本醫療機能評價機構舉辦的研修課程，來自相同醫療設施並持續參加的人數也逐年增加。來參加研習的醫生，多半是想積極去改善對患者相關應對態度的院長或副院長。

第三，這樣的作為，與其說是為了引進醫療促進溝通調解員制度，不如說是來自想讓醫療促進溝通調解也成為一般醫療體系中的有利對話模式的想法。不僅限於醫療事故與糾紛的對應方法，而是將醫療促進溝通調解視為培育醫療者必備的基本態度的研修課程。我們會派人到個別醫療設施進行講習。透過長期的研修課程，許多醫療設施內，都已經有超過百名以上的員工，習得了醫療促進溝通調解的相關知識。此外，高等教育機構也開始將醫療促進溝通調解視為醫學院或實習醫生教育的一環。

第四，隨著課程設計逐漸完整，將研修所得到的知識與現場的實際體驗視為一整體過程的想法也被採用。醫療現場的實踐與在研修中所習得的知識，在對待患者的態度與理念，以及實際運用能力的培養

上都擁有重大的意義。以此觀點繼續深入探討的話，能讓研修課程更加完善。

　　第五，除醫療者外，醫療促進溝通調解也受到病患與一般民眾的重視。與醫療事故的受害者、想重新構築地方醫療及小兒科醫療體制的醫療者共同努力的民眾、患者會的成員們一起集思廣益，讓「醫療促進溝通調解」此一概念能更廣為人知。患者、一般民眾、醫療者聯手的話，能實際體會及學習醫療促進溝通調解的機會也逐漸增加。所謂的醫療，原本就是由醫療者與患者聯手構築而成的。因此，若讓患者與一般民眾，也了解醫療促進溝通調解此一概念的話，就更能在醫療現場被廣泛運用。因此，我希望醫療促進溝通調解能成為患者與醫療者之間的橋樑。

　　第六，2008年3月，為了實現此一理念，並以醫療調解員的資格認定與提升其水準為主要目的日本醫療促進溝通調解員協會（Japan Association of Healthcare Mediators：JAHM）正式成立。2009年3月成為一般社團法人。伴隨醫療促進溝通調解的普及，成立一個能做為後盾，給予保證的機構是有其必要性的。一名專業的醫療促進溝通調解員，必須經常反省自己的態度、理念與專門能力，並且不斷精進。此外，擁有一個讓成員能互相勉勵切磋琢磨，提升自己能力的連絡網路是很重要的。我們已在日本國內的大部分地區成立分部。並以協會為中心，開始跟前述的患者及市民們聯手，尋找醫療促進溝通調解的可能性。在日本內閣的支援下，以患者及市民為中心，並以作為協助患者或醫院的組織，並參考「美國醫院協會的病人訟辯 （Patient Advocacy）」教育系統，開始推動「醫療溝通師（Meister）」的人才培訓計畫。此計畫已被醫療促進溝通調解採用，並在日本醫療促進溝通調解員協會的協助之下，著手進行由一般民眾擔任之患者方促進溝通調解員的培訓計畫。

第七，我們也開始與國外的醫療教育機構合作。美國醫院協會中的醫療健保消費者訟辯協會（SHCA），將醫療促進溝通調解視爲替病人訟辯（Patient Advocacy）必備的九種技能領域之一。我們可以看到他們正在推動末期患者的意願決定過程中，與促進溝通調解員息息相關之生命倫理促進溝通調解的實踐與教育等相關工作。除此之外，事故對應在全世界可說是數一數二的密西根大學醫療系統中，所有的風險管理者都必須參加促進溝通調解的研習，今後也會與日本醫療促進溝通調解員協會持續交流。雖然美國的促進溝通調解普及率不及日本，但美國的醫護人員是有確實執行其相關技巧的。

幾年前剛嘗試推行研修課程時，我們壓根都沒想到此概念會被前線的醫療人員，甚至於患者、一般民眾所接受並加以推廣。在推行的過程中，我們認識了很多人，給予我們熱烈的支持與寶貴的意見。沒有這些朋友的支持，就不會有醫療促進溝通調解與其相關的研修課程的產生。但前方還有堆積如山的課題，等著我們去解決。

基於這些不斷改變的狀況與存在的課題，我們大幅修改了前著《医療コンフリクト・マネジメント―メディエーションの理論と技法（醫療衝突、管理―促進溝通調解）》，推出全新增訂版。本書前半部是全新的章節。因此，這本書與其說是增訂版，不如說是一本全新著作，此外，爲了讓「**醫療促進溝通調解**」一詞更加普及化，我們毅然決然地改變了書名。如前所述，若要將醫療促進溝通調解推廣至各式各樣的醫療現場，並從患者與民眾的角度加以運用的話，我們目前還處在轉型與進化的階段。因此，在本書中除了反映此一現實外，也是充實醫療促進溝通調解這個概念的一小步。期望透過本書，能讓醫療現場的對話文化更加成熟。

和田仁孝 & 中西淑美（寫於2011年11月11日）

Part 1

何謂「醫療促進溝通調解」？

歡迎來到醫療促進溝通調解的世界！

本篇首先要學習醫療促進溝通調解的定義與各種前提，對醫療促進溝通調解有更正確的認識。並針對在何種醫療場面下該如何適應此一問題點，進行概觀的介紹。

本章節的內容都是與醫療促進溝通調解息息相關，請各位讀者務必細心研讀。

------

h第1章d

醫療促進溝通調解的定義

Point

> • 在醫療現場,容易產生患者與醫方之間,在認知上的分歧或誤解之情況。
>
> • 當患者與醫方之間產生認知上的分歧或誤解時,常因一對一(雙向對立型)的處理方式,讓情況變得更加複雜。
>
> • 在雙向對立型的情況下,藉由加入雖身為醫院職員卻非站在醫院這方的「第三者」之醫療促進溝通調解員,形成三方對話模式。
>
> • 醫療促進溝通調解員擔任的是當事者雙方的橋樑,並以同理心去了解雙方的想法與背景,促使雙方當事者共享情報與相互理解,並透過提問去增加雙方對話的機會。

首先,「醫療促進溝通調解」的定義如下──

> **「醫療促進溝通調解」的定義**
>
> 所謂醫療促進溝通調解,是透過促進病方與醫方的對話,進而共享情報,並支援預防及調整認知分歧(認知衝突)的一個關係調整模式。

醫療現場多半是病方與醫師、患者與護士這樣,一對一的對應模式。一般來說,這樣的模式,不會產生太大的問題。但也有讓病方與

醫方之間容易產生認知分歧或誤解的狀況。有時與醫療事故相關，或是埋下醫療糾紛的種子，也可能讓分歧或對立迅速擴大。知情同意、臨終的意識決定、客訴抱怨的應對、醫療不良事件的發生等都是其典型。在這些情況下，若以雙向對立的構造去對應的話，對話不但無法順利進行，甚至還可能會加深彼此的誤會。

　　當發生醫療不良事件或客訴抱怨時，醫方也無法保持平靜。即使醫方想坦誠面對，但常會因看到病方的悲傷或憤怒就開始緊張，更難以從容的態度去應對。另一方面，病方也會因受到悲傷、憤怒或其他情緒影響而無法冷靜。於是，醫方的態度也會更加警戒，試圖以醫方本身的理論去說明和說服患者。面對這樣的醫方，病方在聽取醫方說明內容前，就會對其警戒的姿態或「不顧一切想說服患者」的態度產生反感。如此一來，別說共享情報，只會加深雙方認知上的分歧。

　　再者，像知情同意這樣，資訊分享十分重要的場合，也時常發生未充分理解就做出結論的情況。醫方盡其所能說明病情，一知半解的病方也試圖去理解其內容。但這樣的情況下，雙方的認知產生重大落差的可能性其實很高。醫方希望能說明並取得病方理解，病方也希望接受醫方說明並且去理解，但實際理解的內容卻有很大的落差。如此一來，便會因說明時雙方理解的落差而產生糾紛，甚至會有產生醫療

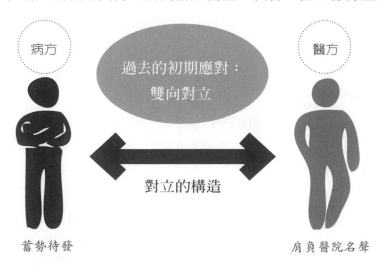

病方　　　　過去的初期應對：　　　醫方
　　　　　　　雙向對立

對立的構造

蓄勢待發　　　　　　　　　　肩負醫院名聲

事故的危險性。

　　由此可知，以往的雙向對立模式，可能會面臨許多瓶頸並產生各種問題。以下是我們整理出來的內容。

- 雙方容易將彼此視為必須說服，或者進行說明並讓其理解的對象。因此，對話容易淪為口舌之爭或機械式的說明，造成對立或不滿的擴大。

- 比起消弭雙方認知上的差距，反而更執著於各自的主張與該說明的立場，讓對話陷入僵局，因此加深了對彼此的歧見。我們經常可以看到，病方經過雙向對立型的溝通後，產生了更強烈的不信任感。而醫方更站在醫療者的立場，很容易陷於將病方視為投訴者、找碴、挑剔或是醫院的黑名單。

- 為避免上述情況發生，在面對客訴或醫療糾紛時，醫方經常不願去了解病方內心的想法或需求，而是以金錢賠償這種膚淺的方式去解決問題。這就是以所謂「遮醜」的方式逃避相關的醫療問題。此外，因視病方為投訴者拒絕對話的因應態度，雖然手法上與「遮醜」截然不同，但就本質而言，同樣都可說是逃避問題。

　　基於在病方與醫方之間容易產生認知上的落差這點，若在「發生醫療事故後」、「醫療糾紛」，或在「與預防醫療事故相關」的重要情況中，有一個能促使雙方對話達到實質上的情報共享的「**第三者**」，便能減少雙方歧見或因溝通不良所產生的風險，也能調整彼此間的關係。透過促進這樣的對話，進而達到病方與醫方之間的資訊分享，防止醫療事故的發生，並在發生醫療事故或糾紛時，協助重新構築雙方關係。擔任這樣角色的人，便是醫療促進溝通調解員，其對話模式，也可稱為**醫療促進溝通調解**。

　　醫療促進溝通調解是三方對話的模式，在雙向對立模式之下，醫方代表是站在醫院的立場進行對話。但醫療促進溝通調解員卻是在第

三者的立場，沒有任何包袱，更能用剛正不阿的態度去聆聽病方和醫方的談話，並促進雙方的對話。對病方而言，醫療促進溝通調解員並非站在醫院的立場。面對其真摯的態度，即使調解員是醫院的職員，但也因為與醫院的立場不同，更能獲得病方的信賴。若醫療促進溝通調解員出現在對話的現場，雙向對立的瓶頸與問題便能獲得解決。

接著，醫療促進溝通調解員的定義如下。

「醫療促進溝通調解員」的定義

所謂的「**醫療促進溝通調解員**」，是能站在不偏頗任何一方的位置，感同身受地去聆聽醫病雙方所說的話，並且不表達任何自身的見解或判斷，透過促成當事者雙方對話，進而達到資訊分享，預防及調整認知分歧（知情衝突）的人才。

簡而言之，醫療促進溝通調解員，不是代表醫方去表達立場或進行說明的角色。否則，只是醫方變成兩個人，雙向對立的構造本身沒

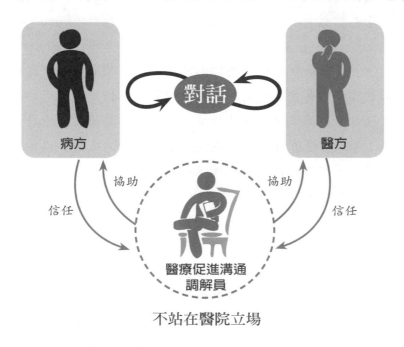

有改變。因此，醫療促進溝通調解員必須以**不站在醫院立場的態度，**去聆聽病方與醫方雙方所說的話，從一而終地擔任連結起雙方的角色。醫療促進溝通調解員，**不能表達任何評價、判斷、說明或是意見，而是透過「提問」讓當事者去溝通，**支援雙方當事者發現彼此深層想法或背景的過程。這個過程，可說是構成醫療促進溝通調解員此一角色的基本前提。為了能更有效並適當進行支援，醫療促進溝通調解員必須要去學習與培養職業道德的態度與技能。

醫療促進溝通調解指的絕非是膚淺的溝通技法或是待人接物的技術，而是更加深入並感同深受地去了解病方的想法或背景，同時將醫方應有的態度完整呈現的對話模式。

醫療促進溝通調解的具體實例

為了能讓各位能更了解所謂「醫療促進溝通調解」與「醫療促進溝通調解員」角色的不同，我們來舉個簡單易懂的例子。此為醫師接到病患抱怨的狀況。

- -

某天，醫生一如往常詢問門診病患的症狀。問完診後，這位醫師認為目前最有效的處方，便是兩個月前開始讓這位患者服用的藥物。正當醫生開好處方籤準備結束問診時，這位病患開始大聲抱怨。

「喂！醫師，您有沒有在聽我說話啊？如果只是機械式地隨便打張處方籤的話，那不就每個人都可以當醫生了嗎？醫師，您到底有沒有在認真看病啊？」

醫師聽完嚇了一跳。因為病患一家人都在他這裡看病，因此與這位病患應該有一定程度的信賴關係，為何病人有這樣的反應呢？

於是，醫生對病患說：「我當然有很認真在幫您看病啊！」然而，病患不僅無法接受，反而更氣憤地說：「再說，病人來看病居然要等那麼久，這醫院是到底怎麼回事？」因此，醫師又回說：「因為

來看病的人很多，等待的時間當然也相對會變長啦！」沒想到這位病患更憤怒地抱怨：「剛剛護士叫我的時候也沒有看我一眼，根本沒把病患當成一回事！那種護士應該讓她走路才對。」

醫師一邊想著：「真奇怪！這位護士向來都深受病人的喜愛啊。」一邊跟病患解釋：「我們不能莫名其妙就炒她魷魚，但我會好好教訓她一頓的。」

沒想到病患的怒氣依舊沒有平息，反而堅持說：「我今天沒有獲得妥善的治療，所以我不會支付診療費用。」

這個例子裡，出現了先前所提到的雙向對立。針對病患的抱怨，醫生從醫方的立場去說明並說服患者。但對處於混亂與憤怒狀態下的病患來說，只有感覺到「自己被攻擊」、「醫生的藉口一堆」，因而更加深彼此的鴻溝。

那麼，我們假設如果是醫療促進溝通調解員來進行對應的話，首先，調解員盡可能先與病患一對一當面進行談話。偶爾會有醫療促進溝通調解員完全搞不清楚狀況而突然介入的案例。因此，在一般情況下，要先爭取與病患一對一會面的機會，並說明雖然自己是醫院職員，但也是連結醫院與病患之間的橋樑。

此時，病患可能會怒氣沖沖地說：「即使說居中幹旋，還不是醫院的人嗎？這醫院到底怎麼回事？」但是，之後的情況卻會截然不同。醫療促進溝通調解員與一般的醫師不同，並非以醫方立場去進行說明和說服患者，而是用心去了解與聆聽患者的主張與隱藏在憤怒背後的真正原因。憤怒是次要情感。再生氣的病患，內心其實隱藏著受傷的心情、悲傷、苦惱或是不安這些根本的情緒。憤怒只不過是這些情緒的一種表現方式而已。所謂的醫療促進溝通調解員，並非針對這種表面的憤怒做出反應或者進行說明、試圖說服患者，而是感同身受地去了解患者深層情感，耐心傾聽隱藏在憤怒之下的真正原因。秉持這樣的原則去傾聽的話，患者對醫生的怒氣會逐漸平靜，並萌發「他

雖然是醫院派來的，但有好好地在聽我說話」的信賴感。接著，患者便會察覺到自己的要求與問題的癥結，進而對醫療促進溝通調解員敞開心胸。

在患者「其實是最近醫師的態度有所改變。一個我們全家人都來找他看病的好醫師卻變樣了……」的發言中，醫療促進溝通調解員可以找出問題的癥結所在，並試圖提出更多問題。以「患者曾經認為他是一位好醫生」為出發點，進一步提出「以前的醫師是怎麼樣呢？」之類的問題。於是，患者說出了：「以前會關心家人的狀況，偶爾還會閒聊一下。但是，最近的應對變得很公式化。」的感受。甚至於還會出現「醫生是不是認為我病入膏肓沒得救了，才會放棄我了？」等展現出患者的恐懼與不安的發言。

因此，這位患者一直抱持著「被醫師棄之不顧的不安」以及「今後病狀發展的不安」。這天因為一點小事，讓患者對著醫生大聲地宣洩出本身的「憤怒」與「抱怨」。之所以會出現「炒護士魷魚」或「不付醫療費」等言論，都是針對只會站在醫院立場「說服」的醫生所表現出的表面反應。

像這樣了解了患者內心真正的想法之後，醫療促進溝通調解員也要聆聽醫師的敘述。遭受莫須有罪名指控的醫師，也同樣受到某個程度的傷害。因此，醫療促進溝通調解員，也要像關懷病患般去聆聽醫師的心聲。如此一來，便可以挖掘出醫師內心真正的想法。「兩個月前有位門診醫師離職了，因此我現在還要負責看那位醫師的病人。本來就已經很忙了，再加上那位醫生的病人，讓我忙到一個頭兩個大。在逼不得已的情況下，我只好縮短每一位病患看診的時間。我想說跟這位患者認識這麼久了，交情應該很不錯。再加上，他的病情控制地得宜。因此，不自覺地縮短了看診時間。」

同時，也看得出醫師抱持著「既然我們彼此之間已經有一定程度的信賴關係的話，這位患者一定會明白『再忙，我也不會虛應故事。』『再忙，我也是很努力在看病的。』」的想法。

因此，醫療促進溝通調解員在了解雙方內心的真正想法後，就不會只看到雙方表面的衝突，而是尋找出「能相互連繫的可能性」。但是，醫療促進溝通調解員不會主動提出意見，主角是患者跟醫生。醫療促進溝通調解員的職責是建立一個能讓患者與醫生對談的空間，以客觀公正的第三者身分，促使雙方進行對話，化解彼此成見。雙方對話時，醫療促進溝通調解員不會提出自己的看法或意見，而是扮演聆聽者的角色，且透過提問讓患者與醫師更加了解彼此內心的想法。

　　患者若對醫師丟出抱怨或攻擊性的言論，醫生的戒心也會提高，進入試圖說服患者的解決模式。但藉由醫療促進溝通調解員適時的提問，若是能展現出患者內心真正的想法（「被醫師棄之不顧的不安全感」，其背後涵義其實是患者「真的非常相信醫生」的訊息），醫師也會發現：「原來這位患者是這麼想的。」，並產生「我並不是這種意思，造成您的誤會，真的很抱歉！」這樣為病人著想的言論。

　　此外，醫療促進溝通調解員也會詢問且請醫師說明「縮短看診時間」的原因。若按照雙向對立的說服模式，「有一位醫師離職，所以我變得很忙」這樣的理由，只會被患者回說「這根本不是理由都是藉口」。但是，在醫療促進溝通調解裡，了解患者的真正想法後，再藉由「醫療促進溝通調解員」這第三者的立場去回應患者的憤怒時，患者也會較為冷靜地去思考「原來醫師碰到了這種狀況啊。」如此一來，雙方都產生「就算再忙，醫生也會盡力幫我看診」、「不需要對自己的病狀提心吊膽」的共識，也能因此重新構築彼此的互信關係。

　　醫療促進溝通調解員，是**讓患者與醫方共享「彼此都看不見的內心真正想法」，加深對彼此的了解，肩負起支援雙方對話責任的工作**。最重要的是，不把「為什麼因為一點小事就大發雷霆的患者」當成無理取鬧的客訴者。而是感同身受地去聆聽患者內心的真正想法。舉例來說，有個患者聽到「因為一點小意外造成新藥的治療晚了半天，但不會造成任何影響。」這句話而勃然大怒的案例。但其背景說不定是因為他曾在別家醫院因用藥錯誤造成傷害，或者是投藥時間

過晚耽誤了救治其親人的黃金時間。憤怒和抱怨的背後，或許隱藏著患者過去既有經驗所帶來的不安。因此，醫療促進溝通調解員首先要用心傾聽這些「肉眼看不見的狀況和想法」，並以感同身受的心態去了解實情。醫療促進溝通調解員的差異取決於，「如何提出適當的問題」，並藉此「聽取對方內心更為深層的想法」。

此外，藉由跟醫療促進溝通調解員「重新敘述」自己的想法，患者也能更進一步地獲得各種領會。

藉由上例，我想各位應該大致理解了醫療促進溝通調解員的工作內容。關於其理論與具體的技巧，容我之後再來進行解說。為了讓各位更了解醫療促進溝通調解員的定位，接下來我將整理醫療促進溝通調解的各式前提。

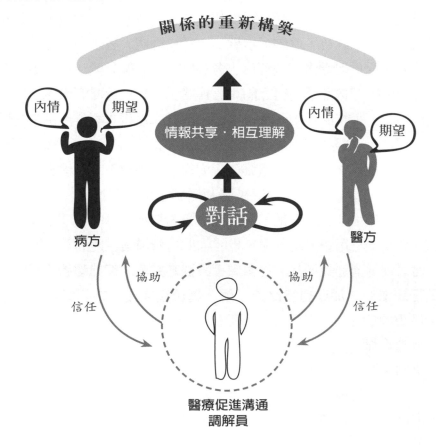

ト第2章 ᅱ
醫療促進溝通調解的各項前提

Point

- 醫療促進溝通調解是透過支援病方與醫方對話來調整雙方關係的模式。
- 醫療促進溝通調解的目標，不在於問題的「解決」與「清算」，而是透過共享資訊，讓當事者間「修復」或者「重新構築」雙方關係。
- 醫療促進溝通調解員不表明自己的判斷、見解、意見，也不提案。
- 醫療促進溝通調解員是支援病方與醫方，奠定雙方信賴的基礎，並維持不偏頗的立場。

醫療促進溝通調解是醫療基礎的對話模式

「對話」是一切醫療的基礎。所謂的醫療行為，狹義上可指醫學上的診斷、處方和技術等。但是，這些行為若不與患者對話的話，是無法進行的。此外，近年來，如知情同意、診療相關的說明、醫療事故發生時的始末說明義務等情況下，對話本身都被視為醫方的義務。

由此看來，**醫療促進溝通調解，可說是促進深層情報共享的對話模式，更能被定位為醫療行為的基礎**。從其定義看來，醫療促進溝通

調解可適用於所有的醫療現場。無論是何種醫療現場，病方與醫方的情報共享都占有舉足輕重的地位。透過醫療促進溝通調解的學習，即使是一對一的場面，也能加以應用（後述的自我醫療促進溝通調解）。因此，我們才會說醫療促進溝通調解是構築病方與醫方關係的基礎。

醫療促進溝通調解的主角是雙方當事人

了解醫療促進溝通調解之後，最重要的便是知道醫療促進溝通調解的主角是雙方當事人。醫療促進溝通調解員的定位是，當病方與醫方面對面進行談話時，協助雙方對話的幕後工作人員。方才的例子中，我們也可以看到醫療促進溝通調解員並不會說明問題所在或進行提案。而是維持一貫的態度，提出問題增加雙方的對話，幫助雙方當事人能共享對方的情報。

然而，醫療促進溝通調解員逐漸普及的情況下，少數人也產生了「醫療促進溝通調解員會幫忙處理患者的抱怨或醫療事故等大小糾紛，醫方就能鬆一口氣了」的誤解。這是非常嚴重的誤解。原則上，醫療促進溝通調解員並不會代替醫方與病方進行協調。即使醫療促進溝通調解員聆聽了病方的想法，也無法消除病方對醫方的不滿與憤怒。因此，醫方還是按往例以「遮醜」的方式來解決所有問題，沒有任何改變。**無所不用其極或以安撫的言語壓下病方的怨言這種作法，是醫療促進溝通調解中最不可行的辦法。**換句話說，醫療糾紛調解的目標絕非所謂的處理投訴與解決糾紛。

病方與醫方直接面對面溝通，藉此共享情報、解決問題，並重建彼此的信賴關係，是非常重要的。因此，醫療促進溝通調解員的角色，便是協助雙方當事人進行溝通。而這也與醫療促進溝通調解的目標有著密不可分的關係。

醫療糾紛調解的目標不是「解決」，
而是「建立關係」

　　以下將針對投訴或發生事故時的狀況來進行說明，有患者對醫生感到不滿，首先請醫療促進溝通調解員來應對。醫療促進溝通調解員誠心誠意並感同身受地聆聽患者的聲音。最後，患者說：「謝謝你聽我說話，我現在輕鬆多了。」即使醫療促進溝通調解員提出「要另外找時間跟醫生談一談嗎？」的建議，患者也回：「沒關係，只要你肯聽我說，我就心滿意足了。」這句話就回家了。這可稱得上成功的調解實例嗎？

　　就以往的投訴因應來看，應該會被稱為成功的調解案例。但就醫療促進溝通調解的觀點來看，事情並非如此。因為我們無法判定這位患者是否已消除了對醫師本人的不滿。說不定患者今後不會再來看這位醫生的門診了。若患者的不滿只是單純的誤會的話，打開患者的心結之後，說不定能讓彼此的關係更上一層樓。此外，雙方面對面的談話中，或許能找出與醫療安全息息相關的論點。但若錯失良機的話，醫生與患者的關係便會毀壞殆盡。

　　在醫療促進溝通調解此一領域中，**面對投訴或事故的相關問題時，不能抱持著只要「解決」或是「有結論」就好的想法。**「解決」的品質才是問題的所在，我們的目標**不單單只是「解決」，而是希望達到因為投訴或醫療不良事件而受到傷害的「病方與醫方的關係」能修復或重新構築。**在剛剛的例子裡，我們提供患者與醫師安心面對面的關懷照護，並設置直接對話的場面，協助雙方能直接共享情報並重新建立彼此之間的關係。因為在這種情況下，患者和醫師才是主角。

　　醫療事故的狀況更是如此。醫療事故的當事者，無論是病方或醫方都同樣受到傷害。在事故的相關問題解決後，煩惱與悲傷依舊在內心縈繞不去。在自己內心反覆地出現**「無止盡的對話」**的過程。對病方來說，因醫療事故的陰影造成內心縈繞不去的痛苦與憤怒，和稍微

理解醫療人員的處理方式之後的苦痛是大不相同的。這深深影響到病方是否能消弭內心悲傷並接受事實。對醫護人員也是如此。無論過程中是否有產生醫療疏失，醫療事故帶來的痛苦，也會造成醫護人員內心的陰霾，或是在這些醫護人員往後的從醫生涯中，迫使事故經驗成為「**無止盡的對話**」吧。雖然事件已落幕，但是，「患者的氣憤在醫方內心揮之不去造成一輩子的陰影」，和「克服了與患者之間的緊繃關係，並藉此成為仁醫而蔚為佳話」，這兩者之間有著極大的差異。

醫療促進溝通調解的目標，不單只是「解決」或「有結論就好」，也不光是「處理投訴」和「解決紛爭」。**若發生像死亡事故這種無法挽回的醫療不良事件的話，對病方或醫方來說，絕對不會有事情到此落幕的「結束」**。充其量只不過是到此告一段落的「結束」。因此，**醫療促進溝通調解是事情告一段落之後，讓雙方「無止盡的對話」提升至積極正向的層面，並以重新建立雙方關係為目標**。

醫療促進溝通調解者並非構造上的中立，
而是維持基於信賴的公正性

因醫療促進溝通調解員為醫院職員，故會收到「非中立組織」的批評或質疑聲浪。發生醫療事故和投訴時，其問題牽扯到患者、家屬的病方與醫院本身、醫院職員的醫方。因此，就醫療促進溝通調解員的出身來看，可能會出現欠缺中立性的問題。

但是，就算成立了一個能派遣醫療促進溝通調解員的第三者機構，考量到現實情況，此一機構恐怕無法順利運作。

第一是時間問題。發生醫療事故或投訴時，第三者組織要立刻介入是不可能的。恐怕要先提出申請、進行行程協調後，調解員才能抵達醫院吧。這申請流程欠缺即時性。無論是醫療事故或者投訴，發生當下的立即應對是非常重要的，這樣才稱得上是有誠意的應對。唯有醫院內的醫療促進溝通調解員，才能在這種情況下立刻趕到現場。這問題可視為促進雙方對話、重新構築信賴關係的重要因素。

第二個問題是，外部的醫療促進溝通調解員，並不了解各醫院的系統流程，也會因欠缺診斷過程的相關情報，就算以第三者的立場介入，也未必能有效進行調解。甚至會因為不適當的舉動，瞬間失去病醫雙方對調解員的信任。由於到此為止對於醫療過程以及情報過於生疏，即使以第三者切入也未必有效。甚至，在不適當的情況下有可能一口氣失去所有的信賴關係。但院內的醫療促進溝通調解員，必定熟知醫院的系統流程與診斷過程，因此能給予最適當的照顧跟應對。**若調解的目的為解決紛爭的話，未擁有個別的具體情報，的確是能保持中立。但是，在以藉由促進雙方對話和共享情報，重新建立彼此關係的醫療促進溝通調解裡，這些情報才能提供有利的支援。**

第三個問題是，雖然就結構上來看，以中立為出發點是有利的，但此結構是非常脆弱，而且輕易就能被摧毀。外派醫療促進溝通調解員的發言，若稍微偏向醫方或病方的話，其中立性被瞬間瓦解。但若

是院內的醫療促進溝通調解員，一開始可能會讓病方產生「雖然是溝通的橋樑，但你終究還是醫院的人吧。」的誤會，偶爾也會被病患及其家屬破口大罵。但院內的調解員必須以此為出發點，並設身處地去聆聽病方的聲音，讓病方開始信任院內的醫療促進溝通調解員。這樣的信任關係，是不會輕易被破壞的。**即使院內調解員的身分並非中立，但是這樣的信任關係，能讓院內醫療促進溝通調解員的支援更具效力。**為了與病方構築看似困難的互信關係，調解員必須學習醫療促進溝通調解應該具備的心態、倫理以及與病方的相處方式。

對認真學習醫療促進溝通的調解員來說，與病方建立信賴關係絕非難題。常會有人提出「若由院內職員擔任調解員的話，他們只會幫醫院說話吧？」的質疑。但事實上正好相反。調解員感同身受地聆聽病方的聲音之後，反而偏向病方的例子占了絕大多數。但不得不承

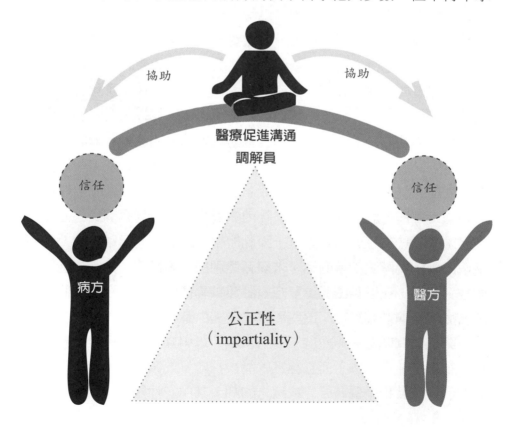

Part 1
何謂「醫療促進溝通調解」？

認，這對醫療促進溝通來說，是很不好的示範。

醫療促進溝通調解員若是站在病方立場，醫方便會提高警戒。出席協調會的醫方，如醫生出現「患者跟調解員聯手指責我」此一念頭的話，會提高警戒也是理所當然的，到頭來只會導致雙方對話無法順利進行。也就是說，醫療促進溝通調解員必須取得病方與醫方的信任，並讓自己站在最公正的位置，但也不能像法官一樣，擺個撲克臉跟雙方保持著距離。**時而照顧病方，時而關懷醫方，不能有所偏頗。建立這樣的信賴關係，其基礎就是公正性**（impartiality）。換句話說，就是要**保持「如平衡玩具般的公平性」**。在美國，有人將此關係稱爲「mutual partial」。爲了增進雙方當事人的對話，「公平」的立場是非常重要的必備條件。

因此，醫療促進溝通調解員有必須遵守的規則，也可稱爲醫療促進溝通調解員的行動規範。

醫療促進溝通調解員必須遵守的行動規範

之前也有提到，正因爲醫療促進溝通調解員是醫院職員，才更應該站在「非醫院立場」。若站在醫院或醫療者的立場發言的話，會一口氣失去病方的信賴，重回雙項對立型。

爲了確保「非醫院立場」，有幾項醫療促進溝通調解員必須遵守的行動規範與規則。接下來要介紹到目前爲止的幾項要點整理。

規則① 不是傳話筒，而是增加彼此直接對話的機會

首先，醫療促進溝通調解員的理念，是根據哲學家米爾頓·梅洛夫（Milton Mayeroff）的著作《照護的本質（On caring）》之定義。換句話說，「**那個人要支援自己**」，而不是「第三者爲當事者做什麼」。說穿了，醫療促進溝通調解員該做的，只是幫助當事者創造一

個能克服本身問題的基盤。不是「提供援助」，而是幫助「某人將內心的聲音表達出來」。**答案不在第三者的心中，而是都在當事者本身。**

因此，醫療促進溝通調解員，要提供雙方對話的機會，並扮演促進雙方對話的角色。如果單單只是將病方的意見轉達給醫方，將醫方的解釋告訴病方。這樣的傳話方式，原則上是行不通的。**醫療促進溝通調解員負責的只是，讓病方和醫方的當事人們能直接對話，調整彼此的關係，公正地幫助雙方解決問題。因為能解決問題的，只有雙方當事人。**

要求病方與醫方直接對話。根據其對應內容，讓他們能放棄對彼此的歧見。但醫療促進溝通調解員並非代表醫方進行說明與解釋。我之前也提到很多次，**站在醫院立場幫醫護人員辯解的人，不能稱為醫療促進溝通調解員。**如果有「把問題通通交給醫療促進溝通調解員，醫生不必與患者直接對談」想法的人的話，那就是大錯特錯了。

而且，在間接傳話時所產生的誤解與意見分歧，其機率會增加數倍。最糟的是還可能會發生操控情報的風險。為了增加病方與醫方直接對話的機會，減少間接的傳話行為或辯護，是身為醫療促進溝通調解員的第一條規則。

規則② 不判斷、不評價、不表示意見、不提案

醫療促進溝通調解員的角色，只是負責協助當事人解決雙方在對話時出現的問題。**絕對不能表明自己的意見和見解，並給予該如何評價或判斷的提示。**舉例來說，調解員不能做出「事故是由不可抗拒的外力所造成的，院方沒有任何過失」的說明，或提出「因為這起事故，今後我們會針對○○研擬相關的醫療安全對策」的改善方案，甚至提到「我們考慮支付家屬1000萬日幣的賠償金額」等法律賠償問題。這些都是由醫方當事者的醫生、行政人員、顧問律師向病患及其家屬當面說明的東西。任何對話場合中，調解員都是不能隨便插嘴的。

其根據之一，是因為這樣的發言，會導致原本簡單的小事變得更為複雜。讓調解員想為雙方當事人「助一臂之力」，但這樣是違反尊重當事人靠一己之力解決問題的調解員理念。

其根據之二，是因為這樣的發言，會讓調解員看起來好像特別偏袒某一方。破壞了醫療促進溝通調解員的理念與公平性。正因為療促進溝通調解員是醫院職員，過度干涉的發言是非常不得體的。

其根據之三，是因為這樣的發言，會讓病方與醫方認為這是友好或是敵對的建議，失去對調解員的信任，導致醫療促進溝通調解的理念崩壞。

規則③ 不是解決，而是以情報共享和構築關係為目的

這個規則，也是基於醫療促進溝通調解員的理念——「只有當事人本身才能克服問題」所導致的必然結果。解決問題（雖然醫療事故本來就不會有徹底解決的一天）是當事人該去達成的目標，而非醫療促進溝通調解員的目的。若調解員一心只想「解決問題」，不時提出意見、進行提案的話，這樣不僅違反調解員的理念，更會妨礙雙方當事人的對話。醫療促進溝通調解員的目標是重新構築雙方關係，**其目的在於「聯繫」雙方當事人，而不是「解決」問題**。

如前所述，醫療促進溝通調解員，必須以照顧的理念為基礎，協助病醫雙方共享情報，以期達到重新構築彼此關係的理想。若藉由醫療促進溝通調解員的協助，讓雙方共享更深層的情報，促使雙方關係重新構築的話，應該就能增加「病方和醫方，自然地去聯手解決問題」的可能性。唯有讓病方直接面對醫方，了解醫方解決問題的誠意，病方才能消弭因醫療糾紛帶來的不滿與憤怒。因此，調解員必須扮演好幕後工作人員的角色。

規則④ 以平等的關懷態度傾聽心聲

醫療促進溝通調解員，要抱持平等的關懷態度。最重要的是，要

以平等的關懷態度去關心所有因事故受到傷害的人（也包含醫方），指的就是調解員不刻意偏袒任何一方的公正態度。如此一來，儘管調解員非中立組織，但只要建立起患者對醫療促進溝通調解員的信賴關係，患者也會將調解員視為公正的第三者，接受其協助。

此外，調解員也要以相同的態度來關懷醫方。若調解員只為病方著想的話，會讓醫方提高警覺，不願敞開心房。即便是與醫療事故有關，遭受病方投訴的醫方，調解員也必須設身處地為他們著想。

在調解的過程中，醫療促進溝通調解員應該要秉持**「傾聽雙方的心聲，而非表層的言語」**的原則，去了解醫病雙方內心的想法，協助雙方去了解彼此對立的深層意義。因此，**醫療促進溝通調解員，必須培養出察覺並了解患者與醫療人員內心真正想法的能力。習得之後，便會真實地反應在調解員本身的技術（skill）和心態（will）上。**這些絕非教科書上寫的技術，而是在接受為了解醫療促進溝通調解「真正意義」的技能研修時，調解員必須努力用身體去感受，明白其真正涵養。這種心態，正是讓醫病雙方願意相信調解員的重要關鍵。

藉由上述介紹，大家應該對醫療促進溝通調解的本質，及醫療促進溝通調解員的任務有了基本的認識。

接下來，我們將以醫療促進溝通調解的起點之醫療事故發生後的因應為例，進行更詳細的解說。

h 第3章 d
醫療事故和醫療促進溝通調解

Point

- 醫療促進溝通調解，是醫療事故後由醫方誠實地說明過程，並讓雙方當事人共享情報的支援模式。

- 對醫療促進溝通調解員而言，「提出問題」、「反覆提問」可視為達成上述模式的唯一方法。

- 醫療促進溝通調解的前提是，必須秉持誠實與公正的原則進行事故調查。

- 醫療事故後的病方和醫方需求，有相當程度的共同之處。如從悲傷、事故的陰影中重新振作、查明真相、有誠意的因應與謝罪、避免事故再度發生的對策等。

正確的醫學檢證和據實說明的援助
── 雙方對話的意義

我們起初在探討醫療促進溝通調解時，是將事故後的說明和問題調整設爲課題。面對法官時，病方和醫方都會主張本身的正當性，其結果，只會加深彼此之間的鴻溝；無視病方「坦承以對」及「眞摯說明」的要求，只得到金錢賠償的結果。因此，有別於無法滿足病方與醫方的需求，造成雙方心灰意冷的訴訟形式，我們想採用的是能聯繫

雙方的眞正想法和需求的調解方式。

　　事故發生時，以情報宣布和事實說明爲前提的醫療設施逐年增加。然而，針對「該如何公開情報」這個問題點，到目前爲止都沒有可以用來參考的範本。即使將所有情報都開誠佈公，雙方還是會產生歧見。醫方如果不了解病方的想法和控訴，可能從始至終都會採取牛頭不對馬嘴的對應。在這樣的情況下，更進一步地進行情報共享，將所有情報開誠佈公的最好典範，就是醫療促進溝通調解。

　　也就是說，**醫療促進溝通調解，可被視爲是協助醫療事故後，由醫方誠實地說明過程，並讓雙方當事人共享情報的模式**。在事故發生後雙方都處於混亂中的狀況下，基於正確的醫學檢證來進行說明，再根據檢證結果，找出重新構築彼此關係的方法。因此，在事故後可能發生的各式情況中，醫療促進溝通調解員扮演了非常重要的角色。

　　假設醫方進行手術時，發生了患者因意外導致死亡的事件。先不論醫生的過失，但醫生也是人。他們一定會產生「事情一發不可收拾了」、「一定要想辦法救病人」、「今後該如何是好」等想法，內心十分混亂，甚至會悵然所失。但就醫師的立場來說，他們一定會竭盡心力進行急救。但若病人不幸過世時，他們又必須跟在手術室外等待的遺族，說明事情的來龍去脈。此時，醫生應該是抱著：「雖然我現在腦袋一片空白，但身爲一名醫師，我得不慌不亂地站在家屬前，並且仔細說明事情的來龍去脈。所以，我得盡可能壓抑自己內心的慌亂，誠實且冷靜地進行說明。」的想法。

　　然而，家屬卻無法感受到醫生的誠意，反而可能會對醫生產生懷疑。從家屬的角度來看，「醫生明明就醫死了一個人，爲什麼還能這麼冷靜地跟我們說話？根本沒把我們死去的家人當人看，而是當成東西對待？」醫生爲了表示誠意所展現出的冷靜，在家屬的眼中說不定只是「事不關己的態度」。醫生爲盡到「專業醫師的本分」展現眞摯誠意的一舉一動，從家屬的角度來說，也不過是「不誠實的行動表象」。

事故發生後，遺族與醫生雙方的情感都陷入混亂狀態，沒有多餘的心思去揣測對方的情感，或顧慮對方如何看待自己的發言。如果能有站在客觀角度的協調員在場的話，醫生就會發現自己「真摯的情感」被遺族誤解為「事不關己的態度」。但是，這絕非是從調解員口中說出，而是藉由「發問」的方式讓當事人親口說出。若協調員提出「這位醫生只是盡其本分，保持冷靜地與家屬說明」這類見解的話，遺族便會產生「這個人也在袒護醫生」的念頭，讓家屬對調解員的信任瞬間瓦解。這是因為違反了醫療促進溝通調解員的行動規範——「不提出自己的意見或見解」。

　　此時的醫療促進溝通調解員，並非敘述自己的意見，而是提供協助。透過發問讓雙方當事人進行對話，發現彼此認知上的落差，讓他們有更深一步的情報共享。因此，**對調解員來說，「提出問題」、「反覆提問」可視為唯一的方法**。在事故發生的情況下，不管醫生的專業說明有多真摯誠實，遺族壓根也聽不下去吧。與其如此，不如由調解員提出問題，讓遺族了解手術室裡發生的事與醫師的因應措施，以及醫生是多努力去挽救患者的生命。透過這樣的問答方式，幫助遺族了解醫師對患者的用心。如此一來，能讓雙方共享「醫生已經盡力了」的情報，有效防止「醫生一副事不關己的樣子」、「不把過世的患者當人看」等家屬的偏見，也防止病方對醫生的質疑持續擴大。此外，透過問答，也能讓醫生了解遺族們那些攻擊性言詞背後所隱含的痛苦。

　　上述所說，都可定位為醫療事故發生時的因應對策。其後，事故的醫學檢證或更進一步深談時，醫療促進溝通調解員也會繼續提供協助。此時，醫學檢證、事故調查或藉由醫療安全觀點的分析，都會被視為醫院應盡的義務。**誠實的醫療事故調查是醫療促進溝通調解的必要前提**。也必須將「**沒有公正誠實的醫學檢證，就沒有醫療促進溝通調解**」的態度銘記在心。

向病方說明醫方的醫學檢證結果時，醫療促進溝通調解員也必須協助病方從對話中，進一步達到情報共享的效果。這時，千萬不可忘記，醫療情報共享的過程是雙方面的。大家都會認為，向病方說明檢證結果時，是醫方單方向的工作，但是，從醫療促進溝通調解的觀點來看，必須是雙向的。醫方必須誠實向病方說明其檢證結果。但必須考量到病方心情，不讓過程變成單方面說明。因此，醫療促進溝通調解員可透過提問，打斷醫方的冗長說明，製造機會讓病方提問。若是護士等醫護人員身兼醫療促進溝通調解員的情況，就算自己非常了解，但若調解員認為病方無法理解其說明內容時，可先詢問病方：「可以由我來發問嗎？」取得病方同意後，由調解員提問，等醫方回答後，再向病方確認：「剛剛的說明是否清楚？」

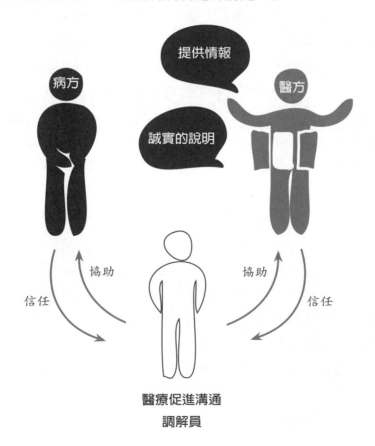

透過調解員居中協調，多少能幫助病方更加了解狀況，避免病方對冗長的專業說明感到不耐。並給予他們發言、表達意見的機會，協助雙方對話順利進行。

　　若能達到上述目標，其意義不僅僅只是讓病方了解醫方做的醫療檢證結果。病方所提出的疑問或看法中，經常蘊含著**病方對醫療安全、安心醫療的理想藍圖**，而這往往是醫方容易疏忽掉的。再者，在積極與病方對話的醫療促進溝通調解過程中，**醫方也能從患者和家屬的角度，對醫療品質有進一步的認識**。在醫學檢證必須秉持誠信原則的前提下，透過對話，讓病方與醫方的觀點有雙方向的交流，對醫療事故有共同的認知，也為如何改善未來的醫療安全、醫療品質帶來啟發。為了讓事故後的說明能達到雙向溝通的目標，醫療促進溝通調解可說是最合適的溝通模式。

　　此外，由於雙方共享了醫學說明的相關情報，並藉由醫療促進溝通調解員重新構築雙方關係。因此，在雙向溝通之下，醫方就更加了解能為醫療事故受害者做些什麼。

從醫療事故當事人的需求為出發點的
醫療促進溝通調解

根據病方、醫方雙方的需求，一起重新認識醫療事故發生後，醫療促進溝通調解的角色吧！

病方的需求

首先，「從悲慟的經驗中，重新站起來」，是患者與家屬最根本的需求。碰到醫療事故或疑似醫療事故的狀況時，家屬會出現非常強烈的不安、精神緊張、憤怒等等的情緒。若面臨的是近親死亡或是重病，情緒會更加激動。我們經常可以看到，對面臨死別時的情緒波動與其特殊照顧之相關研究。倘若親人的死是因為醫生的疏失所造成的話，他們的悲痛與內心混亂就會更加深刻。對醫方採取攻擊性的態度和行為，其實也可以看成是家屬為了從痛苦的經驗和悲慟中恢復的一種方式或表現。撫慰醫療事故受害者內心的「苦楚」是非常重要的。而**醫療促進溝通調解員的基本態度就是「照護的理念」**，因此必須一以貫之地對病方抱持感同身受的態度。

第二，病方的需求還包括「找出真相」。當我們面臨親人往生即便是自然死亡，我們還是會想了解他臨終前的狀況。藉由了解臨終時的經過，讓家屬明白往生者臨終前的心情。如此一來，便能讓家屬逐漸接受「失去」親人的事實。遭遇醫療事故時，則更應該如此。

但我們所說的「找出真相」，不僅僅是「客觀地闡述事情經過」。客觀說明雖然重要，對病方而言，「找出真相」還包括感同身受地去了解事情的經過。如果醫方不了解這點，就算一而再再而三地提出公正誠實的醫學檢證，病方也不會接受醫方的說法。因此，除了要以公正誠實的醫學檢證為前提外，還需要能促成雙向溝通的醫療促進溝通調解。

第三，受害者經常要求醫方「有誠意的回應和道歉」。即使事故

原因並非醫方疏失，但只要讓人失去寶貴的生命或健康，從日常的道德標準來看，醫方有誠意的應對和道歉，是非常重要的。

日常生活中，就算是因為不可抗拒之因素造成的意外，若對對方造成損害，我們都必須展現最大的誠意去應對。美國的訴訟案件過於泛濫，導致一旦發生意外，人們便自然產生「為了不讓訴訟對自己不利，所以絕不能道歉」的既定想法。為了不讓事態更加惡化，目前在美國，大部分的州政府都制定了「道歉法（Sorry Law）」的法律。這條法律，是為了保障當事人在發生意外時，就算向對方道歉，也不會因此在法庭上被判定是承認自己過失的表現。但在日本並不需要類似的法律，就算醫方道歉或表現同理心，法院也會從客觀的角度來審理案件。因此在日本，醫方必須在避免讓病方產生誤解的前提下，以適當的方式向病方表示歉意或同理心。

另外，雖然說病方要求道歉，**但並非只要低頭認錯就好，其結果只會讓醫方陷入自我滿足的假象，無視病方的真正需求**。無論是道歉或表現同理心，都絕非是單方面的，而是必須在雙向溝通中尋求共識。而**所謂的道歉或是表現同理心，都必須先傾聽並了解病方內心真正的想法**。

第四，不希望事故再度發生的「預防對策」，也是受害者之間共同的心願。不僅是為社會大眾的利益，而是抱持著「如果自己不幸的遭遇，能防止類似事故再度發生的話，逝去的生命或造成的傷勢，就不算是白白犧牲。就算痛苦，也算是對社會貢獻一份心力」的想法。這也是病方能從痛苦與悲慟中重新站起來的重要原因。

最後，大多數受害者都會強調「這並非只是錢的問題」。這句話除了展現金錢是無法挽回逝去的生命、身體上的傷害，以及病方內心的痛楚之外，更是對外界把醫療事故貼上「命可以換錢嗎」這負面標籤的一種抗議。雖然，對某些受害者來說，賠償金是維持生計的重要來源。但對事故受害者來說，內心的痛苦才是最重要的問題。

綜合以上所述，受害者的種種需求，都是源自於他們歷經的痛苦

和傷痛。如果不了解這點的話，發生醫療事故糾紛時，是無法提出正確的因應對策。

醫方的需求

接著，我們改看醫方的需求。醫療事故是令人感到遺憾的事件，沒有任何一位醫師會故意去造成醫療事故。遭遇意外的醫療事故時，醫師也跟受害者一樣，會陷入重度的精神緊張狀態。在訴訟中，他們通常會被擺在與「受害者（病方）」對立的「加害者（醫方）」位置上。但是，在我們認知的醫療促進溝通調解中，除了某些惡質的案例外，大部分的醫師其實也是「受害者（醫方）」。**醫方越誠實就越痛苦。因此，就某種層面，他們也能算是「醫療事故的受害者」**。那麼遭遇醫療事故的醫方，又有哪些需求呢？

第一，醫方當然也有「從事故中重新站起來」的需求。很多碰上醫療事故的醫師，都會變得狼狽，陷入高度的精神緊張狀態。即使與病方立場不同，但他們也需要適度的照顧，來接受並積極克服與病方相同的經歷與難題。

第二，醫方也希望能了解事發經過，如事故發生的原因、為何無法事先預防。並以當事人的身分，將之視為反省自身行為的契機。換句話說，他們也和病方一樣，希望能「找出真相」。

第三，希望對病方「有誠意的回應跟道歉」，也是一個最自然的情感需求。思考自己是否有法律責任、自己與事故的因果關係前，對遭遇不幸的受害者產生同理心，希望將自己的誠意和歉意傳達給病方，是人之常情。特別以照護病人為職志的醫護人員，表達誠意和歉意是最自然的感情流露，也是讓自己獲得解脫、得到救贖的方式。

第四，對醫生來說，「預防對策」當然也是他們要做的事。不僅是防止事故再度發生的客觀效果，自己遭遇到不幸意外，若能對日後醫療系統的改善貢獻一份心力的話，對醫方來說，應該也可以視為一種救贖。

最後，醫方也不會將醫療事故視爲用金錢就能解決的問題。賠償問題的確是其中一環，但醫方也擔心讓病方產生「醫院想用錢來解決」的負面觀感，因此不會立刻提出賠償問題。在此之前，應該先以照顧病方的精神面並消弭彼此對立爲課題。

需求的共通性

從上述病方與醫方各自的需求中，能發現**在醫療事故的例子中，二者的需求其實有某種程度的相似**。雙方的立場正好相反，也不會因雙方的需求有幾分相似，就能立刻產生共識。但如果能從相同的需求切入，或多或少都能幫助促進雙方的對話，藉此修復彼此的關係。這對醫病雙方來說，也不失爲一種溝通的形式。

因此，基於能充分照護當事人需求的關懷理念所產生的事故處理模式，是有其必要性的。而這模式正是醫療促進溝通調解的根本。促

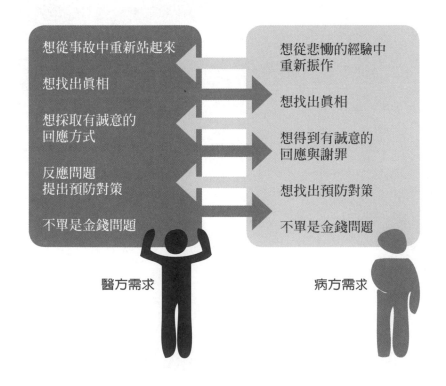

想從事故中重新站起來

想找出眞相

想採取有誠意的回應方式

反應問題提出預防對策

不單是金錢問題

想從悲慟的經驗中重新振作

想找出眞相

想得到有誠意的回應與謝罪

想找出預防對策

不單是金錢問題

醫方需求　　　　　　　　病方需求

進雙方對話，不是「解決」問題，而是以「重建關係」為目標的醫療促進溝通調解，是最適合用來處理讓雙方當事人都陷入痛苦深淵的醫療事故。

第4章

適用於醫療促進溝通調解的情況

Point

- 在「知情同意」的情況下，進行醫療促進溝通調解的話，能確保
  病方的發言機會，並促進基於雙方背景或環境的對話。
- 在臨終意識決定的情況下，進行醫療促進溝通調解的話，能促進
  講求臨床倫理或生命倫理的合宜對話（生命倫理調解）。
- 不僅限於醫療事故或投訴等問題發生時，包括日常診療在內，醫
  療促進溝通調解能適用於各種醫療情境。

　　醫療促進溝通調解能有效發揮功用，不僅限於醫療事故發生後的
應對進退。在各種醫療情境中已經證實，醫療促進溝通調解可帶來促
進當事人對話、幫助情報共享、消弭認知差距的效果。接下來將簡單
進行介紹。

患者諮詢窗口和醫療促進溝通調解

　　對擔任患者諮詢窗口的工作人員來說，醫療促進溝通調解的觀念
是不可欠缺的。實際上也有許多負責患者諮詢相關工作的行政人員、
醫檢師或藥師等，來參加醫療促進溝通調解的研習，並將所學活用在
職場上。不僅限於投訴或醫療事故的狀況，醫方都被要求能更貼近病
方立場，真誠地應對來自患者的各種諮詢。不過，如果所謂的「貼

近」、「眞誠」只剩下抽象的概念或口號的話,容易讓醫方陷入自以爲是的窠臼。我們常常可以看到以「想辦法解決病方的質疑與投訴」爲目的、傳統的應對方式。儘管是出於好意,但這些絕對不是面對患者與家屬最適當的方式。

醫療促進溝通調解教導的是如何面對病方的態度,而不是技巧。本書之後會提到的自我溝通調解(self mediation),也是身爲調解員必備的應對技巧。視狀況的不同,也是有需要在病方與醫方之間進行有彈性的醫療促進溝通調解的情形。英國的NHS(國民保健服務)信託或是美國部分醫院的患者諮詢單位,是非常重視醫療促進溝通調解的應對進退。此外,設置在美國醫院協會的消費者醫療保健促進會,將醫療促進溝通調解列入病方調解人需要的技能之一,以此爲主題開辦研修課程。

因此,藉由目前已有許多醫護人員開始學習醫療促進溝通調解,並於醫療現場加以活用的傾向可以得知,對患者諮詢窗口的相關工作人員而言,醫療促進溝通調解的觀念是非常重要的。

知情同意

「知情同意」是醫療促進溝通調解最能派上用場的狀況之一。醫方所做的風險說明,病方絕對無法全盤了解。現實社會中,要經由解釋才有辦法進行對話。醫方的「這種藥出現嚴重副作用的可能性是1%」的說明中,說不定隱含「具有高度風險」的含意。但這句話可能會被病方解讀爲「醫生的意思是這藥99%是安全的,完全沒問題,要我放心」。但是,萬一不幸發生1%的副作用時,病方就會認爲「你們沒告訴我這是那麼危險的藥啊」。這是因爲病方聽到「1%的風險」,他們會理解爲「這藥很安全」的意思。因此,病方認爲未被事先告知這是危險用藥,也是理所當然的。

在這個案例中,如果有醫療促進溝通調解員或是學過醫療促進溝

通調解的護理人員在的話，能幫助病方更進一步地擁有與醫方共同的資訊。如此一來，情況就會截然不同。向病方進行說明時，能藉由調解員適當的介入與提問，讓醫方的解說變得淺顯易懂，並為病方製造發言機會，增進病方對病情的認識。比方說，當醫師說「這種藥出現嚴重副作用的可能性是1%」時，站在第三者立場的調解員，便能研判出病方可能會產生的誤解。此時，協調員趁機問病方：「可以容許我向醫生問些問題嗎？」取得病方同意後，再向醫師詢問：「所謂1%的可能性是指，每一百人中就有一人會發生副作用嗎？」這樣一來，醫師就能針對用藥風險做進一步的補充說明，也能化解病方的誤會。除此之外，醫療促進溝通調解員也能詢問病方：「剛才的說明您了解了嗎？有沒有其他問題要問醫生？」像這樣，幫病方製造發言機會。如此就能協助病方與醫方展開對話，進一步達到醫療情報共享，對知情同意有更準確的認知。

雖然很多事對醫方來說是理所當然的，但卻是病方所不了解的。而**這就是醫療促進溝通調解員，為何能排除認知分歧（知情衝突），製造病方發言機會，以促進雙向溝通，實現以病方背景與處境為根基的知情同意**的原因。醫療促進溝通調解是一種有助於預防糾紛，或者預防因溝通上的落差導致醫療事故的對話模式。

臨終的生命倫理調解

目前，有關臨終的處置或意識決定的標準流程，正引起廣泛的討論。在美國，已有人提出醫療促進溝通調解的實踐方法並加以實行。但由於美國醫療倫理諮詢以及倫理委員會的建議無法順利執行，故於賓州大學生命倫理研究中心設立生命倫理醫療促進溝通調解的課程，以紐約蒙特費爾醫學中心為主要地點，提供教學方案進行研習。

具體來說，對病方與醫方而言，醫療促進溝通調解員是促進雙方對話，協助醫療情報的共享，並進一步引導出當事人在表面意見背後

所隱含的真正想法，以便建立更多的共識。根據美國的經驗，如果是一個醫療團隊在處理臨終醫療問題時，病方常會聽到不同醫師強調各自的重點，因此產生意見相左的情況。所以，就促進情報共享這點來看，醫療促進溝通調解被公認是具有顯著效果的。也證實了在這種情況下，加強雙方情報共享的醫療促進溝通調解是非常適用的。

接下來，我們將以虛構的案例來進行探討。

A先生持續接受一年多的抗癌藥物治療，但由於藥物的副作用與病況的惡化，導致身體狀況每況愈下。就算更換抗癌藥物，也沒有太大的成效，同樣也可能會產生副作用。唯有停止化療改以安寧緩和醫療，才能暫時過得比現在還舒適。

醫療團隊從醫學知識以及患者生活進行整體考量後，決定將心力放在安寧緩和醫療上。患者聽完醫方的說明後，卻希望「能嘗試其他的抗癌藥物」，但是，另一方面，患者的妻子則認為：「不願先生繼續承受比這更大的痛苦，盼望他能與家人平靜生活到最後。」

上述的例子，是借用臨床倫理的權威，清水哲郎先生（現任東京大學教授）討論臨床倫理時所用的教學素材。

感同身受地去了解病方所說的一言一語其背後所隱含的想法、人生觀、價值觀，就是生命倫理醫療促進溝通調解的出發點。第一步就從對患者說：「就算再辛苦，也要嘗試新的抗癌藥。」這句話中，去揣摩背後的真正含意。

與其說患者A先生期待新藥能發揮療效，不如說他更想讓家人看到自己與病魔奮戰到最後的樣子，以期獲得被留在人世的妻子與家人諒解（我盡力了，請原諒我拋下你們先走）。此外，比起眼睜睜看著丈夫與病魔痛苦搏鬥，妻子或許更盼望能陪伴丈夫安靜度過餘生。因此，調解員透過提出問題，就能發現患者與家屬的真正心意。

丈夫心中「對不起太太，希望最後能為太太與家人留下些什麼」

的強烈期盼，以及妻子心中「盼望在臨終前與先生一起留下永恆回憶」的想法，是緊密連結在一起的。唯一的不同，只在於一個人選擇「繼續用抗癌藥堅持到底」，另一個人則是要「改用安寧緩和醫療，讓他舒服度過餘生」。若兩人的想法有其共通之處的話，就能以兩人都認同的方式，解決問題做出結論。

無論如何，患者與家屬最後一定會做出一個結論，但透過醫療促進溝通調解進行對話，能幫助當事人了解彼此心意，更加接受這個決定，使其過程變得更加別具意義。

關於臨終決定的手續，目前還有許多不同的聲音與探討。但人類的倫理基礎沒有所謂的絕對標準。在此矛盾之下，存在著該如何獲得家屬理解，促進對話進行的問題。因此，透過醫療促進溝通調解的對話模式，以及醫療促進溝通調解員的協助是非常有效的。**遇到像是臨終決定這種講究臨床倫理或生命倫理的難題，倘若結合醫療促進溝通調解模式，不就能建構出恰當且充分的對話並達成共識的模式**。這樣的嘗試在美國已經開始實行。

日常診療與自我醫療促進溝通調解

藉由以上事例，**日常診療會遇到的各種狀況，醫療促進溝通調解也能派上用場這件事無需再多做說明**。一名接受過醫療促進溝通調解研習課程的醫師在結訓後與門診病患接觸時，也開始藉由醫療促進溝通調解的觀點進行診療，據說其患者都覺得很滿意。病方認為的醫療情報共享，並非只聽醫生單方面的說明，而是讓患者自己說的話，獲得醫方的重視，並與醫師通力合作。如此一來，患者的內心也會獲得滿足。這例子告訴我們，就算第三方的醫療促進溝通調解員不在現場，只要醫師抱持醫療促進溝通調解概念的話，自己也能成為調解員。也就是所謂的自我醫療促進溝通調解。

自我醫療促進溝通調解，是由本書的筆者之一中西淑美所提出的

醫療促進溝通調解應用模式。在**患者與醫師一對一的狀況下，醫師不只是當事人，同時也需要以醫療促進溝通調解員的身分與患者接觸。**此一日常診療的有效對話模式，其重要性已經逐漸被認同。

先別說不擅於與患者對話的醫師，就算是善於應對，盡可能以親切簡單的方式為患者解說的醫師，從患者的眼中看來，醫生所做的根本無法滿足自己的需求。如果患者將醫生「簡單明瞭的解說」認為是單方面溝通的話，這樣的說明恐怕患者也聽不進去。不是站在醫療人員的立場去聆聽患者的聲音，而是真誠地去接納與傾聽，這樣才能達到真正有效且令患者滿意的醫療說明。

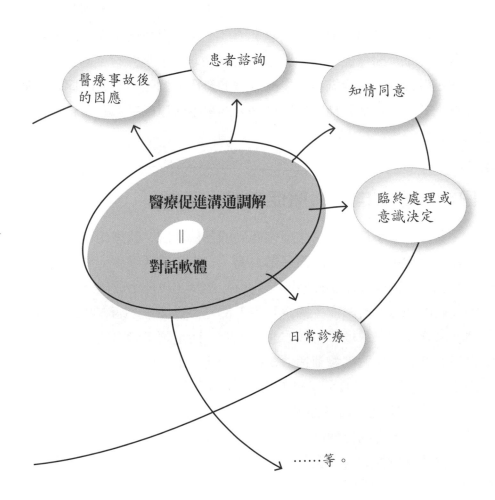

對話必須是雙向的。一開始不是以專家的身分，而是要以醫療促進溝通調解的態度去傾聽的話，自然而然就會形成雙向對話。如此一來，患者不但更能理解醫師的說明。患者的心聲跟需求也能傳達到醫師的心裡。以醫療促進溝通調解員的立場傾聽，促成雙方對話，一來一往之間，也能算是一起完成診療的過程。

　　活用醫療促進溝通調解理念與態度，能讓原本只是單方面的「貼近」，變成認真傾聽患者的聲音，向他們做說明。像這樣，**自己心裡抱持醫療促進溝通調解員的觀點，促成自己與患者溝通的過程，就被稱為自我醫療促進溝通調解**。藉此，將醫療促進溝通調解的可能性無限擴大。因此，與其說醫療促進溝通調解是一套系統，不如把它想成是在醫療現場的一種**「對話軟體」**。

h 第**5**章 d

醫療機構內部對話文化之形成
與醫療促進溝通調解

Point

- 院內醫療促進溝通調解員，對醫療機構與患者對話的態度和文化的培育，有非常重大的意義。
- 不僅是培養專職的醫療促進溝通調解員，而是將醫療促進溝通調解的概念，深植於院內人員的心中，以期產生更大的成果。
- 醫療人員基礎教育的起點，是引進醫療促進溝通調解教育。

從醫療機構高層開始改變

醫療促進溝通調解員的引進，有助於改變醫療機構與患者面對面的態度與文化。參加醫療促進溝通調解員研修課程的醫師，幾乎都是現任的院長、副院長或診療科主任等管理階層。如果**醫療機構高層了解醫療促進溝通調解的意義，就能促使該醫療機構提升與患者應對與對話的院內文化。**

日本醫療促進溝通調解員協會（JAHM），針對醫療促進溝通調解員所做的調查也顯示，他們認為引進醫療促進溝通調解帶來的成果，位居前幾名的分別是「改善面對患者的態度」、「改善醫療安全」或是「對話文化的普及」等項目，「提升解決醫療糾紛時的品

質」反而只排名第五。由此結果看來，醫療促進溝通調解最重要的貢獻，應該是改善醫療機構面對患者時的態度。而醫護人員能有此意識，最重要的就是醫院高層的理解與支持。

從院內醫療促進溝通調解員的工作中學習

醫院引進以處理醫療事故或投訴為主要任務的醫療促進溝通調解員，因他們的積極表現，即使醫方不願意，也會開始增加他們面對患者的機會。進而更深一步地逐漸累積起促進病方與醫方情報共享及互相理解的案例。

隨著醫療促進溝通調解的案例增加，一開始還抱持懷疑態度的院內醫師們，也開始願意配合醫療促進溝通調解員，降低面對患者的抗拒感，甚至**從醫療促進溝通調解員的工作中，學習面對患者的態度。**

稱職的院內醫療促進溝通調解員，對醫療機構與患者對話的態度和文化的培育，有非常顯著的成效。實際上，除了因院內表現積極的醫療促進溝通調解員的個別醫療機構，獲得顯著成效之外。也有數據顯示各級醫療機構中，已有許多醫院引進了醫療促進溝通調解員。

深植院內同仁心中的教育訓練

漸漸能看到日本各地醫療機構開始嘗試，逐步將醫療促進溝通調解的概念推廣給院內同仁，而非只是單獨培訓醫療促進溝通調解員。此現象也反映出醫療促進溝通調解，不僅限於醫療事故發生時的應對，它的適用範圍其實更廣泛。這些醫療機構先從高層開始，在院內分批舉辦醫療促進溝通調解相關的研修課程。透過每年定期舉辦的研修課程，逐漸在院內推廣醫療促進溝通調解的文化。

與其說引進醫療促進溝通調解，是為了改善面對醫療事故的應對能力。不如說，是要在包括日常診療在內的各種醫療情境中，促進醫

病溝通、情報共享、患者為主的醫療方式，朝著所謂「**無論何時、何地、何人，大家都是醫療促進溝通調解員**」（引用自中村芳彥〔現任法政大學教授〕）的理念一步步去實現。

　　實施醫療促進溝通調解研修的醫療機構，都會出現下列相同的成果。首先因為病房、各診療科的護士長、主任醫師等，學習了醫療促進溝通調解的相關知識後，除了重大醫療事故外，交付到專職調解員手中的投訴案件會逐漸減少，藉此重新構築醫療現場的關係。接著，若第一線的醫院職員也都具備醫療促進溝通調解的知識的話，便能改善平日與患者的應對方式，投訴也會跟著減少。這些都是因為院內同仁都具備了醫療促進溝通調解意識後，隨之而來的結果。

推廣至醫學、護理教育

　　若調解員的態度，是改善醫病關係與醫療現場文化的一帖良方的話，就能考慮將此視為醫療人員的必備素養，編排進醫學與護理的教育課程中。其實已經有日本的大學朝著這個方向，安排了數堂醫療促進溝通調解的相關課程。只是對尚未接觸過患者的大學生來說，恐怕還有很多地方一時半刻無法了解。因此，在進入醫療現場後，及早製造機會讓他們認識醫療促進溝通調解，可說是我們今後的課題。

┣第6章┫
對醫療安全的啓發

Point

> • 由於醫療促進溝通調解能適用於所有醫療領域及層面，因此有助於提供患者安心、安全的醫療。

醫療是由各式各樣的對話所構成。像手術與用藥這類需要專業醫療技術的狀況，其前提就是由對話來建立其過程。**與患者的溝通，必須以安全、適當的醫療行為為前提**，醫療人員間的溝通也是一樣。如果無法共享並傳遞正確的資訊，在能滿足患者需求、防止醫療糾紛發生之前，已經欠缺了安全醫療這個大前提。

因此，**溝通可以說是醫療安全的根基**。醫療促進溝通調解與敘事醫學都站在同樣的理論前提上，是促進醫療情報共享的模式。**這是一種超越一般溝通理論，正視病方對疾病與問題的解釋，以利更深層情報共享的促進對話模式。**

如果認爲重視自我醫療促進溝通調解能被廣泛應用的話，就會認同醫療促進溝通調解絕**不僅限於醫療事故發生後的應對，而是能在所有醫療領域與層面中，促進對話和情報共享，為提供患者安心、安全的醫療貢獻一份心力**，這可以說是它潛在的可能性。

接下來，將針對醫療促進溝通調解對醫療安全的貢獻進行說明。本書對貢獻的定義，不僅限於狹義的患者安全，而是更廣泛地包括了改善整體醫療品質的意義。

以根本原因分析（root cause analysis；RCA）為首的醫療安全分析手法，從醫療人員的觀點仔細分析各種因素，並與醫療安全緊密結合，可說是非常好的分析手法。但醫療促進溝通調解，是透過與患者及家屬的對話獲得改善醫療安全與品質的線索，讓醫療安全分析手法如虎添翼。

　　第一，以病方的觀點出發，有助於提升醫療說明的品質。發生醫療事故時，患者、家屬都要求「知道真相」。但就算醫療機構公開所有資訊，並且將透過原因分析（RCA）等方法檢驗、分析醫療事故後的結果，一五一十地告訴病方，病方還是會有無法接受的地方。因為，醫方誠實說明的客觀醫學檢驗結果，經常與病方想知道的部分有所出入。亦或，醫方未先了解病方的想法，只以本身可以理解的方式進行說明。

　　我們必須知道，醫方所認為適當誠實充足的說明，與病方要求的誠實且充分的說明之間，存有對敘事結構與認知框架的分歧。因此，醫學檢驗與說明就算再客觀，都不足以成為對病方的充分說明。

　　而醫療促進溝通調解員，會設身處地為患者著想，了解病方的話中之意。如此一來，就能掌握患者想知道的是什麼，哪些部分才是重點。從病方這邊得到的意見，就能做為查證醫療事故與投訴案件過程的重要參考。同時根據醫方與病方的觀點，就能更進一步達到雙向的檢驗與說明，來提高醫療品質。由此看來，醫療促進溝通調解員的工作，就是對提升醫療安全有所貢獻。

　　第二，就是對醫療安全具有更廣泛的啟發性。這可以說是第一點的延伸。仔細傾聽病方的不滿，不只能找出造成問題的直接原因，也可能從患者過去和醫院間的往來互動與經歷過的事件中發現問題。因為每一件投訴，都是從過去的問題日積月累而成。醫方客觀的醫療安全分析，即便能找出導致問題發生的直接原因，卻可能會忽略了隱含在患者過去經驗中，能影響醫療安全的關鍵。與病方直接面對面的醫療促進溝通調解員，在對話過程中，就能引出問題的相關背景，並將

此反饋在查證過程中。如此一來，該檢討的對象，就不僅侷限於最顯而易見的醫療安全的問題，而是牽涉範圍更廣，亦或者是其他範疇的問題。這會讓醫療安全的應對更加充實。

　　第三，狹義的醫療安全，多半會將焦點擺在防止醫療事故與意外發生。但對患者而言，高品質的醫療，不光是安全而是能讓人安心。比起「安全」，「安心」所涉及的範圍更廣。能提供讓人放心的醫療，就廣泛意義來說，就是對醫療品質提升有所貢獻。雖然醫療安全管理是達到品質提升的方法，但目前所需的安全管理，已經不再只是「安全」層面，而是要求更高層級的「安心」。就這點來說，醫療促進溝通調解員在與病方接觸對話的過程中，本著醫療促進溝通調解的理念，去發掘病方眼中的高品質醫療以及病方對「安心」的期盼，這些期盼又與哪些部分有關等等的問題。如此一來，就能從患者觀點出發，在醫療現場發現改善醫療品質的線索。在思考超越「安全」的「安心」醫療品質時，不只是客觀分析，而是透過與患者對話，方能得到一條以認知框架、敘事結構為基底，邁向安心醫療之路的啟示。社會越重視「安心」這個課題，醫療促進溝通調解就能貢獻越多。

　　第四，醫療安全或許能劃分為「一般預防」與「個別預防」兩部分。所謂一般預防，是透過醫療事故與意外的分析，不論是哪位醫療人員，都能藉由改良器材或醫療程序，達到一般性的事前預防。然而，個別預防則是指醫療人員在知道自己的問題後能有所改善，進而提升醫療品質。

　　一般的醫療安全分析，比較著重在一般預防上面。不過，在與醫療事故有關的醫療人員當中，有些人對事故與意外沒有充分反省，有些人就算理解患者心情打算徹底反省，卻可能沒掌握到問題重點。另外，有些人也會因為這場醫療事故深受打擊，對醫療現場產生恐懼。

　　在這些狀況中，誠懇地與病方對話，逐步建立對彼此敘事內容的認同感，並促成情報共享，面對如此的醫療促進溝通調解過程，對每個和醫療事故有關的醫療人員來說，是一個能讓自己誠懇反省，並理

解病方觀點的機會。同時也能透過雙方對話，爲醫療人員的精神療癒帶來契機。如此一來，就能幫助醫療人員積極、有效地反省，提升個人醫療安全、安心醫療的品質。這正是醫療安全中所謂的個別預防。將安全與安心醫療的意識深植在每一個醫療人員心中，是醫療促進溝通調解所扮演的一個極爲重要角色。

第五，爲了整理醫療促進溝通調解對醫療安全帶來的啓發，讓這概念成爲一種既知模式。筆者和田與中西於2010年，在日本醫療、醫院管理學會，提出敘事安全管理（narrative-based safty management；NBSM）的概念。NBSM是以在調解中所使用到的IPI做參考，加以強調醫療安全相關重點的應用模式。敘事醫學與醫療促進溝通調解同樣都是基於後述的社會構築主義的敘事概念。大致按著下面的步驟進行分析。

⑴從病方、醫方二者的發言中，擷取與醫療事故相關的敘事。
⑵將這些擷取出來的敘事內容整理成資料，運用軌道同歸模型（trajectory equifinality model；TEM）來分析醫療事故可能出現的複數路徑，以及它的分歧點。
⑶列出敘事內容中的每個風險因子，包括分歧點等等，確認醫方、病方的敘述與認知，二者之間存在的不一致與敘事模式。
⑷進一步確認與醫療安全、安心相關連的敘事中，病方內心深處的需求與觀點。
⑸分析這些層面的敘事結構，理出自省的方法並提出導向醫療安全、安心醫療的對策。

假如醫師誤診或做出不當處置時，透過上述的敘事分析，便能釐清醫方與病方的決定與認知，是受到哪種敘事所影響。如與一般敘事相關的保險制度與醫院系統等，就會受所選擇的診斷名稱左右，有時甚至會因此造成不好的後果。每個人做出的判斷背後，都潛在著各

種與社會與醫療相關的敘事模式。而NBSM就是在敘事與認知的層面上，檢驗各種背景因素所帶來的影響。

　　NBSM是補足客觀醫療安全分析法的不足，而非要取代這種分析模式。就像是敘事醫學（NBM）之於實證醫學（EBM；evidence-based medicine）。如前面所提到的「安全、安心醫療」，特別是「安心」的部分，筆者認為NBSM的分析模式能提供更多啟發。更希望不久後，能整理提出一個模式，使扎根於敘事分析的NBSM，能和醫療促進溝通調解達到相輔相成的效果。

為何改善醫療品質與安全，必須促進對話呢？

　　本書的筆者之一中西，從2003年日本醫療功能評估機構的課程開發開始，就大力提倡醫療促進溝通調解能有助於改善醫療品質與安全的概念。

　　「To err is human（是人都會犯錯）」，正因為醫療含有不確定性，真正的專家更需要努力從自己、他人、組織這三個層面，進行多方的思考，以達到醫療安全（Patient safety）。

　　如**下頁圖**所示，犯錯管理、風險管理、為了保證與改善醫療品質所做的品質管理（Quality assurance），這些幾乎都是跟照護極為相關的要素，就醫療品質與安全來說也很重要。另外，做為對話與建構關係模式的醫療促進溝通調解也以照護（Care）為理念，處理廣泛人際關係上的衝突（認知分歧）管理。照顧與照護兩個因素的交互影響，提供了患者、家屬與醫護人員「安心、安全醫療」的基礎。

　　如果上述四個因素能環環相扣，形成良性循環，才有可能提供「安心、安全的高品質醫療」。因此，當我們考慮醫療安全時，若去掉照護這個因素，不論是在「預防事故再度發生」或「提升醫療品質」上，都會欠缺非常重要的要素。分析自我與他人衝突的過程，在彼此注意的癥結點上達成共識，進而「預防再度發生」，犯錯管理、

風險管理、品質管理與醫療調解意識，這四項因素能將病方和醫方相互連結，並改變醫院整體氛圍與對醫療安全文化的想法。

雖然醫療安全管理人員的工作繁忙，但如果將「醫療促進溝通調解」這種與患者的應對，排除在自己的工作範圍之外，會顯得過於輕率。身為醫療人員，不管工作忙碌與否，都應該抱著「尊重他人的心情」。被定義為「與患者互動」的醫療促進溝通調解，正可說是代表了這種照護的理念。就病方的觀點來看，此概念也實現讓患者都能認同的醫療品質與安全。如果少了與患者間的衝突管理與風險管理的相關協助，還是無法實現這種從患者觀點出發的醫療改善理念。

醫療安全（Patient Safty）同時需要專家與非專家觀點。發生問題時，從患者的觀點與敘事來分析並重新審視，醫療安全管理人員的能力才能有所發揮，成為幫助因事故造成內心受創患者的第一步。

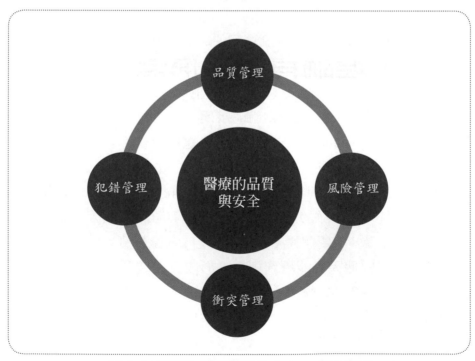

圖●自己與他者與組織的安心、安全管理

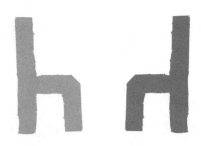

Part 2

醫療促進溝通調解的
理論背景與構造

　　本章節中,我們要來學習支持醫療促進溝通調
解的理論背景以及醫療促進溝通調解的構造。

　　特別要留意的是,從各種衝突(Conflict)管理
的概念與促進溝通調解(不限醫療分野),演變至
敘事傾向所衍生的醫療促進溝通調解程序之過程。

　　此外,也一同來了解隨著醫療促進溝通調解場
合的不同,其意義或型態都會有些許的差異。

第**1**章
衝突與衝突管理

Point

- 所謂衝突（Conflict）是指對於某種事物現象的認知存在著不相容的狀態。
- 針對衝突的對應，便稱為衝突管理。
- 促進溝通調解是衝突管理的一種
- 促進溝通調解，是由第三者來協助當事人之間衝突管理的模式。

衝突（Conflict）的研究與定義

首先，以醫療促進溝通調解為前提的衝突定義如下。

衝突（Conflict）的定義
是指對某種事物現象的認知，以不相容的形式存在的狀態，有些衝突非常顯而易見，但也有些衝突是在未被發覺的情況下默默潛藏著。

在日文中「衝突（Conflict）」直接譯為片假名是有其原因的。社會科學所有的分野中，都可以有與衝突（Conflict）相關的研究。因此，依據分野或研究對象的不同，「Conflict」也會有不同的解

釋。如「紛爭」、「糾紛」、「對立」、「衝突」、「摩擦」、「緊張」、「糾葛」等等。實際上，其研究對象的範圍也非常廣泛。包括了從國際對立或社會階層的利害對立、個人之間的紛爭或組織內部不協調的聲音、到個人內心的糾葛或認知的分歧等。根據研究對象不同，其研究也能從經濟學、政治學、社會學、人類學、法律學、心理學等多樣的觀點去分析。

如果單純以譯名去定義Conflict，可能會窄化其意義造成誤解。因此，本書中刻意使用「Conflict」這個大家可能會聽不慣，但卻能夠廣義去概論的原文單字，運用在涉及和醫療促進溝通調解相關的對象和事件上。關鍵便在於促進溝通調解，是與所有事件息息相關，具有高度彈性的關係調整模式。

在很多時候，Conflict被定義為利害關係（經濟或政治方面的利害關係等），或價值觀的對立狀態。在利益相衝突的情況下進行妥協，或因價值對立而引發衝突等情況。然而，我們希望能以後述的**社會建構論或敘事學為基礎，將Conflict視為「認知無法相容的狀態」**。除此之外，若像這樣以社會建構論來定義的話，Conflict存在與否的問題，是很難以客觀的角度去推斷，會因為當事者本身（或者醫療促進溝通調解員）各自的定義，又重回到各自的主觀認知。利害或價值是由本身的認知所構成的。因此，也有變質的可能性。

醫療促進溝通調解，經常會被誤解為是以「解決紛爭」為目標。這是將Conflict譯為「紛爭」所引發的誤會。**若使用Conflict較廣義的定義——「認知分歧」為前提的話，醫療促進溝通調解的適用範圍也會更加擴大**。這是理解醫療促進溝通調解的重要關鍵。

何謂衝突管理（Conflict management）

衝突管理（Conflict management）的概念，也反映了「Conflict」這個字彙的多義性，擁有各式不同的含意。研究Conflict時，也使

用到各式各樣的詞彙，這些詞彙，也顯示了筆者們研究領域的學說史。過去的研究中，「conflict resolution」（糾葛、對立的消除）、「dispute settlement」（解決紛爭「dispute」的概念是比conflict更狹義的紛爭）等詞彙都被廣泛使用。

但1980年代以後，開始出現批判的聲浪。有人認為「解決」、「解除」等詞彙都不符合現實，對法院或第三者來說，或許是「解決」或「解除」。但是對當事人來說，這個問題也會深深影響到往後的人生。關於這點，人類學的研究中已經有了明確的結論。因此，有研究者開始使用「prosessing」（處理）或「management」（應對、管理）來取代「resolution」（解決）或「settlement」（解除）。這些字彙也強烈反映出了「不解決紛爭」、「應該尊重當事人的想法」等學術上的志向。

接著又有批判指出processing或management帶有以第三者為中心的印象。此外，又有人批評，在日文中，processing又可翻譯為「處理」（帶有處置的意味），給人較負面的不良形象。因此，有人認為管理Conflict的不是第三者而是當事人，也有人提出了「Conflict transformation」（Conflict變樣）這個字。筆者之一的和田，是當代的Conflict研究者。他在1991年推出的第一本著作中，就已經提出「紛爭交涉」這個詞，來替代「紛爭解決」或「紛爭處理」。不過，除了此領域的研究者之外，一般來說還是多半使用「紛爭解決」、「紛爭處理」、「紛爭管理」等詞彙。

在這些學術歷史背景之下，本書採用一般人能簡明易懂的字彙，**將衝突管理（Conflict management）定義為「對於Conflict（認知分歧）所採取的對應」**。最大的前提便是「管理者非第三者，而是當事者本身自主進行」。

若如此定義衝突管理（Conflict management）的話，其對應方式也會產生各種不同的形式。接下來，我們將做個整理。

以合理化去克服

即使在日常生活中，人類也會擁有各式各樣的內心糾葛，舉例來說，當患者對於醫師的話感到些許不滿時，可能會在內心猶豫「要去問醫生問個清楚還是就忍耐呢？」此時，Conflict就已經產生。也可能會是「之後還要請醫師幫我看診，反正也不是甚麼很嚴重的事，就算了吧……」的情況。此時，我們內心會順勢將自己的決定，認為是「好的判斷」。下了這樣的判斷之後，「這也沒什麼大不了的嘛！」的念頭便會開始增強。然而，這就是在心理學上被稱為「合理化」的作用啟動的結果。

為了不讓社會充滿無意義的爭執，我們經常會從日常生活中採取像這樣的衝突管理（Conflict management）方法，並認為它是有益的。但在醫療現場，像這樣的自我管理，只會讓自己的負面情緒不斷增加，某天突然爆發出來，釀成更大的傷害。因此，平常要盡可能地讓患者能自由表達心聲，而醫師也給予適當回應。建立這樣的關係是非常重要的。

當事人之間的溝通對話

一旦發現自己內心累積了不滿，下一步就是要將其不滿顯露出來，並與對方進行溝通。如果是小事的話，或許能迎刃而解，但當事人之間的衝突管理，經常無法順利進行。尤其是像病方和醫方之間，存在上下關係、或專業知識的落差等問題，讓溝通變得窒礙難行。如先前所述，在雙向對立的對話中經常都會產生許多問題。

有第三者參與的衝突管理──醫療溝通調解

為了讓當事者之間的衝突管理（Conflict management）能順利進行，有站在第三者立場的人員（促進溝通調解員）來協助，便可稱為促進溝通調解。就此一義看來，促進溝通調解就是協助當事者之間衝

突管理（Conflict management）的模式。關於促進溝通調解也有各式不同的見解，我們將會在下一章進行探討。

有第三者參與的衝突管理──裁決型

還有一種，不是第三者去介入調解的支援模式，而是由第三者自己判斷並進行裁決的方式，也就是類似審判的方式。這也是當事人去管理衝突的一種作法。

但這樣的模式，只會讓病方跟醫方不斷跟裁定者主張自己的正當

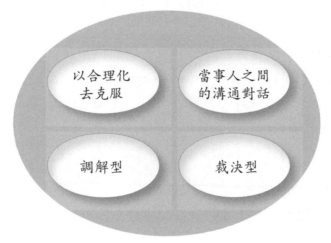

衝突管理（Conflict management）

性，因此失去了當事人之間對話的機會，加深了認知或對立的鴻溝。

上述各種衝突管理（Conflict management）的手法中，在各種醫療現場，還是以調解的觀點去應對是最有效的。

討論我們對於Conflict或調解的看法之前，要先在下一章裡討論調解的意義。

第2章

促進溝通調解的各種類型

Point

> ・就廣義來說，促進溝通調解，是藉由促進對話來調整人們日常
>   關係的軟體（不以爭論為前提）。
>
> ・促進溝通調解的基本理念是，尊重並支持當事者的主體性與自
>   律性──「照顧的理念」。
>
> ・醫療促進溝通調解，是以敘事取向（narrative approach）為基
>   礎，將各種的促進溝通調解模式解構再重新組合的全新模式。

促進溝通調解──「制度上的程序」與「軟體」

促進溝通調解在美國、英國以及其他英語系國家，被定位為標準
的衝突管理（Conflict management）手法且廣為人知。其適用範圍與
意義也因此變得更加多樣化，在此，我們將促進溝通調解分為「制度
上的程序」的狹義解釋與「調整人際關係的軟體」的廣義解釋，來分
析兩者的特色。

促進溝通調解是作為處理紛爭的第三者的程序

狹義來說，促進溝通調解是指在第三者紛爭處理機構的處理模
式。雖然近似日本法院的調停手續，但日本並沒有這樣的概念或模

式。這個模式其實有各種不同的形式，但最大的共通點是，原則上雙方當事人都需出席並面對面進行對談。促進溝通調解員多半不會下判斷、表示意見或是做出裁決。日本法院的調停手續則不需要當事人面對面，而是各自分開進行詢問。最後由調解委員以調解案的形式做出裁決。這個方式目前還是日本的主流，與促進溝通調解截然不同。

雖然定義截然不同，但因為是法院審判以外的糾紛處理方式，所以日本多將Mediation解釋為「調解」。但是，除了「Conflict」外，在本書中我們也盡量使用「促進溝通調解（Mediation）」。目的就是要避免這樣的誤解。

再者，若將促進溝通調解當成第三者紛爭處理機關的手段之一，可能會出現這樣的批評：「醫療機關職員並非客觀的第三者。讓他們來協助雙方當事人協調是不恰當的。」會有這樣的批評出現是很正常的。但是，走筆至此，大家應該都知道醫療促進溝通調解扮演的角色或是適用範圍，都與第三者紛爭處理機關截然不同。若繼續沿用「促進溝通調解（Mediation）」這個詞彙是否妥當？其關鍵就在於目前的英美圈裡，「促進溝通調解（Mediation）」其實擁有極為廣泛的意義。

調整人際關係的軟體

廣義來說，促進溝通調解（Mediation），是透過促進對話去調整人際關係的軟體。原本，「mediate」這個英語動詞就包含了「仲介」的意思，因此產生了此廣義的意義。

促進溝通調解（Mediation）做為軟體，也被廣泛使用在各種場合之中。比方說，在美國就連小學生都在學習促進溝通調解（Mediation），當導師說「這個月我們班的調解員是迪克喔」時，就是要藉此讓孩子們去學習調整人際關係的技巧，美國某些國中或高中也有教授這門課程。筆者（和田）的友人中，有位與紐西蘭籍研究者結婚的女性提到Mediation（調解）時，如此回答：「我們在學校

的公民教育就有學過囉。」做為育兒教育的一環，會由父母親教導促進溝通調解（Mediation），此外，在職場上也會教授促進溝通調解（Mediation），其目的是為了教育員工成為管理職後應該具備的技能。如何管理屬下、或調整職場內的人際關係等，都是必備的技能。

在醫療設施裡也相同，英國的NHS（國民保健服務）的醫院裡，負責職員擁有健康心理生活的顧問，同時也會擔任調解員，負責調整職場上的人際關係。因為對醫療現場有很大的助益，許多醫師、護士也都自願接受研修並加以活用。美國哥倫比亞大學法學院的Carol Leibman教授，與看護職的Nancy Dubler也一起參加了醫療者的生命倫理領域與因應患者的促進溝通調解（Mediation）技巧之相關研修課程。賓州大學的生命倫理研究中心也有開設生命倫理促進溝通調解（Mediation）課程，同樣位在賓州的Abington紀念醫院裡，醫師與護士也致力於嘗試促進溝通調解（Mediation）教育。除此之外，在醫療安全擁有先進技術的密西根大學健康管理系統，旗下的所有風險管理師都要接受促進溝通調解（Mediation）研修，並將其運用在意外發生時的患者應對。促進溝通調解（Mediation）也被選為隸屬美國醫院協會病患辯護律師的必備技能，並開設相關研習課程。

這些都不是公式上的第三者程序，而是一種「被定位為軟體的促進溝通調解（Mediation）之普及」現象。在生命倫理促進溝通調解（Mediation）等嘗試中，我們也曉得促進溝通調解（Mediation）並非是以「爭論」為前提。而當促進溝通調解（Mediation）被定位為藉由促進對話進行日常關係調整的軟體，也是無庸置疑的。

醫療促進溝通調解的特徵

如果要用一句話來形容醫療促進溝通調解的精神，應該就是尊重處於問題狀態中的當事人主體性之「照顧的理念」。

簡單來說，醫療促進溝通就是當有2人以上互相對立的當事者出

現時，由醫療促進溝通調解員擔任雙方的橋樑。調解員一邊援助當事人，並在雙方當事人的授權下去促進對談，靠當事人的力量去克服彼此間認知的分歧或內心糾葛，達到修復關係的目標，這個基本構造，可用下圖表示。

　　圖中，我們可以看到醫療促進溝通調解員指向雙方當事人的箭號上都寫著「援助」。由此可知，醫療促進溝通調解員的基本任務，是接納雙方當事人的情感和心情（傾聽、同理心），在建立信賴關係的過程中，讓內心處於混亂狀態的當事人查覺「自己真正想要的是什麼？」、「要用什麼實際且積極的方法去實踐它？」藉由修正自己的說法，促使雙方當事人共享情報。藉由調解者的協助，讓當事人主動開口對話，促使雙方「發現」自己的需求和對問題產生正面的看法，更幫助雙方當事人去了解對方的觀點與共享情報。藉此，我們可預見雙方當事人靠自己的力量克服問題的可能性。

　　所謂的醫療促進溝通調解，就是在認知衝突的混亂情況下，透過醫療促進溝通調解員的協助，讓雙方當事人直接面對面，靠自己的力量去尋求解決之道。讓深受悲傷、憤怒的情緒譴責的雙方當事人了解

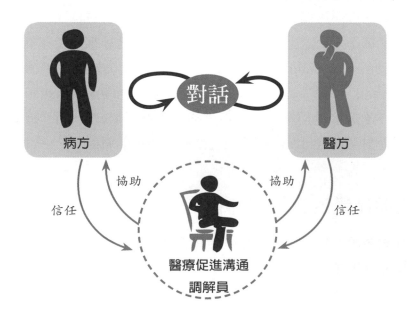

彼此的心情，進而去相信自己解決問題與自我治癒的能力，讓自己慢慢地從負面情緒中跳脫出來。這就是所謂的「照護的理念」。

照顧絕非上對下的醫療治癒。根據《照護的本質（On caring）》的作者米爾頓・梅洛夫（Milton Mayeroff）的定義，所謂照護，是幫助一個人維持自我，而非是為他人「做些什麼」，也有人稱為「非援助的援助」。簡而言之，照護就是徹底尊重並支持一個人的主體性和自律性，這個概念便是構成我們所思考的醫療促進溝通調解的基礎。

此外，醫療促進溝通調解，也與客戶一對一的心理諮商不同。而協調員設身處地傾聽一方當事者（如患者）的話時，另一方的當事者（如醫療者）也同時在場。即使一開始只跟病方一對一進行對話，也要經常將醫方的存在與雙方對話的可能性放在心上。此外，在進行醫療促進溝通調解時，雖然基本上是要傾聽並接納當事人的心聲或觀點，但絕對不能演變為「同意」或「觀點同化」，而是要一直去維持公正中立（不偏頗）的立場。因此，醫療促進溝通調解員必須遵守先前提到的行動規範。

在此，我們整理並列舉一下醫療促進溝通調解的重要特徵：

- 醫療促進溝通調解的首要特徵是調解員透過提供照護去促進對話減少介入，貫徹協助當事者回復本身的自助能力與協助雙方達成協議的宗旨。身為第三者的醫療促進溝通調解員，不可以決定對話的論點或方向，不可以表示自己的意見或判斷，不可以提出解決方案。換句話說，調解員不可以扮演擔任類似法官的角色。
- 透過醫療促進溝通調解員的協助，能讓當事人靠自己去面對問題，並推敲出解決問題的相關對策，克服心理層面的認知衝突。
- 對話的進行方式以及最後的協議內容，基本上是由當事人本身去掌控。不同於著重「過失」有無或「金錢賠償」等狹隘問題的法院判決，無論是謝罪或是避免重蹈覆轍的改善對策，許多事項都能自由地納入協議內容。如此一來，就能做出更為人所接受、更

符合現實狀況的結論。當然其前提就是公正誠信的醫學檢證。

- 不同於法官用消極的議論方式，將問題著重在回顧發生事故的「過失」或「因果關係」。醫療促進溝通調解重視的是，積極地去思考對雙方最有意義的對話過程，或是最有益、最能被雙方接受的結論。醫療促進溝通調解的優點不在於追究過去的責任，而是尋求有未來建設性的對話。

- 不像法院審判用相互對立攻擊的方式去決定勝敗，而是著眼在找出雙方當事人真正追求的東西，以及潛在的共通性或認知轉變（說出內心話）的可能性。最終帶來雙方都能接受的雙贏解決之道。不過，要能夠達到理想的雙贏狀態，可說是天方夜譚。就算結果不會有太大的改變，但在溝通的過程中，讓病方稍微理解醫方的心情，亦或者是繼續心懷不滿。這兩者的意義截然不同。所謂雙贏不是獲得「勝利、勝利」，而是得到「價值、價值」。若能創造出近似這樣的對話，可說是別具意義。

　　這些醫療促進溝通調解的要素，可說是提供病方與醫方一個讓他們療癒因不幸的意外事故所衍生的苦惱和悲傷的地方，並促使他們積極地向前邁進。

　　最後，我們再簡單地整理一下醫療促進溝通調解的**特徵**。

- 須由當事者本身去思考、達成協議才能解決問題。

- 進行方式要有彈性。在不違反法律規定的情況下，由雙方自由決定協議的內容，如謝罪的方法等。

- 當事者直接面對面的適當對話，可幫助雙方共享情報，並促進對彼此的理解。

- 與其追究已發生事故的相關責任，不如思考更有未來建設性的解決之道。

- 不強調對立點，而是聚焦於彼此共通且共存的需求上。

- 盡力做到非公開且坦率的溝通。
- 醫療促進溝通調解員可透過提供照顧去促進對話，減少自身的介入，致力於協助當事者回復本身的自助能力與協助雙方達成協議。

各種促進溝通調解的模式

促進溝通調解的基本概念或技巧，主要是美國的研究和實作中累積起來的結果。研究的過程中，學者們提出了以各式理念為基礎所構成的促進溝通調解模式。但是，隨著領域的不同，適用的模式也不盡相同。有些特定領域中比較適合採用複合式促進溝通調解而非單一模式。醫療現場的衝突，屬於較強烈的情緒衝突，認知的分歧也容易越演越烈。每個階段都有不同的模式。因此，醫療促進溝通調解，可以說是需要用到複合式調解模式的複雜領域。因此，就結論而言，我們**以敘事調解的想法為基礎，將其他模式的發想或概念解構並重新解讀，組成專為醫療領域設計的促進溝通調解模式。**

在這裡，我們針對幾種醫療促進溝通調解基礎的調解模式進行說明。

轉換型調解模式 （Transformative mediation model）

第一個要說明的是「轉換型調解模式」（Transformative mediation）「transformative」直譯的話，就是「有變化傾向的」之意，因此，轉換型調解模式，著重的就是改變身處問題狀況中的當事人對於狀況的認知。這是由Barracks Bush與Joseph Folger所提出，收錄在《The Promise of Mediation》一書中。他們的想法，也與本書中提到的醫療促進溝通調解有著密不可分的關係。

轉換型調解模式的基本精神，也是以所謂的「照顧的理念」為本，堅信那些處於問題狀態中的當事人們原本就具備自癒能力。調解

員的角色，是協助那些因衝突而陷入一片混亂的當事人，完成自我療癒的作業，與心理諮商的基本概念有共通之處。在這裡，我們可將其**轉換爲活性化**（empowerment）與**認同**（recognition）這兩個詞彙。我們來做個簡明易懂的說明。

最近，在日本經常出現活性化這個詞彙。遇到問題的當事人，因無法找到日常生活中安定的「現實感」而產生混亂狀態。此外，攸關生命或健康的被害感，也喚起了激烈的情緒反應。一旦出事，便不曉得該如何去面對「現實」。若情緒持續受到強烈的質疑或憤怒牽引的話，便會編織成「醫療事故的故事」。面對衝突的人，或多或少都和患者一樣，在非常狀態中陷入混亂或受到內心不安的痛苦折磨。然而，活性化就是提供這些人心理方面的照顧，協助他們恢復原本就具備的自癒能力去面對「現實」。並藉由活性化能夠讓身處問題中心的當事人，拉開與從自己所處的位置或問題所在等多種觀點的差距，去看待這件事。

若活性化順利運行的話，身處問題中心的當事人，除了自身對於所處狀況的看法之外，還能察覺到其他不同角度的想法，這就是之前提到的認同（recognition）。但由於這個單字，大家並不熟悉。因此，以下我們會稱爲「**促進察覺**」。

在此我們舉個具體例子。剛出生的嬰兒身體有些缺陷，但這些缺陷並非醫療行爲所導致，而是某種先天性疾病。但是，與過去不同。現代人都抱持著「正常出生是很理所當然」的想法，因此，處於混亂狀態的父母，就會產生「會不會是醫療疏失所造成」的疑問，跑去質詢醫生，相對於家屬的激動情緒，擁有專業知識的醫生，會向病方說明「有一定的機率會生下有先天性疾病的孩子」。這解釋，對父母來說是很難接受的，對立衝突便因此產生。

這種情況，在轉換型調解模式之下，首先要感同身受地去聆聽父母的想法與心情，這便是所謂的活性化。但是，調解員不能妄下判斷認定哪一方的說詞是正確的。先去聆聽，再進行活性化。病方的質

疑，以及在此情況下所產生的悲歡，都要用同理心去對待。感受到調解員的誠意之後，父母也能稍微冷靜下來，並藉此察覺到其他看法的存在（如「就專業的眼光來看，還是有發生的可能性」這般客觀、合理的說明）。

這只是意味著病方承認有不同的看法存在，絕非表示病方同意這個看法。不過，唯有到達此一境界，當事人雙方真正的對話才算開始。唯有開啓真正的對話後，才能根據公正誠實的事實檢證結果，以具有遠見與創新的視野來解決雙方的衝突。

這就是轉換型調解模式的基本概念。我們認為在情緒衝突較為激烈的醫療紛爭領域中，採用這種模式才能真正地解決問題。**醫療糾紛的相關對應，必須要從「活性化」與「促進察覺」開始。**

此外，藉由此模式，也能稍微「確保縮小衝突的可能性」以及「防止衝突持續擴大」。大家都知道，醫療事故的初期對應是非常重要的。若是一開始就走錯路，之後衝突只會越演越烈，演變成激烈的對立。因此，最初採取的模式，除了能協助當事人之外，就結果看來，也可以防止對立越演越烈，做到最正確的「初期對應」。

但是，在複雜的醫療事故領域中，光靠這個模式是不夠的。等待解決的課題或爭議，其實更為複雜且重大。導入了轉換型調解模式之後，還是需要繁雜的調整步驟。若抱持著「之後就靠自癒能力吧」的想法的話，是沒有辦法解決問題的。因此，除了要以轉換型調解模式為基礎之外，還需要去採用其他促進溝通調解模式。這也就是我們接下來要解說的促進型調解模式（Facilitative mediation model）。

促進型調解模式（Facilitative mediation model）

比起轉換型調解模式更廣為流傳運用的是促進型調解模式。也被稱為「問題解決調解」模式，英文中則直接稱為「problem-solving mediation」。相對於轉換型調解模式著重於改變處於問題狀況中當事者的認知，**促進型調解模式，則是將焦點放在當事者之間所存在的**

「問題」，思考其解決之道。

那麼，什麼是將焦點放在「問題」上呢？舉例來說，主治護士在打點滴時，點滴針頭插了很多次都失敗。病患一怒之下說「我要換主治護士」或是「我要出院」。但醫方卻認為患者「沒有辦法更換護士」或者「還不能出院」。在這種情況下，應該把焦點集中在「能否更換主治護士」或「能否出院」這兩個問題上。

在雙方的主張背後，有病方的基本利害需求——「希望受到安全親切的醫療」，也有醫方的「想完整提供安全親切的醫療」、「想讓患者康復」的利害需求。**促進型調解模式中，將衝突區分為表面的主張、爭議點、以及隱藏在主張之下的關心。**

促進型調解模式中，所謂的「問題」（等待被解決的爭議點），絕非是指表面上的爭議（「能否更換主治護士」或「能否出院」），而是意謂涉及更深層的「關心」。在這個例子中，患者的關心——「想接受安全親切的醫療」，以及醫療者的關心——「想完整提供安全親切的醫療」，要如何能同時滿足到雙方的關心，便是問題所在。像這樣重新審視問題之後，包括主治護士，以及其他的醫療人員都重新去檢討如何應對進退的話，許多的解決之道便能因應而生。比方說，若無法更換主治護士的話，也可以請其他人來幫忙打點滴。如此一來，「能否出院」這種表面爭論，也就自然消滅了。

因此，促進型調解模式會有以下的流程：

- 處於問題狀況之中的當事人，會因為表面的爭議產生對立，並產生情緒性的衝突，對事物的看法也會被侷限。
- 因此，要找出在爭議背景下當事者的關心。
- 從關心的觀點改變當事者的看法，以其他形式重新架構爭議點。
- 當基於關心的「問題」（等待被解決的爭議點）重新被架構時，就可以發揮創意去思考解決方式。
- 調整選項，達成協議。

在這裡，最重要的是將「人」與「問題」做切割，以取得雙方都可接受的結論，也就是以「雙贏」爲目標。不再執著於過去發生的問題，而是要去找尋具有遠見的解決之道。

患者要求更換護士的主張，或許從「對護士的不滿」中跳脫出來。對患者來說，主治護士這個「人」，是造成衝突的對象，但是，人在失去理性的時候，是很難從這樣的觀點中跳脫出來的。

我們在日常生活中也常常會有這樣的經驗。比方說，跟自己約好卻遲到的人。不過，當憤怒的情緒稍微緩和之後，就會產生「對方也不是故意的」，或者「先不要氣了，先想一下之後要去哪好了！」這種跳脫憤怒情緒的想法。只要將「人」和「問題」進行切割，就有可能做到。因此，這個患者就有可能會出現「這只是偶然的失誤。只要往後提供我安全親切的服務，我就滿足了，那該請他們爲我做些什麼……」之類的想法。將問題的焦點，從對專任護士的指責轉換到「接受安全親切的醫療」上。如此一來，對話也會自然而然朝有遠見且正面積極的方向前進。

這便是促進型調解模式的基本思考模式。將焦點放在「問題」而非放在「人」。與其將對方視爲敵人，不如將其定位爲解決「共同問題」的協助者。表面主張的問題點背後，一定有可視爲動機的關心。

如同後面所述，「被視爲動機的關心，是一直存在著的。這關心也影響了發言與行動」。這個看法非常淺顯易懂，但是實際運用在醫療促進溝通調解上時，情況往往沒有這麼單純。因此我們會以後述的敘事取向爲基礎，重新構築更加貼近現實的概念。因此，在此大家只要了解促進型調解模式的精髓即可。

此外，在重大醫療事故等會產生激烈情感衝突的案例中，「問題」觀點的轉換，是非常困難的。也因此在醫療糾紛中，轉換型調解模式的初期對應，是有其必須性的。但未經詳細規劃便採用促進型調解模式，是非常冒險的行爲。

評價型調解模式

評價型調解模式，與上述兩種調解模式相同，最終都是必須取得雙方當事人的協議。但在調解的過程中，調解員可積極介入，並且提出自己身爲專家的專業判斷。

調解員做出專業判斷主導對話方向性的方法，在情感糾葛還相當強烈的醫療事故糾紛初期階段是不適用的。特別是隸屬醫院的調解員，在未獲得病方百分之百的信任之前，就主導雙方的對話方向的話，會導致病方產生「協調員都不聽我們說話，只是站在醫方的立場打壓我們」的想法。協調員的過度干涉，會導致協調員瞬間失去病方的信任與公信力。

不過，雖然評價型調解模式不適用於醫療現場，但還是有其必要性的。醫療現場的衝突，多半來自於沒有專業知識的病方與擁有專業知識的醫方，雙方對事實的認知截然不同。爲了填補雙方的代溝，在調解的某個階段（最好是病方已經對協調員產生百分之百的信任感，也想積極地解決問題的這個階段），某種情況下，鎖定問題核心並導入專業判斷，讓雙方的對話進行地更加順利。

敘事型調解 （Narrative mediation）

近年來，以社會建構論爲基礎的敘事取向影響了眾多不同的領域。醫療領域中，則提出敘事醫學（NBM：Narrative based medicine）的概念。把敘事取向應用於促進溝通調解領域時，就稱爲敘事型調解。目前在紐西蘭出身的John Winslade與Monk Gerald兩位教授的指導下，以加州爲中心進行推廣。

敘事型調解的理論中，批判了上述的促進型調解模式及其各種前提。因爲這模式是以當事者個人爲單位，而各自的行動之後都有固有的利害（關心）。設定一個可被視爲動機的關心，就本質來說，可以說是近代的「本質主義」。

敘事型調解的前提是，當事人用描述故事的方式去架構現實，與其說是當事人被關心所牽動，不如說當事人的關心是描述下的建構物。是當事人在內心重新描述現實時就會逐漸改變的東西。因此，構成當事人現實樣貌的背景——支配性的描述乃至「對事情的看法」，都會在描述的過程中漸漸浮出、顯現、重新建構（脫胎換骨）、並重新提出替代的故事（對事情的看法）。促成這樣的對話過程，就是敘事型調解的課題。在家族療法等領域中活躍已久的敘事療法，深深地影響了敘事型調解。坊間出版了許多敘事療法的入門書，只要詳加閱讀應該就可以了解敘事療法的基礎發想。

　　但是，敘事取向與前述的其他調解模式相比有些許不同。本書討論的醫療促進溝通調解，是以敘事取向做為理論基礎，並從此觀點解構前述的其他模式後，建構出全新的促進溝通調解模式。比方說，原本應用於商業或政治交涉上的IPI概念（之後詳述），運用在醫療領域時，敘事理論的觀點就必須大規模地重新定義。

- -

 **Practical hint 1**　　敘事醫學（Narrative based medicine）

　　醫方都是以西洋醫學知識或臨床結果為前提進行診斷。相對於此，敘事醫學將焦點放在醫方與病方的溝通與對話所產生的作用，並藉此讓醫界重新定義醫療行為。敘事醫學的基礎來自於在家族療法中活躍已久的敘事療法，與我們的構想有許多相似之處。坊間也出版了許多相關書籍（如齋藤清二·岸本寬史合著的《敘事醫學之實踐》），有興趣的讀者請務必閱讀。

- -

h 第*3*章 d
以敘事醫學爲本的
醫療促進溝通調解

Point

- 敘事方式裡，有固定模式的故事（典型敘事）與其實踐行為的「談話」兩個位相。
- 人類會基於典型敘事所建構的認識架構（認知框架）去認識現實。
- 認知框架會隨著身處的環境、狀況或社會地位有所不同。
- 在衝突的情況下，多半會產生認知框架的對立和糾葛。
- 對病方與醫方雙方而言，想達成高品質的問題解決此一目標，就必須解開認知框架的糾葛。

理論性架構

　　本書所指的醫療促進溝通調解，理論上可說是以社會建構主義及敘事醫學爲基礎。並藉此觀點將其他的溝通調解方式解構（脫胎換骨），並加以重新建構。接下來，我們將針對醫療促進溝通調解的理論背景進行說明。

何謂社會建構主義

近年來，在社會科學的領域中，社會建構主義是具有重大影響力的理論之一。從心理學、社會學、人類學，到筆者所研究的「法與社會」的領域中，此一發想的影響力不斷擴大。可置於被稱爲後現代主義（postmodern）的思想派系中，對科學主義及實證主義的思考方式提出批判性的議論。醫療領域也提出了以此立場爲背景的「敘事醫學」。在治療領域裡，敘事醫學也逐漸獲得重視。此外，促進溝通調解此一領域中，醫療促進溝通調解也結合了敘事醫學的發想。

最具代表性的研究者，包括心理學家Kenneth J. Gergen、臨床心理學領域的Michael White、Epston、Andersn等，以及醫療促進溝通調解領域的Winslade 或Monk等人。我們在此要探討並不是學說史，因此只簡單介紹幾個基本構想。

「現實」的敘事性構成

在社會建構主義中，關於我們所看到的「世界」或「現實」（reality），是適用於既有的主流意識，用敘事性所架構的相對而非絕對的東西。藉此否定了唯一的「客觀真實的存在」之概念。但這絕非是「那裡什麼都沒有，一切都只是語言想像的產物」這種荒誕無稽的主張。去感受和理解那裡存在著什麼時，透過敘事這塊濾鏡，就能以自己的方式去解讀。當「世界」或「現實」，剛好吻合我們所框定的故事架構時，我們將會首次認識到什麼是「現實」。這就是社會建構主義的主張。

當時代與環境有所改變，支撐人類「現實」構成的主流意識也會隨之改變。以二手菸爲例。筆者（和田）的學生時代，教授在教室裡邊抽菸邊上課，是很習以爲常的景象。在咖啡廳抽菸是理所當然的，就算煙霧瀰漫也要隱忍下來。那時甚至出現了「今天也要充滿活力，香菸眞美味」的流行語。人們並沒有意識到香菸帶來的傷害。當時，

與抽菸相關的主流意識，是伴隨著「抽菸很帥」或「抽菸是長大的證據」這些感想，具有正面肯定的意義。但現在，除了抽菸本身帶來的危害之外，對二手菸的危機意識也益發高漲。現今的主流意識是與「吸菸有害健康」、「在人前抽菸須遵守禮節」等息息相關。雖然日本的菸盒會寫上吸菸有害健康的警告標語。但我前陣子看到新加坡菸盒上印有罹患肺癌的彩色圖像時，更是大吃一驚。

此外，在過去，大家都認為生產是與死亡比鄰的過程。從「七歲前都由神明照顧」這句俗語中，可以看出幼兒的死亡是很稀鬆平常的事。但隨著醫學的進步，日本孕婦與嬰幼兒的死亡率也降到最低。因此，在現代社會中，平安生產是很理所當然，孕婦甚至還開始追求生產時的「舒適」。由此可知，與生產和嬰幼兒死亡率有關的主流意識，也開始產生變化。

時代與社會的主流意識會影響我們，並產生潛移默化的效果。隨著時代或社會情勢的改變，過去被認為是「理所當然」或「基本常識」的事物，也會跟著改變（最典型的例子就是女性在社會扮演的角色）。只是對身處其中的我們來說，會將這些事物視為「理所當然」，而無法認識到其相對性。數十年後，說不定會出現「這麼說來，結婚制度在過去可是被視為理所當然的呀」的想法。

我們看到的「現實」，都是被構築在主流意識框架內的現實（架構之下的事實）。但是，**主流意識並不會從一而終，也不會被系統化，而是存在於相互矛盾的狀態中。隨著每個人的職業或認知的不同，主流意識也會有所差異。**因此，專業的醫護人員眼中的「理所當然的現實」，與患者所見的「理所當然的現實」之間，其實有很大的差異。

重新闡述可替代故事的可能性

還有一個是從前述內容衍生出的重點。若「現實」是受到主流意識影響所構成的闡述方式的話，**透過對話與其它故事交叉比對獲得線**

索，藉由重新建構可替代的故事，使其有改變的可能性。因此，在治療或促進調解溝通領域裡，社會建構主義擁有足以被採用的基礎。

本質主義的否定

社會建構主義的發想，具有否定本質主義的意義。一直以來，近代科學都試著闡明原因與結果之間的因果性法則，近代醫學就是其典型之一。其根基在於認爲當某個本質性動因存在時，就會帶來一定的結果。即便自然科學領域的環境控制是可能且有所限定的關係，但這個觀點一旦運用在人類的行動上，就會產生問題，例如，佛洛伊德認爲人類的認知與行動本質是起因於性衝動。但是，我們無法用這個說法來解釋人類所有的行爲。

社會建構主義並不會使用某個本質性要素來規範人類的認知或行動。**在社會構成主義的認知中，本質主義性的說明也是在「闡述」中逐漸形成的。**若「現實」的印象是在語言中被構成的話，我們必須去思考某種行爲或事件的原因、動機也可以被視爲「現實」的一部分，且是能改變的東西。關於這點，跟我們之後會探討到的促進溝通調解基礎概念──「深層欲求」有著密不可分的關係。請大家務必牢記在心。

如何理解敘事

先前我們使用了「故事」這個淺顯易懂的字，意義也等同於「Narrative」這個字。「Narrative」翻爲「故事」或「敘事」是有其理由。在此，我們先針對醫療促進溝通調解基礎概念的敘事（Narrative）來進行解說。

「典型敘事」與「故事性敘事」

敘事或故事有兩個面相。

第一種是**當我們去說、去理解（解釋）、去寫或去閱讀時被活用，為了理解世界，被廣為流傳的「認知架構」**。因為社會中存在著

為了讓事件被構築成「現實」時所使用的特定認知架構。小說、電影或新聞報導中，到處充斥著特定的認知架構。這些架構以特有型式的故事形式存在著。這樣的故事也被稱為「敘事」或「故事」，也就是「典型敘事」或「典型故事」。

透過使用典型敘事，我們就能理解是日常生活中我們無法體驗的事件（如殺人事件）。我們身邊充滿了各種特有型式的典型敘事，如「親子關係的故事」、「醫方與病方的故事」、「加害者與被害者的故事」等等。典型敘事也包含了從類似「日本人討厭爭執」、「犯了錯要道歉是理所當然的」的一般概念，到藉由教育所學習到的知識體系等，典型敘事本身就帶有多層構造的。

另外，希望大家理解的另一個重點是，典型敘事並不會始終一致，而是相互矛盾、社會成員之間也常常存在著不平等的情況。例如「養育小孩還是母親負擔最多的責任」這種母性敘事，也會有「育兒與性別無關」這種否定性別差異的敘事。

第二種是**活用典型敘事，將目前被表達及表述出來的每項一次性的實踐及行為之具體「闡述」**。單純的稱為「闡述」以及「闡述性敘事」。類似「雖然對醫生的話感到些許憤怒，但我什麼都沒說，因為我也是日本人吧」這一類的發言就是典型敘事，此外，有些文章或姿態也可以將其表現出來，我們實際上能夠聽、讀、見到的只有闡述敘事，典型敘事即是將其建構，並且融入其中來表現。

敘事的反身循環與對話

像先前所說的，典型敘事並非某種存在於空間中的物體，而是只埋藏在每段對話之中。就如同語言只存在於具體的發言或記述之中，所謂的「語言」，是無法像「這是鉛筆」一樣，以物體的形式展現。只能在每篇文章或每段對話中，以具體且個別的方式出現。

如果沒有典型敘事，我們將會像一無所知的幼兒般，連發生了甚麼事都無法說出口。藉由典型敘事，我們將第一次了解世界是有意義

的，並且能夠去闡述出來。因此，我們可以在典型敘事與闡述性敘事之間，看到反身性、循環性的關係。這就好像運動、遊戲的規則與各種運動、遊戲之間的關係。

請想像一下棒球或足球運動，或是圍棋或象棋之類的比賽。與其說足球和象棋都有遊戲規則，不如說因爲有了規則，遊戲才會成立，如果沒有遊戲規則，只會出現失控混亂的狀態。透過因一定的規則及其周邊所衍生出來的「學說」或「常規」，對玩家及觀衆而言，每個戰局或每次出手才會有意義。這裡所說的「規則」、「學說」或「常規」，將等同於典型敘事。

雖然比賽受到規則或常規所支配，就算比賽模式不斷重複，但絕不會出現相同之處。每位選手的招式都不同（相等於闡述），此時此地所進行的都是無限且即興的變化。典型敘事雖然會產生不同的實踐，但絕對不是機械性、規格化的生產。而是隨著每位選手的特色或臨機應變產生無限可能。一邊按照著規則，同時又潛藏著許多規則裡看不見的個別性，成爲具體的比賽、行爲或闡述。然後，這個多樣性便產生出新的「常規」或「學說」，有時也可能去改變遊戲規則。總之，**典型敘事會產生出個別的闡述，而這個別闡述的多樣性又會回頭去改變典型敘事，形成一個循環的關係。**

和運動或比賽不同，在人類世界裡的「規則」、「學說」或「常規」，不是始終一致，而是多元且矛盾的。因此，在每個具體闡述的面向上，都會產生各式各樣的分歧。然而，這也意味著有可能透過對話，重新審視彼此的典型敘事，讓發生認知變化的空間也大大增加。所以，對話是非常重要的。透過交談，或許能預防因爲不同典型敘事而造成的分歧或誤解。此外，也能開創一條調整或共享不同的典型敘事之路。

我們來思考一下對話的過程。「聽」這個行爲，可以說藉由聽者的各種典型敘事的無意識動員去架構出意義的創造性過程。比方說，當說出「這個手術可能會留下麻痺感」時，醫生腦中浮現的是基於醫

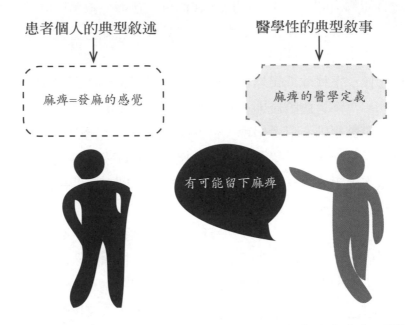

患者個人的典型敘述　　　　　　醫學性的典型敘事

麻痺＝發麻的感覺　　　　麻痺的醫學定義

有可能留下麻痺

學範疇典型敘事的「麻痺定義」。然而，聽者的病方會把「醫生的話」（稱爲診斷）套用到自己擁有的典型敘事。

在病方的日常生活中，「麻痺」只不過是指「發麻的感覺」，這是非常合理的。交談的過程中，唯有傾聽構築成不同對話的典型敘事世界，才第一次能理解對方。而醫療促進溝通調解，就是要促進以敘事的深層構造爲基礎之「對話」的過程。

敘事醫學的基礎概念再考

衝突概念的重新思考

接下來，我們將依據敘事醫學的概念，重新檢討衝突概念。

不只是醫療現場，我們在日常生活中都會遇到各種意見與利害關係的對立或者認知上的落差。即使是家人或朋友之間，也常常會去思考「爲什麼他不能了解我的心意？」或「爲什麼要爲了這種事生

氣？」。此外，也常因意想不到的誤會引起一些問題。像這樣因爲認知的分歧所產生的衝突，不是只有在彼此之間才會產生。在發生爭執時，除了跟起衝突的對方之外，自己有時也會抱持著認知上的矛盾或產生內心的糾葛，問自己「這樣眞的可以嗎？」或「就正常邏輯來說，我可以理解。但情感上我還是沒辦法接受」等等。藉此，自己內心的糾葛，以及外在與對方的認知分歧，會緊密地相互結合。

因此，衝突不僅是認知分歧或矛盾，更包含了非常主觀的要素。雖然能適切地去應付衝突很困難，但於此同時，裡面也隱藏了解決衝突的線索。

在此，關於面臨衝突之當事者的「觀點」構成，我們首先以敘事醫學爲範例來進行說明。

構成「現實（像）」的框架

我們在看「現實」時，通常會從我們平常熟悉的觀點來看。如果有一位病患在醫院裡過世，醫方會理所當然的將其認定爲「一位患者」的死亡。但對過世病患的家屬而言，那是「無可替代的○○之死」。雖然這位病患的死，本身是一個客觀的事實。但每個人的「現實」，會因爲每個人如何去看待這客觀事實，如何去賦予意義而有所不同。

在電影《羅丹薩的夜晚（Night in Rondanthe）》中，有一幕是發生醫療事件訴訟的醫師（李察吉爾飾）與遺族（太太過世的丈夫）見面談話的場面。不管律師如何阻止，誠實的醫師還是去見了遠方的遺族。醫師試圖向家屬說明這個病例的發生機率是五萬分之一，希望他們能理解這是不可抗力的死亡。而遺族一邊壓抑著憤怒一邊問：「你記得我太太的眼睛是什麼顏色的嗎？」醫生卻回答不出來。醫方習以爲常的「醫方觀點」（五萬分之一機率的案例），以及「家屬觀點」（無可取代的愛人之死），就是對比鮮明的對峙。

形成這個「觀點」的基礎架構，我們稱之爲**認知框架**。不用說，

這個認知框架是以先前所述的典型敘事為基礎架構而成，**一般的典型敘事對應到各個不同情況時的認知結構，在此我們就稱為認知框架。**

通常人類為了能安穩地去面對每天發生的變化，會以典型敘事為基礎，依循著固有型式的認知框架去認識「現實」。每天、每個瞬間所發生的事，沒有一件是相同的。遇到狀況就去思索「要怎麼去看待這個情況」是行不通的。就算有些微的變動，還是將其視為安定的日常「現實」，就是因為我們擁有固有型式的認知框架。

認知框架實際上就像是反映了每個人各自的習慣。藉由到目前為止的生活歷史，或身處的環境不同，每個人的認知框架都有微妙的不同。有容易悲觀的人，也有很樂觀的人，或者像科學家一樣傾向用客觀合理的態度去了解事情的人、也有像藝術家一樣感性的人等等。

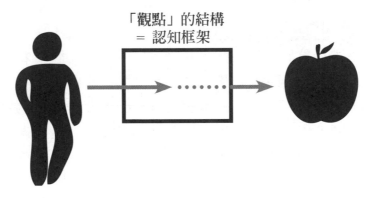

「觀點」的結構
＝ 認知框架

此外，比起個人性向，隨著在社會上的立場或地位不同，認知框架也會有所不同。也有因教育而被強制矯正的後天認知框架。專家能根據自己的專業知識，從獨自的框架中去看到「現實」，但是一般人卻做不到，醫方與病方就是最典型的存在。但無論是何種職業或社會地位的人，或多或少都擁有自己的固有認知框架。

因此，**我們認為的「現實」，是以典型敘事為基礎，並結合了受到個人的固有性向所影響的認知框架、社會立場與地位的認知框架等等的視點，被眺望、被賦予意義、被創造出來的產物。**

那麼，我們直接出個例題來思考何謂認知框架吧。

 認知框架

　　仔細思考的話，我們可以知道即使是重視客觀性的新聞報導裡，其實也隱藏著典型敘事或具有某些特性的認知框架。下述的新聞報導中所包含的認知框架，具有哪些特徵呢？

　　「昨晚，於○○州發生的森林火災造成36位民眾死亡。今後，隨著救援活動進行，死者人數可能還會向上攀升。失去家園的居民，在避難所度過了不安的一夜。」

解答例解說在p.319

框架的動搖與衝突

前述的「現實」，並非經常處於安定狀態。遇到新事件或體驗時，或是遭遇非常狀態時，之前的認知框架便會失效，認知也會變得不安。

醫療行為的結果或預料外的不良事件，例如患者的死亡，對遺族而言，是完全非日常的體驗。若對病症的惡化或死亡已經有了充分心理準備的話，那麼穩定的認知框架就不會產生巨大的動搖。但若是出乎意料的死亡，情況便截然不同。在沒有專業知識的情況下，會不曉得該如何去理解（認知）死亡，這是很正常的。因為能將情況認定並構成事實的框架瓦解了。「不知道該怎麼辦」、「不相信這是事實」等反應，都反應了這一點。這個情況，可說是因為在個人內心裡產生了認知衝突。

無法認清「現實」的狀態是非常不安的，所以人自然而然的會試著去架構認知「現實」的方法，即使自己內心沒有，也會從常見的典型敘事中尋找線索。「試圖隱瞞真相的加害者——醫院，與身為弱者的被害者——患者、家屬」這類有關醫療事故的故事，經常藉由媒體等方式廣為人知。甚至對醫院平常照顧病患的方式，也產生了那是一間「惡劣又不親切的醫院」的認知。若這樣的認知不斷累積的話，遺族說不定就依據典型敘事去讀取「現實」，認為自己親人的死「一定是醫療疏失！」。

醫方當然也會用完全不同的框架來構築「現實」。認為「這個無法預測的不利的結果，是在一定的機率下不得不發生的，並非是疏失」，這是從醫學專門知識根深蒂固的認知框架中來看，首次能被理解的「現實」。

也就是說，病方與醫方是用截然不同的框架去看「現實」。自然而然也會產生認知分歧的衝突。**在所有衝突的情況下，幾乎都可以看得到雙方看待「現實」的基礎框架是對立的。**

各種各樣的認知框架

患者的
日常

經驗

醫療者
的日常

經驗

衝突狀況
框架的對立

決定框架改變方向的事物

　　遭遇非日常的狀況時，的確會讓框架產生動搖。但並不是所有的案例都會經歷相同的過程，如同先前所述，典型敘事並不像比賽規則一樣始終一致，而是存在著相互矛盾或對應的典型敘事。此外，與醫療有關的典型敘事，也並非經常都是以固定形式的典型敘事去產生作用，也是會有其它框架存在的情況。

　　我們來看以下的例子，假設有一個因為受到疾病這種非日常體驗而感到不安的病患，因為醫師或護士適當且親切的對待，而產生住院病人所擁有的安定認知框架。他所認識的現實便是「這間醫院的醫護人員都很親切且值得信賴」。但是，某天，負責的護士在插點滴針時

不斷失敗，也道了歉。就算患者心想：「平常處理地很妥善，今天發生什麼事了嗎？」但他還是會回答：「不要緊，沒關係。」

我們再來看另一個例子。有位病患因生病這非日常體驗感到不安，卻在入院時受到了醫護人員公式化，甚至於粗魯的對待，不安與不滿的情緒逐漸累積。於是，病人產生了「醫生跟護士都不親切，而且一點都不重視我，我沒辦法信賴他們，我可以順利出院嗎？」這種因為不信任醫護人員所產生的「現實」框架。某天，負責的護士在插點滴針時不斷失敗，也道了歉。但是，病患卻抱怨：「為什麼會發生這種錯誤，你們把病患當什麼！」

前者的例子，是病患在日常的診斷中所建立對醫方充滿無限好感的認知框架。因此，當護士插針失敗時，病患便用好意的認知框架來判斷。而後者的案例中，原本就存在著不信任的認知框架。因此，與醫療疏失相關的典型敘事相互連結後，產生投訴也是可以想見的。

認知分歧的衝突，不是一發生問題（例如注射點滴的疏失、意料之外的死亡等）就一定會產生。而是會隨著日常生活的認知框架或可

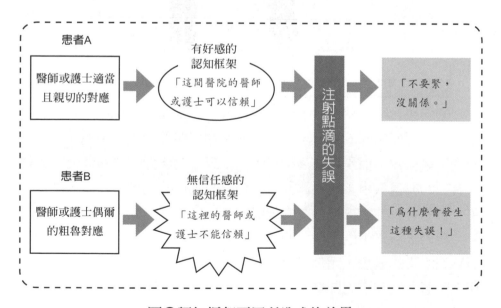

圖●認知框架不同所造成的差異

做為參考的典型敘事而產生變化。因此，我們可以得知預防衝突的關鍵，首先就是要在日常的診療當中建立良好的溝通。即使是更為嚴重的醫療事故，也是有造成疏失的醫方因為用真心誠意去應對，而讓事情能圓滿落幕的實例。此外，發生事故之後，若醫方能仔細聆聽病方的需求，去體會患者的悲傷，用誠實真摯的態度去對應的話，就能消弭因認知分歧而產生的衝突。

認知框架的多層構造

接著，我們來確認一點，認知框架並非像一塊平坦的岩石。最底層是各式各樣的典型敘事，在往上首先有認知框架作為大基底，在那之上累積的每一個問題都有次要的認知框架存在，藉此形成多層構造，但偶爾其內部也會相互矛盾。我們人類的認知，就是這樣充滿矛盾的複雜存在。

剛才提到的例子中，雖然有對醫方持有好感的認知框架做為根基，但在那之上如何去看待「點滴的插針疏失」這個事件，便形成小範圍的次要框架。此外，還有可能會出現「雖然大家都很親切，但只有這位護士比較慌張」這樣針對護士個人的其他框架，或者自己的家人中有醫護人員的話，也可能會因此受到不同的認知框架所影響。

即使是穩定的「現實」架構，但若再深入探究的話，就可以知道其中其實包含了許多矛盾或複合式小範圍的認知框架。只是，優勢的認知框架（Dominant flame）會抑制整體認知，讓人忽略了矛盾的因素或微小的異質框架。

「指出→指責→抱怨」模式

不過，當認知互相衝突時，又是另外的情形。即使到目前為止都是用有好感的認知框架來看待。但若發生更嚴重的事故，好感的認知框架也會產生變化。參照與醫療事故有關的典型敘事，可能會有「對了，我那個時候是被這麼對待的」等，像這樣當時不以為意的小事可

例：點滴插針疏失

能會演變成負面的「現實」。因此產生認知分歧的衝突並且變得顯而易見。

　　而這個問題狀況的生成，可以轉化為下列的發展模式：指出（Naming）→指責（blaming）→抱怨（Claiming）。

　　指出（Naming）是指意識到自己遭遇某種被害或不利的狀況。在先前的例子中，就是意識到「點滴針插不進去讓我覺得很痛」。

　　指責（blaming）是指要向何處追討這些被害或不利的責任歸屬的認知。在前例中，可能是「護士的疏失」（將責任歸於護士），也有可能是「唉，今天運氣真差！」（將責任歸於運氣），將一切歸咎到超自然的「運氣」上，這也是指責的一種。

　　抱怨（Claiming）是指當指出、指責都成立之後，接著就是申訴不滿的行為。雖然經常會發生意識到「打點滴時我覺得很痛」（指出），或「那是護士的疏失」（指責）時，常會因為「算了，我就忍耐一下吧」的想法就此打住。

會到達指出→指責→抱怨這個流程，就表示發生了衝突。而在指出→指責→抱怨的過程中，認知框架是經過改變後被建構而成的。

認知框架與對話

在本書中，我們一直在強調看待「現實」，框架的作用與構造是有理由的。其原因在於，在思考要如何去對應、去克服被視為認知分歧的衝突時，了解衝突的構造與發生程序，是非常重要的手段。

根據到目前為止的論述，大家應該可以理解當衝突發生時，認知框架的動向將產生相當重要的作用。若是如此，**抑制衝突、克服衝突的重要關鍵，就是要讓認知框架，簡單來說就是「病方觀點」與「醫方觀點」發揮作用，讓雙方能深入理解彼此的觀點，並且透過察覺去改變自己的觀點。**

例如，即使是無法預期、醫學也無能為力的死亡，也會有病方認為「這一定是醫療疏失」的案例。就算醫方以本身的專業醫學知識做出合理解釋，病方也不會輕易接受。這是因為雙方的「現實」認知框架完全不同，甚至可能讓衝突愈發激烈。如果醫方執著於本身的框架，欠缺對病方的理解或同理心（如同前述的電影《羅丹薩的夜晚》），就算再有心對應病方也是不夠的。

在此需要的是，能幫助改變這個框架的同理心以及傾聽，再者是推動認知轉變的契機。訴訟是在法律框架內進行的紛爭解決方法。處理問題時，不接受當事者的框架，而是以法律框架為優先考量。也許在法律意義上可以用「過失」、「因果關係」、「賠償金額」去得到解答，但是對當事者們抱持的、被定位為認知分歧的衝突，也就是所謂認知框架對立、糾葛的問題則完全被忽略。

對病方及醫方而言，為了提升問題解決的品質，就必須做出消弭認知框架糾葛的相關處置。基於敘事醫學的促進溝通調解，可說是為了創造出這種對話過程的溝通模式。

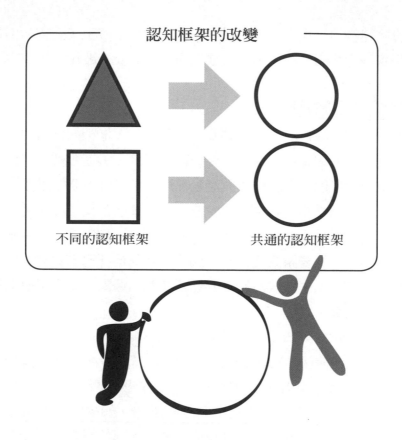

認知框架的改變

不同的認知框架　　　　　　　共通的認知框架

IPI概念的重新思考

IPI爭點分析模式的目的何在？

　　學者們非常強調陪伴在病方身邊，了解他們心情的重要性。但問題是即使有這樣的念頭，也僅止於「有陪伴患者的意圖」、「有了解他們心情的意圖」，這樣是無法被患者接受。因此，必須實際培養能察覺以患者為首的當事者想法之方式，以及相關的因應態度。這就是所謂的「IPI爭點分析模式」。在之前的「促進型調解模式（Facilitative Mediation Model）」有稍微提到，「IPI」指的是**爭議點（Issue）、立場（Position）、深層欲求（Interest）**。

　　為了不引起誤解，在進行IPI的解說之前，我們要提出2大重點。

第一，IPI爭點分析模式並不是像研究「天竺鼠」般，去分析病方與醫方的想法。一言以蔽之，就是**「並非聽『話』，而是聆聽內心的聲音」**的技巧。將其言語化之後，就會變成IPI爭點分析模式的概念與構造。

參加醫療促進溝通調解養成研修的人員，透過角色扮演，體驗身為當事者的病方與醫方的角色。在角色扮演結束後，參加者可以像使用地圖確認般，使用IPI爭點分析模式所製成的圓形MAP，去驗證自己的體驗。正常來說，每個人的結果都會不同，沒有所謂的正確答案。藉由這個結果去進行討論，檢討彼此的舉動有什麼問題或欠缺了什麼，這個討論的回饋是非常重要的。因為透過討論，會察覺到很多事情。此外，「並非聽話，而是聆聽內心的聲音」的態度，並非一意孤行，而是將其視為自省的過程去吸收學習。

被言語化的IPI概念，就是培養這樣的態度及察覺敏感度之教育方法，此外，在實踐的過程中也被賦予了自省的契機。醫療溝通促進調解員，在實踐過程中與當事者面對面時，並不需要這樣的方法。而是將IPI概念化成技能巧妙地融入在本身的姿態中去傾聽對方的心聲，但在面談結束之後，能幫助調解員提醒自己不要過於一意孤行。

第二，誰要去進行IPI的展開呢？請回想一下醫療溝通促進調解的理念。只有當事者才是解決問題的主體。IPI爭點分析模式其實也是病方或醫方等當事者本身自然去實踐的過程。為了實現深層情報共享、關係的重新構築，必須將自己的心聲而非言語傳達給對方，自然而然就能掌握自己以及對方的IPI。

醫療溝通促進調解員所執行的IPI爭點分析模式，並不是要藉此去抑制自己的對話，而是以「可能會搞錯，但總之先把這做為參考方針」的方向，在病方與醫方之間自然產生IPI爭點分析模式，換句話說也就是去支援對話與「察覺」（敘事論中的「重述」）的產生。 接下來，我們以此概念為基礎來討論所謂的IPI爭點分析模式。

既有的IPI概念

接下來，我們將針對IPI的概念進行更詳細的說明。

爭議點（Issue）：相互衝突的主張之對立點

爭議點是指各種主張、要求的對立點或課題，包含在當事者的立場中。有讓對立更激烈的爭議點，也有與深層欲求（Interest）相互連結，進行更具協調性、更深層的問題探討。

立場（Position）：當事者的立場

立場是當事者對各種事實的主張或要求的發言，可以整理成以下三點。

• 事實的主張

　　例如「醫生沒來病房」、「護士在準備注射的時候分心了」

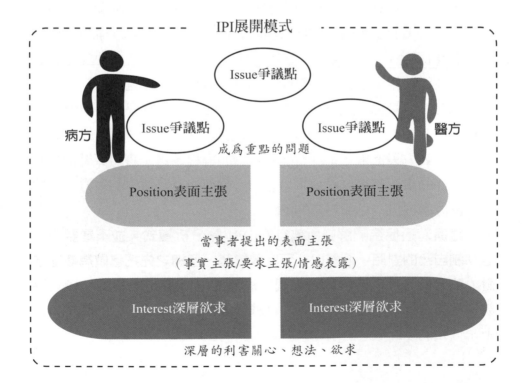

等，針對已發生之事實關係的主張。

- 要求的主張

  例如「叫護士辭職」、「付我賠償金」、「我不會支付治療費」等，伴隨著要求醫方有所行動的主張。

- 情感的流露

  既非事實也非要求的主張，而是流露出情感。只是大部分都會伴隨事實或要求的主張。

深層欲求（Interest）：深層的利害關心、想法、欲求

深層欲求指的是在當事者的立場之下，所關心的更深層、更根本的利害關係。

IPI概念的解構 —— 醫療現場的適用性

IPI概念於哈佛法學院的交涉研究計畫中誕生，並在1982出版，被視為此一領域之經典的《實質利益談判法：跳脫立場之爭（Getting to Yes：Negotiating Agreement Without Give In）》一書中，由Roger Fisher等教授提出（這幾位教授也在2006年推出續作《理性之外的談判（Beyond Reason：Emotions As You Negotiate）》）。筆者（和田）當時剛好是哈佛法學院的研究員，有幸參加這幾位教授的課程。我還記得課程內容顛覆了法學院既有的形象，以角色扮演為中心，前所未有的上課方式，讓我留下深刻的印象。回到日本之後，便立刻在當時任教的九州大學施行角色扮演的課程。

但由於一開始是做為法學院（以及商學院）的課程，故著重於商業交涉或外交交涉。也因此深層欲求的概念，被認為是較明確的利害或價值關係。換言之，就是結合較合理的深層欲求和立場，作為可分析的結構。

但是將既有的IPI概念運用在醫療現場時，會產生兩個問題點。

第一，因為醫療現場的情況更為複雜，我們不能忽視無法還原為單純利害關係的情緒或感情的問題。哈佛的元祖IPI模式，無法將這一點納入考量去徹底因應。Fisher教授之後也出了補其不足的著作，但仍未盡完善。

第二，從敘事醫學的觀點來看，終極的本質性深層欲求一開始便存在，做為立場或爭議點的起因，其背後存在著本質主義的前提，也就是其自身所建立的形象。關於深層欲求的兩大重點，便是在對話中是否以更動態的形式在運作，以及此運作是否為當事者的察覺或認知上的轉變。

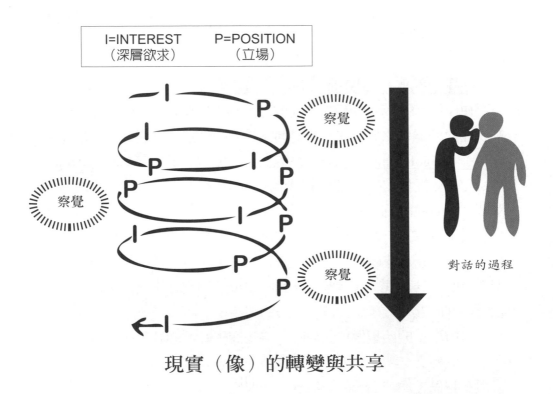

I=INTEREST P=POSITION
（深層欲求） （立場）

對話的過程

現實（像）的轉變與共享

就此觀點看來，深層欲求不是一開始就存在，而是沿著時間軸，在對話中讓當事者一步步察覺。換句話說，深層欲求是擁有重新定義「現實（像）」的多重深度之認知結果。雖然有些複雜，但立場與深

層欲求並非單純的二分法，若將它們想成是隨時間變動的多層構造，或許會比較容易了解。由淺至深，透過對話讓當事人察覺。換言之，將其視爲全新的事實加以闡述，並如螺旋般加強其深度的過程，正是促進溝通調解的過程。

要點整理如下：

- 深層欲求並非一開始就存在的本質主義性利害關心，而是由當事者所架構認知性「現實（像）」的構成要素。
- 深層欲求與立場都擁有多重構造。
- 這個多重構造具有對話過程與時間軸的次元，藉由調解員的協助，由淺至深逐漸深入，促進「現實（像）」的轉變與共享。

若由敘事論的觀點，將深層欲求的概念加以解構的話，還是具有其效用的。因可將其視爲敘事醫學，無須廢棄。先前我們提出的敘事型調解（Narrative Mediation）本身，很多都運用敘事傾向的概念，在家庭糾紛的領域裡是有效的。

但在醫療問題中卻沒有那麼容易。必須以敘事論的觀點爲基礎，同時去活用其他多樣的調解模式，架構出新模式。其關鍵就在於深層欲求概念的敘事論解構。我們將在下一篇探討立於此觀點上的IPI實際展開與深層欲求的掌握。

何謂技巧（SKILL）？

我們將以之前所述的理論背景爲前提，解說與技巧相關的正確理念。這是爲避免技巧淪於表面的技術或技能，我們必須強調的重點。

技巧不是手冊上所寫的技術

「SKILL」這個字很容易被解釋爲適用於某種意圖的守則式技

術。英文原意可被解釋為不需經大腦思考就能使用的技法，或是難以用言語說明的手法。例如，打針技巧好不好、眼睛看不到的料理手藝、足球選手瞬間的動作等。寫在手冊上的打招呼或行禮方式，通常稱不上是技巧。**所謂的技巧，是指抱持某種態度或目標去行動時，即使無意識也能自然流露，並且統合各種複雜的元素（知識、技術、態度、價值目標等）後的熟練舉動。**理論上，比較類似「實踐意志（sense）」、「身體的反射動作」、「下意識」這幾個單字。

如果足球選手一直在腦中盤算「現在的情況是這樣，所以我要用多少力氣來踢球」，或是正準備打針的醫護人員一直在思考「要用多大的力氣、速度跟角度來插針」，反而容易失誤。所謂技巧，並非由意識去「操作」，而是當你能真摯地面對目標時，自然而然就會具體的展現出來。

為了明白這一點，我們來介紹中島敦的小說《名人傳》的概要。

趙國邯鄲有一位名為紀昌的男子，立志要成為神射手，於是拜神射手飛衛為師。由於紀昌努力學習，不久後，他的功力幾乎足以與其師飛衛匹敵。因此，飛衛對紀昌說：「你接下來應該去找西山的甘蠅老師學習。與老師相比，我們的技巧只不過是兒戲。」

聽完飛衛這番話後，紀昌便啟程向西去拜會甘蠅老師。抵達目的地後，見到甘蠅的紀昌，立刻展現了他的高超技藝。甘蠅看了便道：「你那是用弓箭所射。看來，你現在還不懂不用弓箭便將獵物射下的道理。」說完之後，甘蠅便不用弓箭，只是朝天空作了放箭的動作，就將天空中的鳶射了下來。

那之後，過了九年，紀昌下了山。看到他恍惚表情的飛衛大聲讚道：「這才是天下第一的弓箭手，」人們也都期待紀昌展現高超技藝。但是，紀昌卻完全不碰弓箭，只說了：「至為無為、至言無言、至射無射。」在那之後四十年直到過世前，他再也沒碰過弓箭了。

據說年老的紀昌，某天到朋友家拜訪看到弓箭時，甚至還問友人

說「那是拿來幹什麼用的？」一開始以為紀昌是在開玩笑的主人，在得知他是認真發問之後，不由得驚嘆：「沒想到天下無雙的神射手紀昌，居然會忘記弓箭的名字、甚至功能！」

從此之後，邯鄲的路上，畫家不再提筆、樂手切斷琴弦、工匠也恥於拿起尺規測量。

這個作品不僅忠於中國的古典，也充滿了擁有稀世文才的日本作家中島敦的個人特色。作為中島敦在世的最後作品也非常具有其暗示性。在此，我們來探討這部小品中所著墨的「技」。文中提到的「至為無為、至言無言、至射無射」，完美地展現了「技巧（SKILL）」的本質。簡單來說，就是**「要修習技藝，就必須忘記技巧」**之意。

就學術面來說，這點就是哲學家邁可‧博藍尼（Michael Polanyi）探討的「內隱知識」，也是哲學家Donald Schon用「反映的實踐者（the reflective practitioner）」一字試圖理解的行為，更是社會學家Pierre Bourdieu試著用「實踐感覺」的概念去掌握的行為。不同於這些學術性探討的是，其共同課題並非透過學術語言或分析概念，而是隱藏在古典物語的敘事中展現在我們面前。

真正的「技藝」超越了技巧本身的存在，也超越了主體的「意圖」或「意識」。「主體」與「技藝」合而為一成為身體的一部分，在瞬息萬變的環境與狀況中，無意識地去調整構築並融入其中時，才能融會貫通。「要修習技藝，就必須忘記技巧」這看似矛盾的議論，讓中國古典故事與我們的日常體驗產生共鳴，欣然被了解與接受。

在僅九頁的文庫本篇幅中，伴隨著濃縮的美，凝結成這深刻的省思。要讀完Porany或Shawn等人的厚重著作可能會很痛苦，但想體會中島敦《名人傳》文中趣味的人可能破萬。

正如我們不用過於刻意就能學會拿筷子、騎腳踏車，像這種自然而然去體會、去表現出來的能力，就是「SKILL」的英文原意。因此，「面對面的態度」其所「習得的動作表現」也就是所謂的技巧。

與年長者交談時，我們說話的語氣會自然而然地變得較為客氣，肢體語言也會變得較為謹慎。和拿筷子一樣，我們並不會時時刻刻想著「這時候要這樣講」或是「要用這樣的語調」。這是因為我們已經學會和年長者說話的技巧，跟拿筷子不同的是，跟年長者說話的語調，是與「尊重年長者」的想法及態度息息相關的。如果欠缺了這個想法或態度，應該就不會出現如此自然的舉動了。

將技巧言語化的意義

　　在本書中，我們會將「技巧」一詞用在上述的意義。然而，醫療促進溝通調解的目標便是，一旦有了想接近病方或醫方，傾聽他們的心聲的意圖，自然而然地學會無意識間流露出的技巧。絕對不是表面的言語或有目的性的技術。還請各位注意。

　　然而，在教育的過程中，為了避免陷入單純的精神論，是有將技巧言語化的必要，例如，為了傾聽的各式技巧，包括點頭、接話、替換用詞等等，這些都是與態度息息相關的技巧，將出現在行為舉止裡的「表現」加以言語化的實例。**就像地圖不代表土地本身，被言語化的技巧只是外殼，並不代表技巧本身**。但像繪製地圖一樣，將肉眼看不到的技巧言語化之後加以整理，是有其可行性的。

　　例如，使用筷子的技巧，雖然是肉眼看不到的能力，但將其具體地言語化之後，就能變成類似「用拇指和食指握住兩根筷子，並用中指靠在筷子的正下方，使力操作筷子的前端」的表現。但是，讀了這段文字的小孩或外國人，就學會使用筷子了嗎？那倒也未必。

　　同樣的，即使將各式傾聽技巧言語化並加以理解，但這並不表示就學會了傾聽的技巧。這就像你即使看了無數次地圖，也得不到實際到當地旅行的感動或體驗。傾聽的技巧，是指學會了傾聽的態度之後，能在日常的行為舉止中自然而然地表現出來。若只重視表面的言語化技巧，只會顯得不自然。

　　但是，技巧的言語化絕非毫無意義。因為唯有當自己去實踐時，

才會知道自己是否表現出「傾聽的態度」。地圖能幫助我們知道自己的位置，因此，本書也會將技巧言語化之後加以解說。

下個章節開始，我們將針對具體的醫療溝通促進調解的實踐以及其技巧的意義進行解說。其目的是爲了培養調解員的態度，讓調解員在面對當事人時，能夠更加貼近病醫雙方的深層心理。這並非精神論，但何謂「貼近」當事者呢？眞摯地去傾聽當事人心聲的態度與敏銳的察覺力，是調解員的必備技能。爲了培養這些技能，必須將被調解員自然而然就反應出來的技能加以言語化，並透過角色扮演等方式去實際體會。透過這樣的教育，便能學習以眞摯的態度接觸當事人的能力。

h 第4章 d
醫療促進溝通調解的階段與程序

Point

- 醫療促進溝通調解的意義或形式，隨著實踐場面的不同會產生些微的差異。
- 醫療促進溝通調解可分為「自我溝通調解（Self Mediation）」、「現場對應溝通調解」、「由專業調解員負責的醫療促進溝通調解」三種類型。

到目前為止，我們知道醫療促進溝通調解能因應各種場面。做為對話的精神與人際關係調整的軟體，醫療促進溝通調解可說是出現在各種醫療場合的連續低音（figurel bass）。只是，醫療促進溝通調解的形式，隨著情況也會有所不同。

首先，要介紹的是醫方與病方一對一直接面對面的自我溝通調解（Self Mediation）。接著，將順著常見的促進溝通調解的程序，來探討其重點。

自我溝通調解 （Self Mediation）

從日常的診斷到醫護人員直接受到患者的抱怨與不滿，幾乎所有在醫療現場與患者面對面的對話過程中，自我溝通調解都能夠給予有用的姿態與方針。

在此，我們先來探討直接針對醫護人員的抱怨或要求說明的案例。雖然很困難，但透過檢視這樣的案例，能讓大家一併了解日常診斷時的因應姿態。

實際的自我溝通調解

醫療事故或疏失、無法讓患者滿意的對應、或發生事件時，面對激動病方的控訴，醫方會出現無地自容的心情，偶爾甚至會出現「有沒有可以逃避的方法」這種防衛性的念頭。又或者，若醫方知道自己並沒有任何疏失或過錯的話，便會以本身的專業知識與判斷提出合理的原因，試圖說服病方、讓病方接受。我們將前者稱為「防衛性應對」，後者稱為「說服性應對」。

為了共享對話與情報，這樣的應對不一定有效。醫方出現防衛性應對時，病方會敏銳地察覺到，對醫方的對話態度感到疑惑與憤怒，不滿也容易變得一發不可收拾。此外，乍看有效的「說服性應對」，無論醫方的態度有多麼真摯，怒氣衝天的病方聽起來，都只是單純的藉口。反而會讓病方的疑惑跟憤怒扶搖直上。有時候，說服也會讓人產生「上對下的壓制」之感。人類會以自己內心所架構的認知框架為基礎，去認識事物的現象。如果受到了情緒影響，讓認知框架被固定或強化的話，再合理的說明，幾乎都無法被接受。畢竟接受「其他觀點」的心理準備，也尚未被架構。

憤怒是次要的情緒表現，其背景一定包含了悲嘆、後悔、不安、苦惱等受傷的感覺。為了能感同身受地去接納內心受傷之病方的感情或想法，並協助病方恢復重新審思問題的自我治癒能力，以及接受「其他觀點」的心理建設，促進溝通調解的精神及其基於此精神的對應是不可或缺的。同時也代表醫方本身設身處地的理解病方觀點，察覺自己的「說服性應對」只是單方面的，並藉此改變自己的態度。

在這個情況下，溝通促進調解的精神是如何被運用呢？其開端是要讓直接面對病方的醫方，努力讓自己的內心產生兩種人格。其一是

對病方的投訴感到為難的「**身為當事者的自己**」，另一種則是，站在第三者立場的「身為醫療促進溝通調解員的自己」。

「身為當事者的自己」，在面對激動病方的控訴時，容易產生情緒化或防衛性的反應，或試著去說服對方。之前也有提到，其結果只會導致病患的憤怒一發不可收拾。

因此，在這樣的情形下，不能用「身為當事者的自己」，而要用「身為醫療溝通調解員的自己」的角度，客觀地去檢視問題。首先，要感同身受地去傾聽患者的主張或控訴，也就是要讓醫方的態度由說服性應答轉變為感同身受的傾聽。透過感同身受的傾聽去接納病方混亂的情緒，了解憤怒背後的真正心意與受傷的心情。只是，並非一定要同意那些內容。對病方而言，他們想要的不是對自己所述內容的認同，而是希望對方能尊重並傾聽自己說的話。

並不是每個憤怒的患者都是愛投訴的人。憤怒的背後隱含了許多看不到的經驗、狀況或是受傷的內心。認真地去接受傾聽，許多患者應該都能夠冷靜下來進行對話。當病方覺得被尊重、被接納，就可能會開始架構接受「其他觀點」的「心理準備」，這個過程是互相的。

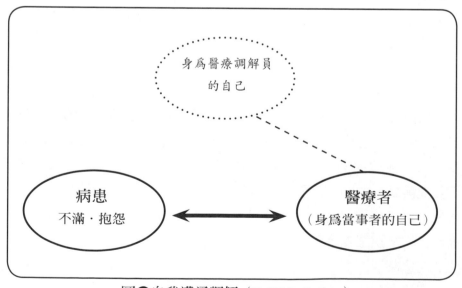

圖●自我溝通調解（Self Mediation）

如果醫方有心尊重或傾聽病方心聲，那麼病方應該也會以相同的態度回應。換句話說，病方的態度就像鏡子般反映醫方的因應態度。

因此，用俯瞰的視野來看包含自己在內的當事人，問自己「現在應該要怎麼應對，才能了解患者的想法並擴展對話？」或是「要如何應對才能讓對話氣氛由敵對轉為冷靜？」像這樣兼備醫療促進溝通調解員的觀點之後，醫方也能撫平因直接面對病方的憤怒而受傷的心情。試著傾聽對方憤怒的內心與聲音，就能緩和衝著自己的「憤怒的負面能量」，也能夠讓「身為當事者的自己」不會受到傷害。如此一來，若能相互尊重、傾聽的話，之後的對話應該就能順利進行吧。

此外，知情同意（Informed consent）或日常診斷的情況，也是相同的機制。說明並非單方面一廂情願的過程。要能夠接納病方的想法和苦衷，才能得到病方的信賴。

要如何去接納對方的情緒

提倡IPI的Roger Fisher等學者在後來發表了《理性之外的談判（Beyond Reason:Using Emotions As You Negotiate）》一書，加入了在交涉時情感問題的相關討論。Fisher等學者們認為在交涉時（本書所指的對話）面對對方的情感（是積極或消極）有五個核心的（基本的）慾望，包括「價值理解」、「連結」、「自律性」、「身分地位」、「角色」（P.124表1）。忽視這五點會產生否定的感情，尊重的話就會產生肯定的感情。

這五項基本欲望，也包含了在思考自我溝通調解中的病方情緒與應答方式時，具有教唆意味的觀點。因此，我們將簡單來探討一下Fisher的論點。

價值理解

對話的對象認同我們的價值、並給予我們尊重的感覺，當然會大大地影響我們的情緒表現。那麼何謂「認同價值」、「尊重」？又能

用什麼方式來表現呢？

表1　五個核心慾望

核心慾望	被忽視的情況	獲得滿定的情況
價值理解 Appreciation	自己的想法、心意、行動被認為沒有價值。	自己的想法、心意、行動被肯定。
連結 Affiliation	被視為敵人，保持距離。	被視為夥伴。
自律性 Autonomy	做決定的自由被侵害。	對方尊重我們自己做決定的自由。
身分地位 Status	覺得自己受到的對待比別人差。	覺得自己受到應有的對待。
角色 role	對自己目前的角色與活動內容無法得到滿足。	對自己的角色與活動內容感到滿足。

（引用自Roger Fisher・Daniel Shapiro《理性之外的談判》）

第一，是理解對方的想法。大家可能會認為是理所當然的，但實際上並不容易。不知道大家有沒有在聽了病方的投訴或不安後，根據自己以往的經驗做出「啊！是那個啊！是對○○症狀感到不安吧」的判斷，並且認為「我試著去理解過了」的經驗。所謂的「理解」，無法從言語的表面意義去判斷，也無法一意孤行地從自己的認知框架去定義。對我們自以為「已經理解的事」重新提問，並從對話中聽出患者關心的事物。由此看來，自我溝通調解是有其必要的。

第二，是必須從自己理解的對方心意中找出價值。即使不贊同對方的表面說辭，只要去細聽對方的理由，就能從中找到某種程度可以認同的價值。並非一昧地反對，而是用心傾聽的話，就算表面上有再多不合理的見解，隱藏在那些不合理背後的心情，也應該有被承認的價值。只要願意承認這個部分，對方的意見即使無法完全同意，也能

有一定程度的肯定。

　　第三，是理解對方的心情，並且找出一定價值的話，傳達給對方知道是一件很重要的事情。這樣的表現，絕對不是讓步，而是代表著尊重對方、想貼近對方想法的意思。

連結

　　如同字面所示，「連結」是指與對方的關係性。Fisher等學者認為，「連結」可分為同一間學校的畢業生，從事相同工作的夥伴之間的「組織性連結」，以及個別具體關係中所架構出來的「個人連結」。但在醫療現場，後者應該具有壓倒性的重要意義。因此，在日常生活的相處之中，去建立信賴關係是很重要的。在醫療現場，醫方與病方會以各自既定的角色去面對彼此。但與此同時，其實雙方不只同為人類，更共同擁有了超越其既定角色次元的關係。如何連結此一次元的關係更顯重要。例如，平常沒事就閒話家常一下，說不定能強化彼此的連結。

自律性

　　在知情同意（Informed Consent）等情況下，自律性被認為是最重要的因素。但即便是日常的診療過程，尊重患者的自律性也是很重要的。雖然就醫方的角度看來，是必然的判斷，但從病方的認知框架來看，很多時候都絕非「必然」。對患者來說，不給病方表達意見的機會，有時也代表了「自律性受到侵害」。即使病方回答「好，這樣就夠了」，但賦予對方表達意見的機會就表示尊重對方自律性。

　　此外，隨著情況不同，也必須考量到那些不在場的關係者的自律性。不只是患者本人，也要考量到其家屬的想法，以及與患者之間的協議會不會侵害到家屬的自律性。若必須尊重家屬自律性的話，醫方本身有時也要擔任患者與其家屬之間醫療促進溝通調解的角色。

關於身分地位的要素，Fisher等學者舉了下述的醫療現場實例進行討論。

- -

夜班護理人員向巡查病房的醫師報告患者半夜有異常的心音發作，建議移到ICU。但醫師卻說：「你有多少接觸心臟病患者的經驗啊？我剛跟病患談過了。他只是稍微有點心律不整而已，」否定了護理人員的提議。

聽完醫生的話之後，感到氣憤與無力的護士，因此閉口不提患者有感到胸部疼痛、甚至擴散到手腕的情況。結果，幾小時後患者心跳停止，只能靠生命維持器延續生命。

- -

護士的建議傷到了醫生的自尊心，醫生的話造成了護士的反感。其結果，卻讓無辜的病患成為犧牲品。要發表「醫師應該要去聆聽護士講的話」或「護士應該要更肯定去向醫師傳遞情報」的議論是很簡單的，但只要人類活在社會裡，就無法擺脫被賦予某種身分地位與伴隨而來的期待，因為我們都是活在社會的典型敘事之下。

Fisher們將身分地位分為兩種，在社會裡的定位及定義的「社會身分地位」，以及在個別關係中的「特定身分地位」。後者並非在人類社會可被定位的結構性地位，如運動能力、料理的手腕、人生經驗、魚類的知識等等這樣多樣且個別的地位。比方說，某位與疾病長期抗戰的病患，或者長期照顧這位病患的家屬或護士，會根據這個體驗，而擁有超乎他人想像的知識或經驗，這也是「特定身分地位」的一例。若賦予身分地位此一概念更廣泛的定義，所有人都能在某個層面上擁有優勢地位。這就是我們要提出的**第一個重點**。

第二，必須尊重他人的身分地位。在前述的對話例中，「醫師與護士間不應該有權力的傾斜」，此一論點固然重要，但在實際上並不一定有效。不如以對醫師身分地位的期待為前提，表現出尊重醫生的

身分地位的態度，那麼醫師或許就會側耳傾聽。這之中，當然也包含了尊重護士（以熬夜看護的經驗爲出發），或者是尊重患者的身分地位。尊重彼此的身分地位，就能產生對彼此的敬意，對話也能順利推動。以表明自我意見（ASSERTIVENESS）爲前提，對彼此的身分地位的尊重與關懷照顧，是有其必要性的。而這正是自我溝通調解的對話態度。除了面對患者外，自我溝通調解也可以被視爲醫療人員之間的重要對話態度，並加以活用。

第三，也要留心身分地位帶來的副作用。比方說，醫生的身分地位與其專業的醫療知識息息相關。但是，其影響可能擴及到毫不相干的地方。不過，只要具備醫療促進溝通調解的視野，應該就能意識到身分地位所帶來的副作用吧。

角色

基於每個人所處位置，會產生所謂的既定角色。例如，醫師與患者都是扮演著各自的角色走向診斷室，但在實際的醫療現場中，兩方會超越原來的既定角色，視情況改變自己的立場，在醫生與患者的框架中，「聽者」與「話者」的角色也會隨情況轉變，有時候，醫生也會從患者的疾病相關經驗中學習到一些事情。暫時性角色的生成，有時也會成爲尊重彼此的身分地位與自律性、理解彼此的價值觀、甚至強化彼此連繫的機會。不侷限於醫方與病方的固定角色，隨時注意角色間的力學變化也很重要。

Fisher等學者則認爲上述五個要素會影響到對話時的情感表現。無論是否贊同這些理論，但這五點的確顯示了許多包含情感等關係建構的重要提示。對話時情緒氣氛的好壞，一定會影響到對話內容或情報共享。因此，必須接納患者的情感，並竭盡所能地將其轉向積極正面。對醫方而言，自律性的尊重或價值理解等，都是面對病方的重要態度。而自我溝通調解，正是賦予醫方如此能力的對話觀點。

現場因應溝通調解

　　遭到投訴時，若用自我溝通調解也無法取得患者的認同時，就必須派出最接近醫療現場的風險管理師或護士長等。這些工作人員將會擔任醫療促進溝通調解員的角色。在較為輕微的投訴案件中，只需要學過醫療促進溝通調解的現場醫護人員就可以進行因應。在大多數醫護人員都學習過醫療溝通調解的醫院裡，專業調解員處理的僅限於較為嚴重的醫療不良事件。其他大多數，都由現場的醫護人員直接應對進行處理。

　　在這種現場因應的溝通調解中，可能有很多沒有任何準備，就需要直接進入病方與醫方之間進行對話的案例。通常病方都不會拒絕調解員的協助，但若是調解員的角色是由醫護人員擔任的話，醫護人員最重要的是要先自我介紹、說明自己的角色、並得到病方的同意。這也代表醫方尊重病方的自律性或是身分地位。擔任調解員角色的醫護人員，不能去陳述自己的個人意見或做判斷這點，更無須多說。

　　現場因應溝通調解的特徵，在於雖然其涉及範圍極為廣泛，但其目標是有所限定的。

　　首先，在何種情況下，會提出多方向醫療促進溝通調解的要求呢？比方說，有些較為嚴重的投訴案例中，病方的意見未必一致。有時，除了當事人本身之外，甚至連病患的家屬或親戚，也可能會對醫方提出不同的要求或主張。身為醫療促進溝通調解員的現場醫護人員，就需要臨機應變去處理這些情況。若能在因應時獲得病患本身的絕對信任的話，就能促進抱持不同見解或主張的家屬之間的對話，甚至於同化患者家屬們內在的觀點。

　　此外，醫方也可能有意見不一致的情況發生。在診療間或工作人員之間的責任歸屬問題，可能會因此產生衝突。不可否認的是，其結果可能會導致事故情報的收集、分析，有扭曲的風險。基於此點，醫療促進溝通調解員必須藉由傾聽所有醫方人員的意見，創造出解決事

故問題的協調基盤。

如此一來，雖然初期的醫療促進溝通調解因應是有其困難性的，但將會大大地左右之後的發展（如：要交給專任醫療促進溝通調解員的情況等）。

接下來，何謂目標的限定性呢？特別是當發生不良事件的醫療事故，或者與安全息息相關的突發事件。這些需要及時處理的現場因應溝通調解，調解員需要意識到促進對多方當事者的關懷支援的協助，並以建立接受「其他觀點」的「心理準備」為目標。達成協議與解決病方的投訴，並非最直接的終點。換言之，只需要「藉由提供照顧，防止認知分歧擴大」就已足夠。還沒做好「心理準備」就急著去達成協議、了結抱怨，或試著去說服，反而會讓患者感到疑惑或憤怒。

藉由關懷照顧和支援的徹底執行，連結雙方的心意或尊重彼此的自律性，就可能達到讓病方當事人能自己克服問題的目標。

再者，在現場對應溝通調解的階段，握有政策決定權的管理負責人（如院長或事務長）最好避免去介入處理。因為他們可能在還沒看清問題本質的狀況下，就做出表面的決定。

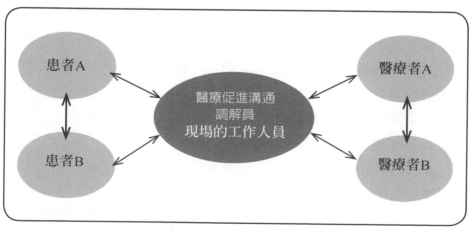

圖●現場因應溝通調解

由專任調解員負責的醫療促進溝通調解

現場因應溝通調解的後續承接，或者是跟醫療事故或意外有關的投訴，會直接交給專任的醫療促進溝通調解員來處理，這種情況下，很少會突然進入到第三方的溝通調解。發生醫療事故或意外的現場，也會有突然請專任的調解員來因應處理的情況，但通常都會先一對一聽患者說話，之後也會跟醫方對話，並以此打造讓病方與醫方直接對話的機會，協助雙方的對話。接下來，我們來看看醫療促進溝通調解的重點。

醫療促進溝通調解員的聯絡

當病房、門診或病患諮詢窗口發生了現場無法處理的醫療事故，或發生病患投訴時，會需要聯絡醫療促進溝通調解員。在這個時間點通常會進行一定的現場溝通調解，但是當發生重大醫療事故時，有必要盡早透過專任的醫療促進溝通調解員去因應處理。

此外，醫療促進溝通調解員的情報，也漸漸深入一般民眾心中。經常會有患者要求由醫療促進溝通調解員出面協調。

與病方一對一的對應

醫療促進溝通調解員要盡可能與病方一對一見面，並仔細傾聽他們說的話。與病方見面時，要先說明自己是醫院職員，以在醫院裡擔任病方與醫方的溝通橋樑的說法去接觸病患。一開始，病方可能會因為對方是醫院職員而有所警戒，甚至將怒氣發洩到調解員上，但其實不會有太多人拒絕調解員的介入。

之後的情況就如同上述，調解員並非背負醫院的立場，而是要以聯繫雙方的橋樑角色認真傾聽病方說話。只要展現出想聆聽的真摯態度，就能逐漸獲得患者信任，患者也會願意說出自己的心情和想法。從病方說出的話，去了解到目前為止患者隱藏在內心的經驗、真正想

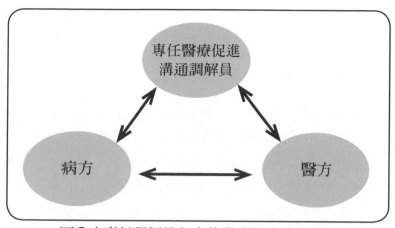

圖●由專任調解員負責的醫療促進溝通調解

法與生氣的理由，就能夠理解患者的價值觀與尊重患者的自律性。在此階段的注意點，與之前所提的自我溝通調解可說是一模一樣。

在此提及的真摯態度，正是源自於醫療促進溝通調解員的關懷照顧的重要理念。透過這個過程，跟病方之間也會產生「雖然這個人是醫院職員，但他會願意認真地聽我說話」這樣的信賴關係。我們常常會聽到病患提出「這個人是醫院職員，我們可以相信他嗎？」的疑問。但事實上，我們幾乎沒有聽到第一線的醫療促進溝通調解員會因此而無法得到患者的信賴。

與醫方一對一的對應

無論是醫療事故或病方投訴，醫方同樣也會受到傷害。醫療促進溝通調解員，要以對待病方的相同態度去對待醫方，在獲得情報的同時，也提供了關懷照顧。因此，醫療促進溝通調解員照顧理念的根本——真摯的態度，是非常重要的。

根據情況不同，有時也需要提供多數的相關人員關懷照顧和對話。此時，為了讓相關醫護人員能助調解員一臂之力，醫院高層必須讓全體員工了解調解員所扮演的角色，並讓此一概念深植大家心中，

是非常重要的先決條件。而高層的指示、有組織性的後援、以及醫療事故中公正誠實的調查，正是醫療溝通促進調解的必備基礎。

病例檢討等的參與

醫療促進溝通調解員參加病例檢討或事故調查時，除了從對話中了解病方的想法之外，最好避免有任何實質性的參與。此外，也不能代替醫方向病方解釋被視爲醫方見解的檢證結果。但是，以促進對話爲前提，獲得與醫療事故或投訴相關的客觀訊息，是有其重要意義的。因此，我們希望醫療促進溝通調解員要盡可能地站在第三者的立場去參與病例檢討或事故調查。

醫療溝通促進調解、對談的準備

接下來，我們要來著手進行醫療促進溝通調解對談的相關準備。要確認病方會有幾位代表出席？病方希望醫方出席的代表是誰？根據病方要求，醫方有哪幾位代表要出習？設定時間多長？等等事項。

開會時，若醫方出席人數遠多於病方的話，會讓病方出現壓迫感。因此，雙方出席人數不宜差距過大。

開會時間要訂一或兩個小時，都必須事前規劃好（但調解員本身在對談結束後也需要做一些因應對策，因此需要預留多一點時間）。在雙方對談之前，醫療促進溝通調解員必須獲得病方一定程度的信任，至少得讓病方同意對談時間的相關設定。

爲了避免雙方的意見沒有交集，盡可能以錄音的形式留下對談記錄。當然得取得病方同意，但只要先明確告知病方會錄下二卷錄音帶，並提供給患者及其家屬，多半的病方都會同意錄音。

對談最好選在採光明亮，沒有擺放多餘家具、簡單乾淨的房間。過於狹窄的房間會有壓迫感，相反地如果房間太大的話，容易讓對話變得散漫。原本最理想的溝通調解，應該是病方、醫方、調解員三方以相同的間距坐在圓桌進行，但受到物理條件的限制無法達成。因

此，病方以及醫方隔著桌子對向而坐，調解員坐在雙方中間的三角型頂點位置，也是可以的。

此時，最好請病方及醫方的關鍵人物坐在最靠近調解員的位置。話雖如此，重要的還是要請他們坐在不會太近也不會太遠、距離感最自在的位置。在人類文化中，人們對於空間的想法是大致相同的。但是，調解員必須掌握形勢。比方說，讓病方坐在上座，如果需要用到白板來做說明的話，可以讓醫方人員坐在離白板較近這一頭。

迎接與誘導

對談當天，醫療促進溝通調解員要比預定時間提早三十分鐘到門口迎接病方。特別是發生醫療事故時，病方當事人會出現非常不安且悲痛的心情。因此，調解員要顧慮到病方可能會提早抵達並加以因應。

病方抵達後，要先感謝他們特地前來，並引導病方前往進行對談的場所。病方可能也是專程請假前來，因此要對病方抱持感謝之意。

另一方面，醫方須先前往對談場所等待。進入會議室時，一定要先請病方就座，之後再請醫方入座。這與其說是作業手冊上書寫的必備流程，不如說是若抱持對病方苦惱和哀傷的同理心的話，自然而然就會流露出的真誠態度。

對談開始

醫療促進溝通調解員，首先要感謝雙方願意出席對談，並且讓雙方了解自己是以溝通橋樑的角色擔任會議司儀，以及這個角色的具體內容。最重要的是一步一步地讓醫病雙方都能了解自己的工作內容。

如此一來，首先請病方不受拘束地講述他們對事件的想法或疑問，並以此作為對話的開端。

一開始的問候，醫療促進溝通調解員可以針對每個事件，表達自己最坦率的心情。在此我們舉個例子，例如以下的說法：「○○先

生，非常感謝您們今天特地撥冗來到醫院。敝姓□□，是今天的會議司儀並擔任雙方溝通橋樑的角色，請多指教。△△醫師，今天也很感謝您特地過來，我今天不是代表醫院，而是擔任雙方的橋樑，如果有任何的問題，隨時都可以提出來。到目前為止，有沒有任何問題呢？……那麼關於這一次的案件，我想先請○○先生講述一下您目前的狀況，以及您的想法或感到疑問的部分。△△醫師，請您先聽一下。○○先生講完之後，再請△△醫師發言。○○先生，這樣您同意嗎？……那麼可以請您先發言嗎？」

像這樣，先展現想傾聽病患內心聲音的態度，說明自己的角色，在過程中考量到雙方狀況，與雙方攀談並提供發問機會是最重要的。

促進對話與協助①——初期階段

對話一旦展開，醫療促進溝通調解員就要負責協助對談的進行。剛開始雙方對立的情緒會很激烈，談話內容也大多是表面化的主張，身為醫療促進溝通調解員，必須用心傾聽雙方當事人的聲音，不要勉強介入雙方對話，尊重雙方當事人的對談方向，並且全力配合。

重點是要讓病方充分表達對醫方的看法。在此階段，醫療促進溝通調解員只需要默默聆聽雙方的對話內容。例如，怒火中燒的患者說：「這位醫生說要來病房卻沒有來。根本就是個騙子！」的時候，就可以用「醫生說要來卻沒有來嗎？」或「那您一定很不放心吧？」等不失禮的話語一一回應。

醫方的發言，會有花太長時間在進行客觀說明的傾向。這樣的專業說明就算再簡單易懂，只要時間一長，就會讓病方產生醫方再逼自己接受的感覺。因此，當調解員認為醫方的說明有些許困難時，可適時介入，幫病方製造發言機會，確認病方是否了解。透過這樣的介入，讓雙方的對話不致於陷入單方面說明的窘境，而能夠創造出雙方對談的節奏。

若要介入對話，調解員首先要取得病方的同意。比方說，以類似

「是否能由我來問醫師幾個問題呢？」的話語詢問病方。取得病方同意後，再向醫方尋求更詳細的說明。比方說「所以，您剛剛的說明應該是……的意思吧？」等。得到了醫方的說明之後，可再向病方詢問：「那有沒有其他問題呢？這樣的說明可以嗎？」像這樣適時地為病方製造發言機會。如此一來，除了是顧慮到病方的心情，同時也能在醫方做出容易讓人誤解的冗長說明時適時介入，創造雙向對話的節奏，避免醫方遭到病方的誤解。

醫方代表若對醫療促進溝通調解有所了解的話，應該就能明白在客觀說明之前，或進行說明的同時，需要花費時間去聆聽病方的想法。在這情況下，調解員就能較為順利地執行自己的任務。

開始對談的初期階段，首先要讓病方吐露心聲，傾聽他們的抱怨與不滿，並藉此讓醫方展現出試著了解患者真正訴求的態度。

促進對話與協助② ── 轉變階段

當雙方當事人的情緒衝突稍為平復，對話的機會來臨時，為了讓雙方察覺彼此的真正訴求，調解員必須透過提出問題去促進雙方的對話。這就是敘事論中提到的，藉由雙向對話（論述），促使雙方改變自己對問題的認知。

具體來說，要針對當事人看不到的對方背景狀況或容易造成誤解的事項提出問題，藉此挖掘出相關情報。比方說，曾發生過，醫方無視病方因不了解手術室狀況，而對醫療人員抱持懷疑的態度，一味地進行艱澀難懂的專業說明，不斷加深病方誤會的案例。此時，調解員必須站在病方的立場，請醫師詳細地解說手術室裡發生的事（也就是病方看不見的事實），讓病方了解醫方在手術時所做的因應策施。此外，類似「因為臨時要進行手術，所以沒有按照約定去巡房」這類理由，若是由醫生直接告知病人的話，只會被當成是防衛性藉口。但如果是由調解員詢問醫生「可以請您說明一下當時的情況嗎？」，這時醫生的說明就可能被視為是客觀的事實說明。

相反的，醫方可能把病方當成投訴者，不去顧慮到對方的背景狀況。若發生此種情況，調解員可以詢問病方：「想請問一下您先生平常在家的樣子。可以描述一下疼痛時的樣子嗎？」類似這樣醫方無法得知的病方背景。藉此讓醫方產生「原本以為他們只是愛雞蛋裡挑骨頭的病人，沒想到家裡是這種的狀況」的想法，改變原本的成見。

透過促進雙方對話，能讓當事人共同擁有表面對話無法得知的資訊，也能感同身受地去體會彼此的努力或痛苦。藉此讓雙方對彼此抱持的壞印象或言語背後隱藏的真正含意，產生不同看法。此外，藉由更深一層情報的共享，促使雙方察覺彼此真正關心的事物，讓當事人找到解決問題的新方向。而透過發問，促使雙方共享情報，改變原有的成見與相互理解，正是醫療促進溝通調解員的任務。醫療促進溝通調解能否成功的關鍵，就在於如何提出好問題，以及如何在適當時機提出問題。

再者，雖然我們再三強調深層關心（深層欲求）的重要性，但其方向性絕非是由調解員所主導的。對談的主角，自始至終都必須是當事者。若雙方當事人一直在談論表面問題時，即便調解員試圖丟出較為深入的問題，也不會有絲毫進展。

因為，會以「現在不是在講這件事的時候」為由，遭到雙方當事人的拒絕。因此，調解員在與當事人面對面時，必須要跟得上**此時此地的對話**。以此為本提出問題，協助雙方當事人進行更深入的對談是很重要的。

對談的結束與繼續

若是重大醫療事故，對談不可能僅只一次。當設定時間終了就必須結束對談，再由調解員為病方說幾句話。結束後若有需要，可決定下次的對談時間。

接著跟雙方當事人說：「今天非常感謝大家的出席。由於先前約定的對談時間已到。今天的對談就先到此告一段落。如果有任何需要

補充的地方，可以留到下次面會再談。△△醫生不知您意下如何？下次的時間由我來協商之後通知大家。感謝各位今天特地撥冗前來。」

若需要書面紀錄的話，可在對談結束後，與病方共同寫下其對談過程。因爲若是日後由醫方寫成書面紀錄的話，對內容產生誤解或疑慮的風險會相對增加。

因此，邀請病方協助整理當天的對談過程，並提出下次對談的課題（也可寫成備忘錄）是比較好的選擇。

再者，對談結束後，調解員也必須跟一對一因應時一樣預留足夠時間，製造聆聽病方感受與想法的機會。

對談後的因應

我們希望調解員能在對談結束後，每隔兩～三天就跟病方連絡，創造聆聽病方心聲的機會。尤其對遭遇醫療事故的病方來說，24小時都是痛苦的煎熬。考量到這點，醫療促進溝通調解員需要不時表示關心。事故調查是非常耗時的，在尚未做出結論前，需要隨時保持連絡聆聽他們的聲音。不斷展現對病方的關心，是身爲調解員的重要工作。

專任醫療促進溝通調解員，透過與病方、醫方一對一的對話，去設定雙方直接對話的場所，並協助雙方的對話。

專任調解員的
醫療促進溝通
調解

有學習過醫療溝通調解的第一線醫護人員，站在第三者的立場，與病醫雙方進行多向溝通。

現場因應醫療
促進溝通調解

身為假想醫療促進溝通
調解員的自己

身為當事者的自己
自我溝通調解

接收到投訴或說明要求的醫方，直接面對病方。

Part 3

醫療促進溝通調解的技巧

　　本章將解說醫療促進溝通調解的具體技巧。
醫療促進溝通調解技巧可分為❶「察覺的技巧」
❷「支援技巧（傾聽技巧）」❸「促進對話的技
巧」。要注意醫療促進溝通調解員的發言要以「詢
問」爲主，技巧並非「操作手冊上刊載的技術」。

┣ 第 *1* 章 ┫
醫療促進溝通調解員的行為舉止

Point

- 醫療促進溝通調解的目標為促進當事人之間的對話。因此，調解員的發言多以「詢問」為主。

- 醫療促進溝通調解員透過不斷地提問，建立起當事者之間的對話流程，藉此提升對話品質，促成雙方情報的共享，並協助雙方了解對方的想法。

　　就算學過醫療促進溝通調解的理論技巧，但剛開始仍會煩惱該如何去協助雙方當事人進行對話。雖然本書中再三強調「當事人才是對話主角，調解員不得表示意見或加以評斷」的行動規範，但其具體行動為何呢？

　　調解員最重要武器就是「提問」。在醫療促進溝通調解的過程中，調解員的發言多以「詢問」為主。調解員透過不斷提問，建立起當事者之間的對話流程，藉此提升對話品質，促成雙方情報的共享。

　　那麼，在對話過程中該反覆提出何種問題呢？以下將介紹幾個「提問」時的注意事項。

將身體面向發言者

　　首先是非言語的注意事項。調解員必須經常面向正在發言的人。

例如，當病方對醫方發洩憤怒情緒時，若調解員也面向醫方的話，會讓醫方認為調解員與病方是站在譴責醫方的同一陣線。反之，當醫方進行說明時，調解員是面向病方的話，會讓病方認為調解員是幫醫方掩飾罪刑的人。

為了避免這類風險，調解員必須經常面向發言者，聆聽他們的發言。因此，調解員必須坐在病方與醫方的中間。這並非技術性問題，而是表示尊重、理解，並接受發言者言論的「心理態度」。

有來有往的對話方式

一剛開始經驗不足的調解員，很容易將病方所說的內容直接告訴醫方，又直接將醫方的發言傳達給病方。雖然說這樣的溝通方式在某些情況下是行得通的，但如此一來調解員充其量只不過是個傳話筒。例如，當聽到病方說：「醫生明明跟我約好，傍晚前一定會來病房看看，卻遲遲沒有出現。」時，若調解員立刻轉頭對醫方說：「醫生您怎麼可以說話不算話。」就醫生的立場來看，他受到的不只是病方，還包括醫療促進溝通調解員的指責。相反地，當聽到醫師回答說：「原本打算過去的，卻臨時插進一個十萬火急的手術，我真的分身乏術。」時，就立刻跟病方說：「因為有個緊急手術，所以沒辦法過去，」病方心裡也許會產生調解員跟醫生都是一丘之貉的念頭。將從A接收到的訊息直接告訴B的對話方式，通常會隱藏這樣的風險。

為了避免產生這樣的問題，在介入病醫雙方的對話前，調解員必須徹底了解當事人的種種發言。比方說，當患者說「醫生明明跟我約好，傍晚前一定會來病房看看，卻遲遲沒有出現」時，首先要非常真誠地對最後發言的病方代表說：「醫生沒來，你們一定覺得很不安吧。」接著詢問病方：「可以由我來問醫方幾個問題嗎？」取得病方同意後，提出如「巡診系統是如何運作的？」等客觀的質疑。因此，「仔細聆聽發言者的聲音後，取得雙方同意才介入」的態度，能讓對

話進行地更加順暢。不管是哪一邊的當事人，尊重其發言的態度是非常重要的。

從旁守護的重要性

對話的初始階段，會看到精神狀態不穩定的病方，因為醫方的回應，導致怒火一發不可收拾的案例。此時，調解員不需要硬逼自己去制止這樣的狀況。因為，這樣的情緒宣洩，對病方來說是有其必要性的。調解員只需要用最真摯的態度，去聆聽飽受痛苦折磨的病方的聲音。適時地表達自己的情感與感同身受的姿態，也是促進雙方對話的必經過程。病方的憤怒或攻擊性的反應，只是宣洩內心的痛苦與不安的一種方式。其實，病方將痛苦的回憶轉化為怒氣，也是因為他們內心擁有更深層的需求，希望向醫方尋求一個合理的解釋。因此，一開始最重要的就是去理解並接納病方的憤怒情緒。藉由此案例，我們可以知道調解員的任務就是要設身處地為病方著想，並在一旁擔任守護者的角色。

相反地，若對話進行得十分順利時，調解員不需要強出頭去介入雙方的對話，只要在旁默默守護就已足夠。

對話剛開始時，調解員多半只需要在旁靜靜守護即可。如果腦中不斷浮現「要何時介入呢？」的念頭時，只會讓調解員將焦點放在自己身上，造成無法專心聆聽當事人談話內容的反效果。因此，調解員無須勉強自己介入雙方當事人的對話。畢竟調解員的任務是促進對話而非「介入」。

當對話中出現正面內容時

對話過程中，有時也會出現對彼此的正面評價。例如，說好要來病房探視的醫生卻臨時爽約，因此感到委屈的病方在表達不滿

情緒時，患者說：「我非常感謝我的主治醫生，沒想到居然會這樣……。」在病方的投訴中，「沒想到居然會這樣……」這句話會讓人留下深刻印象，甚至有可能會讓醫方提高警戒心。另一方面，如果醫生說：「未能遵守承諾這件事，我深感抱歉。但昨天臨時插進一場緊急手術，我也是逼不得已的。」此時，讓人留下深刻印象的應該是「臨時插進一場緊急手術，我也是逼不得已的」這句話。而這說不定會被病方視為醫方的藉口。

但若先描述負面內容，再說明正面內容的話，給彼此的印象就會有一百八十度的轉變。比方說，如果改成「臨時插進了一場緊急手術，真的很抱歉」，病方的印象中只留下「真的很抱歉」這部分。然而，平常跟患者的應對亦是如此。只是當發生病方投訴或醫療事故時，病醫雙方都會失常，造成先描述正面內容，再闡述負面內容的情況發生。

這樣一來，當雙方當事人的認知有所牴觸時，正面內容會消失在對話過程中，讓雙方只留下負面內容的印象。因此，醫療促進溝通調解員的任務之一，就是要當事人記得容易被遺忘的正面內容，並促使雙方共享。例如，在適當的時機，詢問醫生：「不好意思，△△醫師，想跟您確認一下。您剛才有說對於未能赴約這件事深感抱歉吧？」聽到這個問題時，醫生也會回說：「是的。我深感抱歉！」透過這樣的對話，就能讓雙方當事人共享此正面內容。

也可以詢問病方：「不好意思。○○先生／小姐，您剛說很感謝醫師為您看診。是否能再多分享一點您的感謝之意呢？」等。藉由這個問題，當事人都能共享對醫生的正面評價。說不定能藉此卸下醫生的心防，讓他們的態度轉為柔軟。又或者，能透過這樣的共享，讓病方對醫生產生較正面的期待，並促使病方更加了解醫方的運作模式。

如上所述，出現在談話中對彼此的正面評價，可被視為打破對話僵局的有效方法。

發現有過度的攻擊反應時

　　上述文章中有提到默默守護患者的情緒表現很重要，但其實病方在情緒宣洩到一定程度後，便會出現「想改變對話流程」的心態。畢竟病方也不是專程來發洩怒氣，而是要求醫方解決問題與對話的。因此，會有如此轉變是很理所當然的。若此時調解員以「請稍等」的曖昧語氣介入，可能會再度引發病方的不滿。因此，這時候調解員應該採取的態度是，一邊向當事者的自律性表示敬意，一邊詢問：「不好意思，我想確認一下自己有沒有誤會您剛剛說的意思。不知是否方便？」這樣的說法，應該也較能被病方接受。這並非是技術面的表現，而是自然而然地表現出對病方發言的尊重。

　　病方答應後，將病方所說的話稍加整理後，如鏡子反射般完整呈現。這稱為摘要（Summarizing）技巧，是傾聽的技巧之一。我們將在之後（P.229）進行更為詳細的介紹。並非以調解員的立場替病方的發言統整出一個結論，而是將病方的說話內容稍微整理之後，直接告知醫方。藉由此種方式，不但能讓情緒激動的病方轉換一下心情，還能讓他們以客觀的角度重新檢視自己的發言。其結果，能幫助病方查覺自己發言中的矛盾之處，或者是否有偏離內心真正的想法。

　　另一方面，雖然醫方鮮少會口出惡言，但難免會有應答的態度不佳或是提出無用發言的情形發生。當發生這種狀況時，隸屬醫院的調解員就可以直接打斷雙方對話（外部的醫療促進溝通調解員，可能會有為難之處）。

當醫方的說明過於專業且冗長時

　　醫方，尤其是醫生的說明，通常會過於專業且冗長。對非醫療相關人士來說，艱澀內容的說明若過於單方面又冗長時，會導致對話停滯，甚至於讓病方失去耐性。此時，醫療促進溝通調解員應該在適當

時機取得病方的同意，主動向醫方提問並要求補充說明。即使這些問題，對同為醫護人員的調解員來說是必備知識也沒關係。當醫病雙方的對話節奏建立之後，最重要的就是製造病方發言的機會。調解員應隨時留意對話是否處於雙向溝通的狀態，視情況進行調整。

無論在醫療事故、投訴抱怨時的說明，或是知情同意（informed consent）等日常診療的情況，這點對調解員來說都同樣重要且適用。比方說，過度艱深的說明持續了很長一段時間後，調解員先提出「△△醫師，是否能暫停一下？」的要求後，徵求病方同意後，向醫生提出「是否能以更簡單易懂的方法，說明您剛才提到的左軸偏位呢？」等要求。找出冗長發言中的幾項重點，要求醫方更為淺顯易懂的說明。說明結束後，調解員可再詢問病方「關於這部分的說明，還有沒有不清楚的地方？或是有其他問題？」等問題，以便提供病方發言的機會。藉此建立起雙方當事人對話的節奏，並提供病方不需有所顧慮的發言機會，避免雙方的對話產生認知上的分歧。

不知如何延續對話的時候

最常見的調解狀況是，調解員先和病方進行一對一的對話之後，再與醫方對話，才能進入醫療促進溝通調解的階段。因此，事前就對雙方當事人的認知有一定程度了解的話，能減少調解過程中手足無措的情形發生。只是臨時被叫進調解現場或雙方對話陷入膠著狀態時，可能會有不知該如何進行的時候。

若遇到這種情況時，可試著提問找出事件的相關線索。例如「醫方看不見的病方背景」與「病方看不見的醫方情況」等有關未被雙方共享的情報之相關問題。對彼此有更進一步的認知之後，就能找到對方進行的方向。當事人之間的認知說不定也會有所改變。看起來像是來找碴的病方，其實是因為不得已的苦衷，才會顯得非常不安。反之，看起來應對態度不佳的醫生，其實在大家看不到的地方認真地默

默爲患者們努力。「發現新事實」能促進經由對話的情報共享，並藉此改變對彼此的既有認知。

找出有用情報的提問方式可以分成兩種。第一是發現新事實，也就是增加所知情報的提問方式。例如「能告訴我們更多有關夫人在家時的疼痛狀況嗎？」這樣的問題。第二是鎖定範圍進行確認的提問方式。比方說，當醫師看診時，會以問診的方式從患者的回答中取得必要的情報，如「發燒幾度？」、「什麼時候開始發燒？」、「晚餐吃了什麼？」等，像這樣鎖定範圍的提問方式，能夠幫助醫生進行診斷。

前者的提問，稱爲「**開放式疑問**」（P.216）。可說是傾聽技巧的一環。剛才提到的「能告訴我們更多有關夫人在家時的疼痛狀況嗎？」便是一例，此時的主導權便掌握在回答者手上。另一方面，後者的提問則屬於「**封閉式疑問**」（P.216），回答的內容也較爲簡潔，如「燒到39度」、「8點左右」、「吃了生魚片」等等，此時的主導權是屬於聽者的。

想當然爾，醫療溝通促進調解多半是以「**開放式疑問**」去發現新事實、獲得更多情報。當感覺到陷入瓶頸時，可試著不斷提出「**開放式疑問**」，去發現更多被隱藏起來的事實。關於這個提問的技法，我們會在本書後半進行整理與說明。

當對話內容不斷反覆時

在調解的過程中，雖然醫方一一回答了病方所提出的疑問，但病方可能會因無法認同醫方說法而不斷提出相同疑問。這種情況下，調解員也要藉由一些線索，提出「開放式疑問」藉此發現新事實。會出現這種情況，多半是因爲對話中隱藏著尚未被發現的重要情報。透過發現新事實，增加情報量，就能跳脫這樣的窘境。

當出現憤怒以外的情緒時

憤怒通常都不是當事人最主要的情緒。憤怒背後隱藏著悲嘆、苦惱、懊悔、不安等深層情感。而這些情感通常與當事人的深層欲求息息相關。因此，調解員必須擁有能發現憤怒以外情緒的敏銳觀察力。當病方出現憤怒情緒時，調解員必須抱持同理心，將隱藏在憤怒背後的深層情感或事實挖掘出來。

憤怒以外的情感，具有轉換醫療促進溝通調解流程的重大意義。因病方的憤怒而提高警戒心的醫方，接觸過患者及其家屬的深層情感後，可能會產生同理心，態度變得柔軟，對話內容也會因此改變。因為對話是雙向的，一方的改變會促使另一方的改變。醫療溝通促進調解員可以把握這個機會，協助雙方將對話引導到較為正面的方向。

為了開導頑固的當事人

當病方想冷靜應對，醫方卻依舊保持高度警戒心時；或是醫方想真誠應對，但病方卻依舊呈現攻擊態度時，這種情況之下，我相信任何人都會想改變當事人頑固的態度吧。但要直接改變當事人的想法，絕非簡單的任務。有時候還會因調解員的介入，讓雙方當事人產生「你和對方站在同一陣線來譴責我」的誤解。

當這種情況發生時，與其設法說服堅持己見的那方，不如賦予另一方更多的發言機會。當一方敞開心胸時，另一方的態度說不定會開始軟化。因為對話是雙向的，與其「用蠻力去突破」，不如透過對話讓當事人不再堅持己見，調解員也必須盡力去協助雙方的對話。

第 2 章
醫療促進溝通調解技巧的全貌

Point

- 技巧並非刻意使用的技能，而是融入體內，自然而然地表現出態度跟行為特色。技巧絕非技術，而是態度跟意願的發現。
- 醫療促進溝通調解技巧，是當事人「自發性」地展開對話、共享資訊、非刻意地協助雙方當事人改變彼此認知的能力。
- 醫療促進溝通調解技巧，可分為以下三種：
  - ・察覺的技巧
  - ・支援（傾聽）的技巧
  - ・促進對話的技巧

　　當醫療促進溝通調解員抱持著對當事人的尊重時，自然而然展現出來的就是技巧。為了瞭解醫療促進溝通調解全貌與定位，在進入個別技巧的解說前，將先針對其全貌進行解說。

什麼是技巧（再考）？

　　所謂的技巧，絕非表面的技術。我們經常會聽到「重要的是態度，不需要技巧」、「不可過度偏重技巧」，但這些都是將技巧視為表面技術所導致的結果。「Skill」的英文意思，並非表面技巧，而是強調了**與態度結合的自然能力**之重要性。

「Skill」的英文本意為以心理學的「態度」為背景的「所學實踐能力」，象徵能自然而然地產生個別行動（點頭、換句話說等方式）的「**高等行為統合能力**」。例如，webstar的字典就如此定義：

1. An ability that has been acquired by training.
（藉由訓練所獲得的能力）
2. Ability to produce solutions in some problem domain.
（在某問題領域裡，產出適當對應之道的能力）

最重要的關鍵在於這些不是靠著學習（study）來獲得能力，而是靠訓練獲得的能力。學習（study）主要是有意識地在智識層面學習。另一方面，訓練注重的不是智識或頭腦，而是無意識地讓身體自然而然地去記住的一種知識。換句話說，技巧並非一種可以試圖操控的能力，而是**結合態度的無意識作為、身體智識、實踐智識**。若沒有正確態度的話，就無法了解技巧的真意。學習醫療促進溝通調解的目的，就在**培養病方與醫方之間對話的態度**。本書中所出現的技巧（或技法）這個單字，就是以此含意來解釋。

另外，「做出合宜應對的能力」這個定義，也說明了在各個場面中具體化的每種行為（如點頭、換句話說等），都稱不上是技巧。真正的技巧，是在無意識中做出合宜應對，並加以統合，讓每個動作都具備有意義的高層次能力。

以足球選手為例，踢球時的每個動作，都並非刻意而是身體的自然反應，並且從中找出最合宜的應對方式。換句話說，當調解員在面對病方時，能自然而然做出合宜應對的話，技巧便油然而生。相反地，若刻意去使用一些技術，就稱不上是技巧了。

接下來，我們將解說學會醫療促進溝通調解技巧之後，調解員執行時的「具體行為表現」。如前所述，這些都不是技巧，而是以書面的方式，告訴大家當調解員發揮技巧時會出現的行為表現。

其目的不是要大家根據這些行為表現加以練習（這樣一點意義都沒有，我們也沒有舉辦過醫療促進溝通調解員培訓研修課程），而是一種自我省思，了解潛藏在自己態度中的問題點之手段。地圖絕對不會改變當地的地理環境。就算你再用力凝視，地圖也只是張地圖。但是，地圖還是有其存在意義的。請大家牢記前述有關技巧的意思與定義之後，再繼續看下去。

醫療促進溝通調解技巧的目標

雖說調解員的任務，是為了調整雙方當事人的關係促進彼此的對話，但這絕非表示對話有在進行就好。對談中可能會出現攻擊性的言論、情緒會越發激動、或者是鑽牛角尖的情況。調解員在避免這些情況發生的同時，要以雙方當事人的情報共享與改變認知為目標，協助並引導當事人順利進行對談。

但若只是將對談強行引導至單一方向，可能會造成雙方當事人的反感，對調解員的信任也會瞬間瓦解。正因為面對的是非常敏感且情緒化的當事人，所以調解員不能以「上對下」的態度，而是要「從當事人的角度」自發性地將對話引導至好的方向，故需要調解員柔軟巧妙的對應。絕對不是強拉雙方當事人往自己想去的方向前進，因此，醫療促進溝通調解技巧，必須要具備「技法的統合能力」。

具體來說，醫療促進溝通調解員必須在對話中擔任下列三種角色。

- 把握當事人對事情認知的結構，進而找出問題點與促進改變認知的蛛絲馬跡。
- 對當事人抱持同理心（當然，醫療人員也是），帶著敬意展現出傾聽的態度，得到信任。
- 提供當事人一種「契機」，能從本身自然的創新發現克服問題的蛛絲馬跡。

以下為醫療促進溝通調解的標準流程。

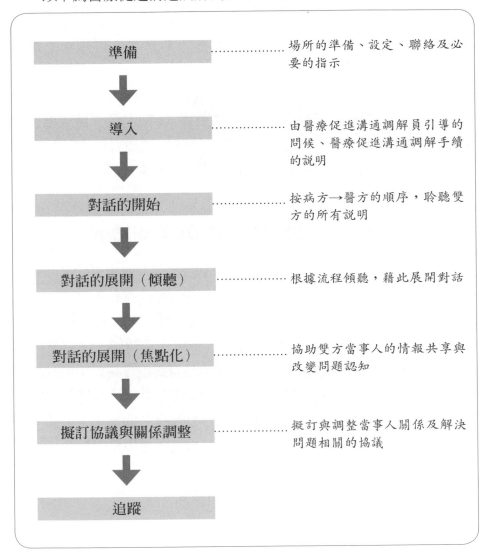

另外，醫療促進溝通調解技巧本體，也能像是上述醫療促進溝通調解員發揮的三項作用一樣分類。

● 把握認知結構，找出改變認知與情報共享相關提示之「察覺的技巧」。

- 支援當事人，緩和其情緒上的糾葛，產生對調解員信任的照顧與傾聽為主的「支援技巧（傾聽技巧）」。
- 讓執著於本身感受與主張的當事者，察覺到「問題的不同看法」，促使當事者改變對問題解讀的「促進對話的技巧」。

此外，為了能更加順暢地掌握對話流程，輔助性的「**讓流程更為順暢的技巧**」也是有其必要的。

接下來，我們將介紹三項主要技巧和一項輔助技巧。

察覺的技巧 ── 交涉方式和認知結構繪圖

醫療促進溝通調解員在和當事人對話時，並非漫無目的地閒聊，而是要確實接收對方說的話，從中找出解決問題的蛛絲馬跡。

在對話的過程中，當事人會提出各式各樣的爭議點。病方可能會出現情緒化的言論、追究醫方責任、講述「那時候，沒有幫我們○○」的過去事實、或目前的煩惱。醫方也會提出專業說明或說明醫院的難處。但是，這些爭議點不可能全都成為要探討的問題，根據爭議點的不同，只會讓雙方更加堅持己見，加深彼此的衝突。因此，調解員必須從中找出解決問題的爭議點，以此方向擴展雙方對話。

「**察覺的技巧**」目的就是為了找出能解決雙方衝突的對話方向。

此技巧的中心思想就是IPI爭點分析模式。接下來，將針對IPI爭點分析模式進行說明。

爭議點與立場

要如何透過對話改變已定型的認知框架呢？病方和醫方若以不同的認知框架相互碰撞，有時只會強化了其防衛態度，或加深雙方的認知分歧。再客觀合理的醫學說明，若病方無法接受的話，就沒有任何意義。因此，調解員不能只是讓雙方的認知框架產生衝撞，而是要以

不同的方式去發現問題，找出因應方式促使雙方改變自己的認知。

故調解員要從稍微不同的角度出發，去檢視當事人的認知構造。對話都是從某些論點或爭議中衍生出來的。「承認過失」、「我不付醫藥費」、「我要更換主治醫生」、「聽不懂你們的說明」、「別把患者當傻瓜」等各種爭議。再加上，在一個調解案中會產生數個爭議，這些的論點或爭議就稱為**爭議點**。

爭議點多半是病方與醫方相通的。但有時會因為對方沒有察覺或回應，造成只有單方提出的情形。本書中，我們將以雙方共通的爭議點為中心進行探討。比方說，發生點滴插針意外時，病方要求更換主治護士，但醫方考量到病房的人員配置，無法配合個別病患的要求。此時，就會產生「是否能更換主治護士」的爭議點。

每個爭議點，雙方當事人都會有自己的主張、見解和立場，我們稱之為**立場**。這是由當事人各自的認知框架所架構的。在上述的例子中，病方的立場是「希望能更換主治護士」。相反地，「不可能更換主治護士」是醫方的立場。如果此時病方說「不能換的話，就辦出院（病方主張2）」、「我不付醫藥費了（病方主張3）」時，若醫方做出「繼續住院會比較好（醫方主張2）」、「請支付醫藥費（醫方主張3）」等回應的話，就會產生「可否出院」、「是否需要支付醫藥費」的兩個新爭議點。因此，我們只要了解爭議點是隱藏在立場裡，且經常同時出現就可以了。

從上述的例子中也可得知，立場多半是all or nothing。如果一方認為是對的，另一方就無辯駁之地。因此，立場的對立，通常會陷入膠著狀態。也可說是雙方認知框架相互摩擦的狀態。

此外，立場可分為**「要求的主張」**（希望更換主治醫生等等）、**「事實的主張」**（叫了醫生卻沒來等等）、**「情感的表現」**（說什麼都不能原諒等等）。雖然「情感的表現」可以獨立表現，但多半都結合了「事實的主張」、「要求的主張」。

上述分類中，「要求的主張」是最激進的立場。因此，以醫療溝

通促進調解的立場來說，希望能以「事實的主張」去拓展雙方對話，盡量避開「要求的主張」。但調解員的任務並非狹隘地確認事實主張的正確性，而是要能發掘主張背後的真相。

深層欲求和雙贏解決

若以病方的觀點，來探討「病患堅持的立場」、「此立場的深層想法與需求」，就可得知他們期盼的是「適當且安全的照顧」。病方會堅持「要換護士」、「要出院」，是為了尋求「適當且安全的照顧」。會說出「我不付醫藥費」，也是因為無法支付費用給不安全的醫療行為（反之，若是安全醫療，就會支付）。換句話說，病方期盼的是「適當且安全的照顧」。因此，病方才會提出「更換護士」或「出院」之類的要求。採取某立場時背後的利害關係與需求，我們稱之為「**深層欲求**（Interset）」。

醫方亦是如此。「不可能更換主治護士」這句話，代表了在有限的組織條件中，為了提供更多患者「適切且安全的照顧」，其能做的個別因應有限。另外，會說出「繼續住院會比較好」，是根據患者狀態做出了繼續住院的判斷。因此，醫方的深層欲求，也是為了提供病方「適當且安全的照顧」。

從表面的關心到深層的需求，「深層欲求」可分為不同程度的多層構造，且藉由察覺與重新闡述產生變化。此外，每個立場都是由多個深層欲求所組成的。關於此點，我們會在後面做進一步的解說。

因此，就立場來看，造成雙方當事人陷入對立、膠著狀態的問題，以深層欲求看來，我們可以發現雙方當事人其實擁有共通的需求。以「如何滿足雙方共通需求」的觀點來重新審視問題時，all or nothing的問題就會變得更具創意、更有彈性、並將其轉換為雙方都能認同的解決之道。如此能讓雙方認同的創意解決法，我們稱之為**雙贏解決法**（win-win resolution）。但這並不是要在「贏—贏」與「贏—輸」之間二擇一，而是要去了解包含在個別衝突裡的「要素」。

大家應該已經發現了吧？將all or nothing轉換為雙贏解決法的過程，跟「問題的重新審視」、「改變檢視問題的認知框架」或敘事方式的改變，是擁有相同意義的。

IPI爭點分析模式與認知構造圖

當事人通常會針對某個爭議點，提出自己的意見與主張。這是當事人的立場，也就是在他腦中的固定「位置」。人在很多時候採取了某一立場後，就會受其控制，無法以其他觀點來看事情。但是與立場息息相關的深層欲求，是存在於更深的次元之中。其中包含了更基本的利害關係、價值觀與不安感。但是，當事人多半無法察覺自己的深層欲求。不過，當著眼於深層欲求時，就有可能透過立場以外的方式來滿足本身的深層欲求。由此看來，掌握上述的認知IPI構造（爭議點→立場→深層欲求）是非常重要的。而IPI爭點分析模式與透過對話的「重述」、「重聽」產生的察覺與改變敘事的過程是重疊的。

醫療促進溝通調解員，必須由當事人的發言察覺並掌握認知的IPI構造，進一步找出能促使雙方積極解決問題的爭議點並進行對話，同時找出能調整雙方關係的契機。在此過程中，調解員也必須敏銳地觀察當事人的行為模式（交涉風格）。風格不同，表現內心需求的方式也會有所不同。採取攻擊性對應的人，較執著於表面的立場。但採取被動對應的人，往往很少透露出得知其深層欲求的立場或情報。因此，醫療促進溝通調解員必須掌握當事人的交涉風格，並掌握其認知的IPI構造。

不過，調解員是無法在實際的對話過程中進行這樣的分析。雖然在結束對談後，試著去分析、反省自己的行為或對話過程是有其效用的。但是，在對談的過程中，調解員絕不能主觀地參與雙方當事人的對話。而是要學會聆聽雙方對話，並立刻察覺對話中的真意。因此，對話的過程中，調解員並沒有足夠的時間去進行分析。在IPI爭點分析模式的相關課程中，透過分析的方式去說明實際情況的相關構造，

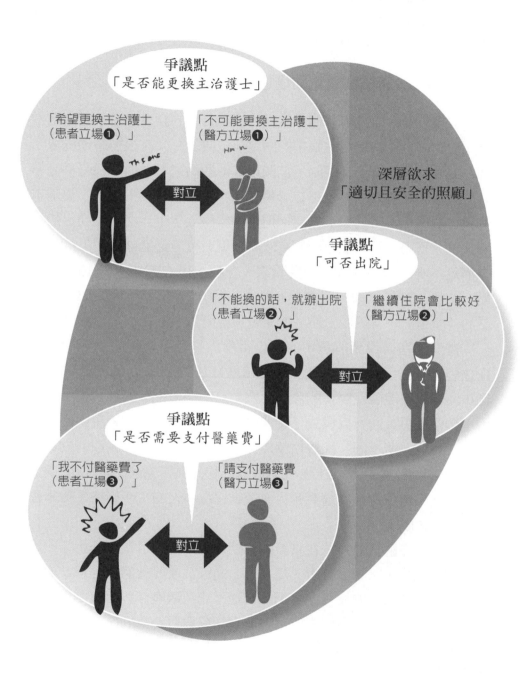

Part 3
醫療促進溝通調解的技巧

是有其效用的（本書中也是如此進行的）。事實上，透過角色扮演的實際演練也是必須的。

以IPI爭點分析模式為本的認知構造理解技巧，也就是察覺病患心情的技巧，可稱為**認知構造圖**。

在「察覺的技巧」的訓練中，我們可以透過實際體驗學習到IPI爭點分析模式、認知構造圖、分析交涉風格等相關技巧。但是，這些技巧並非將當事人的心情做為「對象」去分析的工具，而是為了能自然而然地學習「察覺當事人感受的敏銳度與姿態」（態度轉變）的教育手法，以及反省自己身為調解員所採取的行動與過程的工具。唯有姿態與心態，才能讓調解員自然而然地去察覺當事人的感受與深層欲求。這些技巧，只不過是讓調解員了解這個道理並自我反省的途徑。希望大家能記住這點。

支援技巧（傾聽技巧）── 傾聽與信任關係的構築

為了能適當地運用「察覺的技巧」，必須讓當事人徹底地說出內心的各種感受。為了收集能成為IPI爭點分析模式的情報，調解員必須學會傾聽當事人的聲音。但是「傾聽」含有比收集情報更重要的意義。

第一，當失去了無可取代的親人，失去寶貴的身體或健康時，當事人會被難以忍受的悲嘆與苦惱所折磨，進而轉換成憤怒，甚至導致情緒混亂。當原本被視為理所當然的安定生活或未來藍圖崩壞，無法面對全新的日常生活的當事人，根本就沒有心情討論賠償等問題。

醫療事故的當事人需要的是，面對這種混亂狀態時的照顧、支援與真摯的說明。**醫療促進溝通調解員並非站在醫院立場，因此能夠感同身受去「傾聽」當事人的苦惱，給予當事人適當的支援**。如此一來，才能真正開始協助當事人對話，進而解決問題。因此，為了能接納陷入混亂狀態的當事人，並藉此建構起解決問題的對話「架構」，

「傾聽技巧」與「照顧技巧」被定位為調解員的必備技能，也是面對當事人時表現出的真摯態度。此外，透過這些方法若能達到「支援」當事人的目的，對當事人而言，其過程就可以被視為「解決問題」的過程。本書中提到的「傾聽技巧」，指的並非「積極聽取的技巧」，而是**「支援技巧」**的意義便在此。

第二，被支援的病方與調解員之間也能建立起一定的信賴關係。一開始病方可能抱持著「雖說是溝通橋樑，但說穿了還是醫院派來的人」。但若能真誠地去傾聽當事人的聲音，病方就會相信調解員是正直公平的。要建立這種關係的話，是「支援技巧」不可或缺的。

由上述內容可知，支援技巧同時扮演了以下三種角色：**1. 當事者的支援2. 建立對調解員的信任3. 收集「調解員可提供支援」的相關情報**。因此，在醫療促進溝通調解的初期，支援技巧擔任了極為重要的核心角色。

另外，諮詢領域提出了許多與「傾聽技巧」有關的技法。但我們主要是針對Allen Ivey提出的顯微諮詢（Micro Counceling）技巧進行說明。具體來說，其中包括了「點頭」、「打招呼」等傾聽的基本技法，到「提問的技法」、「換句話說（重新陳述）」、「情感的反映」、「歸納（簡要概述）」等技巧。

只要有心去面對當事人，自然而然就能將這些技巧發揮出來。並不是將它們當成技術來活用，而是要做為評價本身的傾聽姿態與反省的基準。若只會照本宣科的話，是沒有任何意義的。關於這點，大家可以參考之前介紹的中島敦《名人傳》（P.116）。

促進對話的技巧

我們運用了「察覺的技巧」找到促進當事人對話的契機，並運用「支援技巧」建構了改變當事人認知的架構，也讓病方產生了對調解員的信任。但是，調解員該怎麼做，才能讓當事人的對話朝可解決的

爭議點與調整彼此關係的方向前進呢？我們之前也提到，當採取「上對下」的強硬態度時，即使調解員引導的對話方向是正確的，卻也會失去當事人的信任，對話也會逆向倒退。另外，就算調解員正確地掌握了當事人的深層欲求，但雙方的對話僅止於表面交流時，當事人是不會去了解調解員提出的那些與深層欲求有關的問題。

因此，為了協助當事人進行對話，察覺彼此的深層欲求，調解員必須不斷提出適當的問題。這就是**「促進對話的技巧」**。換句話說，這個技巧的目的，是將解決問題與爭議點的主導權留給當事人，調解員只間接提供話題協助他們進行對話。

具體來說，就是去除情緒性、人身攻擊言論裡的負面因素，將對話焦點自然地導向積極中立方向。換言之，這個技巧就是將消極的問題觀點（框架），轉換為正面積極的問題觀點（重新架構）。若對話就像一列行進中的火車，調解員要做的不是用蠻力去改變列車行進的方向，而是利用鐵軌切換器，讓火車自動改變方向。

但是，如果只是將對話轉換至積極方向，仍無法達成解決問題的目的。為了創造出能滿足雙方深層欲求的共識，調解員的思考必須具備新觀點、彈性與創意，同時也需要具備這些條件的技巧。

讓對話流程順利進行的技巧

上述三項技巧，是醫療促進溝通調解技巧的本體，但並不表示有了這些技巧，醫療促進溝通調解就能順利進行。在實際的調解過程中，反而會經常面臨到種種阻礙，甚至觸礁或逆向前進。因此，我們需要的是有別於本體的技巧，促使對話過程更加流暢。

首先，對話開始時，給當事人的第一印象非常重要。因為，在此之前，當事人對調解員根本就沒有信任可言。若有可能的話，適當的自我介紹，可以讓當事人更了解調解員的工作，也能讓對話進行地更加順利。

當雙方當事人對話陷入膠著時，也有幾個可採用的因應對策。這些對策或多或少都要跟當事人的「深層欲求」保持些許距離，盡量讓當事人了解目前的狀況。因此，這些對策可以稱為打破僵局的技巧。

接下來，我們將依序介紹這些技巧。

├ 第**3**章 ┤

察覺的技巧——掌握認知構造與發現轉變的契機

Point

> - 察覺的技巧，就是能掌握認知構造，並找出察覺與認知轉變契機的能力。
> - 察覺的技巧是由以下三點所構成的：
>   - ·交涉風格的分析
>   - ·IPI爭點分析模式
>   - ·認知構造圖
> - 透過尋找隱藏在爭議點或立場之中的深層欲求，就可能找出雙方當事人都能認同的解決之道。

進行解說之前，請大家先完成三道習題。

 **交涉風格的分析①**

❶當別人的要求或主張，與自己的想法或做法不同時，人們通常都會
採取何種行動？請思考一下各種可能性。

❷問題❶所列舉出的各種行動，能分類成幾個群組？

❸隱藏在各種行為（群組）的意圖或目的是什麼呢？

解答例・解說→ p320

 **交涉風格的分析②**

請回想一下你最近經歷過的衝突狀況。不限親身體驗，也可以是聽說。接著，請用以下表格加以分析。不需要全部填滿。請討論當事人各自行動的優點、缺點、當事人以外的相關人員所造成的影響、與問題本身的影響。

當事者 （可複數） 所採取的行為	優點 長期的・短期的	缺點 長期的・短期的	對關係者 的影響	問題本身 的影響

解答例・解說→ p320

 **交涉風格的分析③**

　　請2人為一組，每組各發一千元。這是將一千元分給2個人的遊戲。先請其中一位思考如何分配這一千元，並告訴對方自己的提案。

　　聽到提案後，如果同意請回答YES，反對就回答NO。在此只能回答YES或NO。如果回答YES的話，請按照提案去分配雙方所得。若答案是NO的話，提案失敗，指導老師會沒收這一千元。提案跟回答都僅限一次。

解答例・解說→ p321

了解交涉風格

　　交涉過程的因應模式中，有個被稱爲雙重關切模式（dual concerns model）的理論。它是以「對自己的利益的關切度」爲橫軸，以「對對方利益的關切度」爲縱軸整理出來的行爲模式（如下圖）。在這個典範中，可看到以下五種行爲模式。

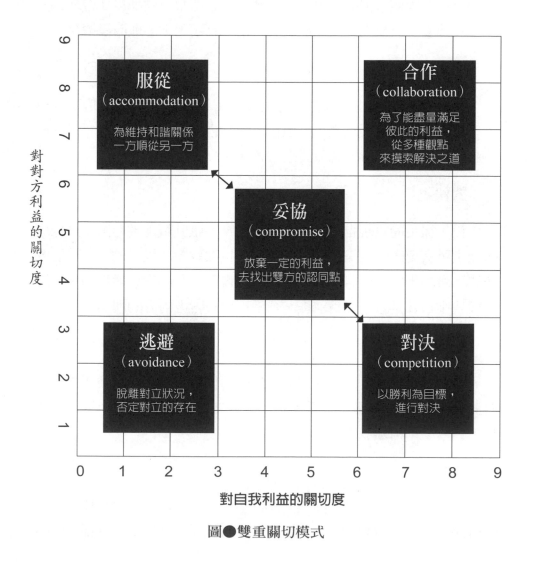

圖●雙重關切模式

逃避

這個行爲模式，無視理應存在於彼此之間的利益與價值的糾葛。比方說，在醫院等了很久而感到焦慮的患者，對自己說：「沒關係啦。候診的這段時間，我也看了些書，享受了悠閒的時光。」

在這種情況下，原本應該存在的利益對立與糾葛，都會被視爲「不存在」因而被消除。也可說是發生了心理學上被稱爲「合理化」的認知轉變。但缺點是理應解決的問題，會被置之不理而繼續存在。

服從

犧牲自己的利益，接受對方主張或要求的行動，可說是讓步模式。對方可能會覺得很滿足，但自己內心會累積不滿的情緒。不同於逃避的是，非常了解對利益對立的認知。

對決

爲了盡可能實現自己的利益或價值，不厭其煩地進行對決，採取強烈主張與要求的行爲模式。如果對方也採取對決模式的話，可能會演變爲激烈衝突，但若對方屈服的話，自己的利益則會獲得滿足。這個模式中，都是以自己爲前提，幾乎不會去考慮對方的利益。

妥協

雙方各退一步，以便達成協議的因應模式。與接下來要講的合作有些類似。但「妥協」的話，自己跟對方的利益都只有一半獲得滿足，另一半則被迫放棄。

合作

不輕易妥協，並且不斷與對方協調，摸索出能同時滿足雙方利益的解決之道。不會與對手產生激烈衝突，但處理問題的態度卻十分強

硬的因應方式。

　　每個人基本的交涉行為模式，一定都會符合上述的其中一項，但是，交涉的基本風格，與實際交涉時所採取的戰略是不一樣的，而且也不可能以同一模式貫穿到最後。在種種條件下，所採取的行動也會不斷變化。但可以肯定的是，在這些行為模式中，的確可以看到每個人的特徵。**因此，醫療促進溝通調解員，必須考量對雙方當事人的行動產生影響的既有模式以及其背景的種種條件，並敏銳地讀取隱藏在這些行動背後的想法或意圖。**

　　請大家注意一下165頁的圖中用雙箭號相連的斜線。「服從」、「妥協」、「對決」都是一方的利益增加，另一方的利益就會減少，類似「拔河」的反比關係。這種「勝」—「負」的競爭模式，被稱為贏—輸（win-lose）的對立關係。而右上方的「合作」，是讓雙方的價值一起增加的雙贏（win-win）關係。在交涉理論中，「合作」是最好的解決之道。

　　在醫療現場，「我要換主治醫師」與「不、沒辦法」的對立，是所謂的贏—輸（win-lose）關係。這種關係很容易演變成all or nothing的「輸贏模式」，然而，若能察覺患者的真正需求，或是「希望醫師能更親切一點，讓我覺得放心」，或許就能找到雙贏（win-win）的解決之道。換句話說，從立場對立到察覺深層欲求，正是從贏——輸（win-lose）轉換到雙贏（win-win）關係的過程。

認知結構繪圖

　　醫療促進溝通調解員不只要學習溝通技巧，還必須要具備能夠冷靜掌握問題，去找出當事者對話方向的觀點。在後面我們會談到的支援技巧或對話促進技巧，說起來就像是駕駛車子的技巧。就算開車技巧再好，如果不知道目的地，就不能算是讓人心滿意足的兜風之旅。

在此，我們的目標，將會以練習在對話中如何獲得掌握目的地或方向的觀點，而我們將此稱爲認知構造圖，而它的本體便是IPI爭點分析模式。

在對話初期，我們其實不太曉得目的地，也往往不太清楚怎樣的駕駛技巧（對話技巧）是有效的。但是就跟駕駛的基本技巧一樣，在透過對話得到情報的過程中，就能漸漸看到目的地或方向。

總而言之，IPI爭點分析模式與對話技巧，都是透過對話技巧，讓目的地和方向變得更加明確，而後讓對話技巧獲得有效實踐，可以說是一種循環性、如同螺旋構造的關係。絕不是一開始就由調解員決定目的地，並引導當事人往那個方向去前進的關係。

那麼，我們就從習題開始吧。

角色扮演「Naranja Tigre的交涉」

　　我們來做角色扮演吧！首先，請3個人一組，決定由誰來扮演下列的角色。

　　接著，請翻至自己負責角色的頁數，根據內容進行角色扮演。不能偷看其他人的角色情報，要跟誰、按什麼順序對話，都可自由發揮。

```
P    藥品公司社員  → P.170
Q    製藥廠社員    → P.172
R    商社社長      → P.174
```

解答例‧解說→ p322

◆P藥品公司利用情報◆

P藥品公司是國內首屈一指的製藥廠,對於海外投資等等,都有著不錯的業績。尤其是近年來,致力於開發能快速治療花粉症等過敏症狀的藥物,也達到一定成效。最近成功研發出治療花粉症的特效藥,是從一種南美當地人做為藥草栽培、叫做Naranja Tigre的植物花卉煮沸後萃取出來的成分。申請專利的同時,也決定大量生產。因此,P製藥廠開始著手進行Naranja Tigre的收購。

Naranja Tigre只生產在南美多明尼加共和國境內的特定地區,為了提供當地所需少量栽培的植物。今年,剛好在收割前,受到氣象異常與缺乏高度農業技術的影響,據說只收割了約12萬株左右。

R商社與多明尼加共和國進行了獨占交涉,過去也有極少量的Naranja Tigre是拿來做為研究用途的,當時的進口價格約1株500日圓,在R商社的詢問之下,因為Naranja Tigre在當地並不是特別重要的農作物,因此應該可以進口10萬株左右。10萬株的純利大約有5億日圓左右。但是,現在花粉症的罹患者仍持續增加,這個數量完全無法滿足所有需求。下個年度開始,為了能擴大供給量,因此,R商社希望盡可能地收購更多的Naranja Tigre。

然而,身為競爭對手的Q製藥公司與R商社接觸,放出需要Naranja Tigre的消息。但是,P藥品公司與Q製藥公司,正因為新藥開發專利與洩漏情報等問題,持續訴訟中。

於是,P藥品公司社長對你下了指示,要去締結可以拿到10萬株Naranja Tigre的契約。R商社說價錢高一點的話,就願意出售。於是社長便說他願意出到1億日圓去收購10萬株Naranja Tigre。不過,為了

抑制成本，當然是越便宜越好。

　　如此一來，你應該要立刻與R商社進行交涉呢？還是該去和Q製藥廠負責簽訂Naranja Tigre契約的社員見面，先探探Q製藥廠的口風呢？這是讓人很傷腦筋的難題。

◈Q製藥廠利用情報◈

　　Q製藥廠是國內首屈一指的製藥廠商，有資金可到海外投資，業績表現也不錯。近年來致力於開發新型流感的治療藥物。全世界紛紛出現了此新型流感的感染案例。日本國內的感染人數，也與日俱增。因此，新藥的開發正是當務之急。

　　費了一番功夫後，Q製藥廠的研發中心成功製造出新型流感的特效藥。研發人員發現在南美，當地人所栽培的藥草Naranja Tigre根部含有一種特殊成分。而且，也證明了這款特效藥不會帶來任何副作用。於是，Q製藥廠立刻申請專利，並同時著手進行收購Naranja Tigre。

　　Naranja Tigre只生產在南美多明尼加共和國境內的特定地區，爲了提供當地所需少量栽培的植物。今年，剛好在收割前受到氣象異常與缺乏高度農業技術的影響，據說只收割了約12萬株左右。

　　R商社與多明尼加共和國進行了獨占交涉，過去也有極少量的Naranja Tigre是拿來做爲研究用途的，當時的進口價格約1株500日圓，在R商社的詢問之下，因爲Naranja Tigre在當地並不是特別重要的農作物，因此應該可以進口10萬株左右。如果有10萬株的話，8萬株就足夠生產特效藥，提供給日本國內所有的新型流感患者使用。剩下的2萬株，可以出口到其他國家，其中的純利大約有5億日圓。考量到世界市場的需求量擴大與供應的穩定性。因此，希望明年度的Naranja Tigre採購量能更加擴大，甚至搶到獨家收購權。

　　然而，身爲競爭對手的P藥品公司也與R商社接觸，放出需要Naranja Tigre的消息。但是，P藥品公司與Q製藥廠，正因爲新藥開發

專利與洩漏情報等問題，持續訴訟中。

於是，Q製藥廠社長對你下了指示，要去締結可以拿到10萬株 Naranja Tigre的契約。R商社說價錢高一點的話，就願意出售。社長便說他願意出到1億日圓去收購10萬株Naranja Tigre。不過，爲了抑制成本，當然是越便宜越好。

如此一來，你應該要立刻與R商社進行交涉呢？還是該去和P藥品公司負責簽訂Naranja Tigre契約的社員見面，先探探P藥品公司的口風呢？R商社說如果願意出高一點的價格就賣給你Naranja Tigre，社長說爲了10萬株願意最多出到1億日圓，當然爲了抑制賣價，價格是越便宜越好。這是讓人很傷腦筋的難題。

指令 -
要跟誰、如何進行交易、以何種順序進行交涉，都是自由發揮的。

◆R商社利用情報◆

R商社主要是進口咖啡等,從事農產品貿易的中堅商社,在南美洲擁有很強的人脈。尤其是南美小國——多明尼加共和國的Rodriguez總統跟R商社社長,是在哈佛法學院留學時認識的朋友。因此,日本與多明尼加共和國的貿易往來,幾乎都被R商社一手掌握。目前,為了振興國內產業與提高就業率,多明尼加共和國也在對外尋求協助。

就在此時,日本國內首屈一指的P藥品公司與Q製藥廠,都來詢問Naranja Tigre的出口事宜。多明尼加的確有在幾年前,將這款南美洲的藥用作物,提供給兩家藥廠進行研究(原價、運費、保險費等都包含在內的話,以一株相當於500日圓的價格提供給藥廠)。

只有多明尼加共和國的人民將Naranja Tigre作為藥草使用,其他國家並沒有生產這項作物。受氣候和土壤的影響,在其他國家是很難栽培的。此外,也因為農業技術不佳,導致產量並不穩定。今年度剛好在收割前受到異常氣象的影響,只採收了12萬株左右。

兩家製藥廠都表示想拿到多一點的Naranja Tigre。基於總統與R商社的情誼,多明尼加也表示雖然今年收成不好,但預估可以緊急出口10萬株到日本。

但是,總統也希望能賺取高一點的利益。按照過去的經驗,要順利進口到日本的話,至少需要提供數幾千萬的資金。緊急出口的條件更為嚴苛,因此以當時1株500日圓價格賣出的話,會不符成本。因此,希望能提高售價。

總之，多明尼加目前的答覆是會賣給出價較高的一方，並等候兩家製藥廠回應。讓他們去評估最符合自社利益的解決方案。

不知道各位角色扮演的結果如何呢？各組之間產生了怎樣的差異呢？產生差異的原因是什麼呢？請試著討論看看。

IPI爭點分析模式與深層欲求的重要性

IPI分析是哈佛大學的交涉專題（program on negotiation）之成果——《實質利益談判法：跳脫立場之爭（Getting to Yes：Negotiating Agreement Without Give In）》書中提出的基本技巧之一。目前被定位為身為交涉當事人與促進溝通調解員不可或缺的觀點。

接下來，我們來看看在《實質利益談判法：跳脫立場之爭》也有提到的學者Mary Follett所構想的知名案例。

IPI爭點分析模式「橘子的去向」

　　10歲的姊姊和5歲的妹妹在搶一個橘子，請分析此時的爭議點、立場、深層欲求，思考一下會有哪些答案呢？

　　雖然此案例中可了解雙方深層欲求的情報不多。但請回想一下剛才的角色扮演，自由發想。

解答例・解説→ p325
依據現行著作權法規定，未經許可禁止複製轉載。

做了習題，再看了書末的「習題解答與說明」之後，不知各位有何感想？實際上，可能不會像書上寫得這麼順利，但這是個能充分了解IPI爭點分析模式意義的例子。接下來，我們再來確認一下爭議點、立場、以及深層欲求的概要。

- **爭　議　點**：問題的爭論。通常不只一個。當事人多半會提出複數的爭議點，可能是情緒性的衝突表現，也可能是考量到本身利益的爭議點。
- **立　　　場**：對對方的主張和要求，通常不只一個。根據爭議點不同，或一個爭議點可能會有複數的立場。此外，立場也可能在進行對話的過程中產生變化。
- **深層欲求**：隱藏在要求或主張（立場）背後的真正要求或主張，也是更為基本的需求。這是IPI爭點分析模式的重點。堅持的主張、過度的要求，或是一直執著於小事的人，背後可能都隱藏著更深層的關心。雙方當事人的深層欲求有共通處，也有不一樣的地方。此外，深層欲求是由表面到深層的多重構造，也會因為當事人的察覺而有所改變。

在深層欲求的次元中，僵持不下的雙方當事人之間，通常會存在某個共通點。完全沒有接點，也不抱持任何關心的話，是不會產生爭執的。因此，一定有某個點潛藏其中。此外，當事者本身也常因固守自己的立場，而沒有發覺到自己的深層欲求。因此，找出雙方當事人的深層欲求，可以說是促進雙方對話與調整關係的必備條件。**促使雙方「察覺」深層欲求，改變自己的立場，就能發現可以解決的爭議點，並且加以聚焦。這就是醫療促進溝通調解的最大重點。**

認知構造圖的步驟

IPI圓形圖

首先，我們來介紹由IPI爭點分析模式所構成的認知構造圖的工具——**IPI圓形圖**（下頁圖）。在圖中，最中心的圓是爭議點（I），第二層是立場（P），最外圍是深層欲求（I）。

請想像一個從上往下看的圓錐形，表面是爭議點、立場，底部是深層欲求。

這個多重圓，可以根據當事人的人數來分割。例如，若是某病方對某醫方的一對一問題的話，可從正中間畫一直線來分成2等分。又或者在病方與A護士、與B病房護理長的問題中，如果A護士與B護理長的意見相左時，可以分成三等份，每一等份各120度。如果家屬的意見又與患者不同時，說不定能分成四等分。當關係人越多，分割就越複雜，在實際案例中，病方家屬之間、醫方根據診療科或職種，可能會出現不同的見解。因此，分割的數量也會變多。如此一來，根據問題狀況的不同，就能以鳥瞰的方式同時掌握重要關係人的立場或深層欲求。

IPI圓形圖有以下兩個階段的使用法。

第1階段：掌握當事人敘事（闡述）的IPI。

第2階段：整理上述內容，找出促進對話的指南針。

接下來，將針對這兩個階段進行介紹。

掌握當事人敘事的IPI──第1階段（準備製作指南針）

醫療促進溝通調解員，要以隱藏在當事人敘事（闡述）中的主張（立場）為線索，針對重要的爭議點製作圓形繪圖。這個圓形圖內的

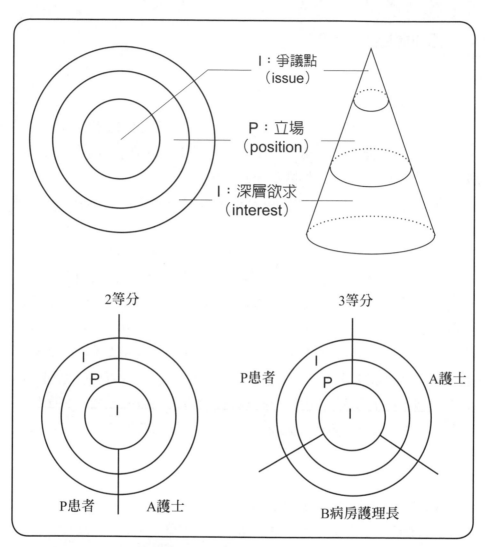

立場（主張）可能會是複數的。但實際上，也可以將複數立場依序寫進大型圓形圖。在實際的醫療調解過程中，調解員是無法進行這種分析的，而是要在不知不覺中展現出敏感的察覺力。請在對談結束後，靜下心來試試看。

　　首先，試著回想當事人（病方醫方都可以）說過的話，將其話中

的主張或要求假設為立場，寫進最中間的同心圓P。病方的立場中，可能會出現「醫師都沒有認真說明」這類「事實的主張」，也可能會有「請跟我好好的道歉」這種「要求」。此時，**最重要的是盡量不要加以解釋，只要將當事人的話直接記錄下來即可**。因為，立場是為了取得當事人的深層欲求或爭議點的「資料」。再者，中心的爭議點，會隨著立場而改變，可藉由隱藏在立場背後的深層欲求的關連性被獨立出來。例如，隱藏在「不要再搞錯了」這個立場背後的深層欲求，會隨著「希望醫方能重視自己」，或「採取預防措施，不要讓患者白白犧牲」的不同，而讓這立場所顯示的爭議點會有「對自己的診療態度」或「防止再度發生」的不同。爭議點並不是只由立場來決定，而是與深層欲求的關連性息息相關。這一點請特別留意。因為，這一點通常都會被略過不談。

接下來是深層欲求。為何當事人要採取那樣的立場呢？請試著去解釋隱藏在背後的深層欲求或想法，並寫進圓形圖裡。比方說，指責醫方說明不足的主張之下，可能隱藏了住院期間一直不受醫生重視的不滿。亦或者是，因親人陷入重度昏迷而苦惱的病患家屬，可能會不知不覺中以攻擊性態度來解決問題。前者的深層欲求就是「希望醫生尊重自己」的基礎需求，後者的深層欲求就可能是「希望你們能了解我的痛苦」的深層吶喊。

因為需要醫療促進溝通調解員的「解釋」，所以要探討深層欲求絕非易事。換個角度來看，也只有深入聆聽的調解員才做得到。此外，最重要的是，醫療促進溝通調解員的解釋，並不一定是「正確答案」。對話進行時，調解員所聽到的一切言論，其深度與內容都是不斷在變化的。更重要的是，當事者的想法與深層欲求，也可能隨著敘事的變化而有所改變。在對話的過程中，偶爾會發生察覺到原來是這麼一回事的「瞬間」。察覺的人可能是調解員，也有可能是當事人本身。此外，必須將醫療促進溝通調解員製作的IPI爭點分析模式圓形圖，當成可隨時更新的「假設性解釋」。因此，醫療促進溝通調解

員，必須擁有極具彈性的開放態度。

直到習慣為止，大家可以將自己想到的當事人話語中的主張製成圓形圖。但請不要加入自己的主觀解釋，盡可能將當事人說的話原封不動地記錄下來。看著自己畫下的大量圓形圖時，應該就能發現某些圓形圖內存在共通的深層欲求。這些發現，將會成為引導當事人進入第2階段對話的橋樑。

對話的深度與深層欲求的層次

在此的另一個重點是，深層欲求並非由單一元素所組成的。而是從立場到深層欲求，呈現多重構造。若對話順利進行的話，就能伴隨認知的改變，從表面的立場逐漸進入到較深層的部分。只要到達某個深度時，雙方的共識就此達成。

當事人之間的對話深度不同，所看到的深層欲求也會有所改變。醫療促進溝通調解員或許能看到更深的深層欲求，但主角終究是當事人，必須讓他們了解目前對話所隱藏的深層欲求。身為旁觀者的調解員，若想以本身認知的深層欲求引導當事人的話，反而會遭當事人反對，造成反效果。

在繪圖時，可由淺至深，將與不同深度的立場相互對應的深層欲求記錄下來。具體來說，將與各個立場相呼應的深層欲求記下，之後在統合相同的部分，按照階段去整理，雖然在此的深層欲求只整理出一層，但是實際上絕對不只如此，而是可以整理出更深層的多重同心圓構造。這是Roger Fisher等學者提倡的IPI模式中沒有的想法。但是，敘事論的基礎看法，認為深層欲求本身會隨著當事人的認知轉變或重新敘述而有所變化。換句話說，可解讀為基於敘事醫學的IPI爭點分析模式意義。

製作醫療促進溝通調解員的指南 —— 第2階段（製作指南針）

第1步——圓形圖的整理

首先，在大量完成的圓形圖中，將與深層欲求相通或類似爭議點的東西，大概分成不同的群組。

例如，關於醫方看診的對應，如「名字都隨便叫一叫」、「都不看我」、「看病的時候，擦香水眞的很不像話」等病方的主張（立場），雖然可以各自將「叫名字時的態度是否恰當」、「對應時應有的視線」、「是否能擦香水」當成爭議點，作出3個圓形圖。但也可以將其統合爲一個爭議點（下頁圖）。這種情況，可將三個立場放進中間的同心圓P，並將爭議點統合爲「看診態度是否得宜」（這只是本書的舉例，不同情況下，也可能將「香水」當成獨立的爭議點）。

讓我來整理一下，這個階段需要留意的地方。

a. 尋找共通點

首先在圖中找出相互連結的深層欲求。找出共通的深層欲求後，就可以藉此找出察覺和改變認知的方向。要注意不要遺漏了表現方式不同但意義相同的深層欲求。此外，即使沒有直接表現在圖上，也要尋找本質類似的深層欲求。

b. 獲得新見解

可經由繪圖，確認自己對爭議點的看法產生了何種變化。可能會找到解決問題的重大發現，也可能毫無所獲。

c. 隱藏的深層欲求

找出隱藏在當事人話語中的深層欲求與厭惡感，也是有其必要性的。因此，之後會學到的「傾聽技巧」就變得非常重要。隱藏的深層欲求或厭惡感，通常是因為企圖隱瞞恐懼或不想被知道的想法。除此之外，也有可能是本人沒有察覺到自己的深層欲求。因此，調解員必須仔細觀察當事人的行動或狀況。

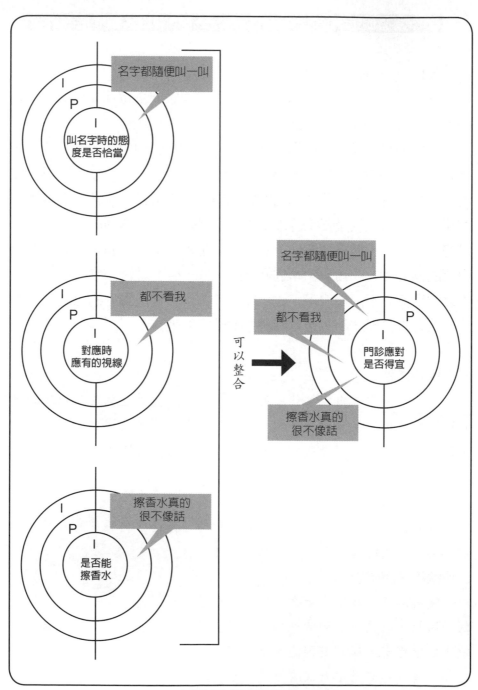

圖●圓形圖的整理

以上述方法去整理圓形圖，無須太過嚴謹，只要做大略的分組就可以了。特別是在初期階段，彈性是非常重要，並以此爲基礎，進入下一階段。

　　第2步——選擇可處理的爭議點
　　接下來便要選擇爭議點。要從當事人話裡包含的眾多爭議點中，找出能稍微促進積極對話或共通理解的爭議點。因此，調解員可以在這個階段整合爭議點。

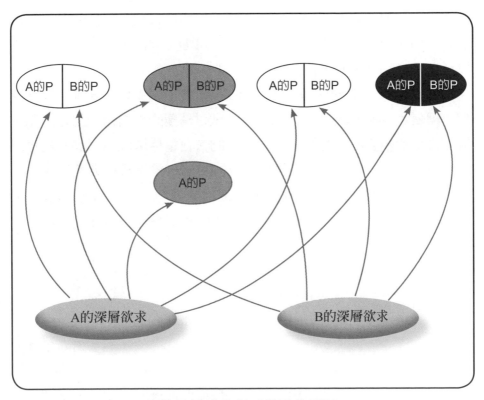

圖●深層欲求與爭議點的關係

整合時有兩個重要原則。**將人與問題切割，以及不要去執著於過去的事實而要思考未來的可能性**。譴責或情緒性的爭議點，是以指責、攻擊爲目的而非解決問題，因此對話是不會有任何進展的。此外，爭論過去的狹隘事實，只會陷入瓶頸，或容易落入死胡同。因此，調解員要選擇的爭議點，是把焦點放在「問題」、「將來」，而不是放在「人」與「過去」。

上圖顯示了深層欲求與爭議點的關係，上方的每個橢圓代表爭議點，裡面包含了A當事者與B當事者各自的P（立場），（有時會出現某一方不斷強調自己的立場。此時，就會變成單方面的P）。每個立場都來自A與B的深層欲求。灰色代表的是情緒性且消極的爭議點，無法與積極對話有所連結；白色的是一般的爭議點。黑色的是可以創造出數種解決方案，具有無限未來的爭議點；因此，調解員必須訂立以黑色爭議點爲中心，協助對話進行的方針。

另一方面，消極的爭議點，也是有可能經過重新架構（改變問體）轉變爲其他形式。就算調解員嘗試以積極的爭議點去促進對話，當事人以消極態度回應，也是很常見的。在這種情況下，調解員可以提供將消極爭議點轉換爲積極爭議點的方法，給予當事人援助。

關於這一點，會在之後「重新架構的技巧」一章詳細講解。因此，在此只做簡單的介紹。下列對話中的爭議點，可以如何重組並加以定義呢？

A. 醫師「○○科的護士非常怠惰。」

B. 患者「那個護士關門聲很大，讓我很不舒服。」

（解答例在下頁）

不知道大家看完有何想法？身爲醫療促進溝通協調員，必須從對話中找出積極的爭議點，並重新排列組合，製造出能引導雙方當事人對話方向的圓形圖。

為了讓整理的結果能發揮效用。調解員不能執著於爭論是非對錯的狹隘論點，而是要透過詢問，讓當事人說出不為人知的廣泛事實情報。透過詢問被講出來的事實情報能讓我們窺見當事人的深層欲求，也能變成促進當事人察覺某些事情的契機。因此為了繪製圓形圖，醫療促進溝通調解員必須運用支援技巧，引導當事人說出更多事實。

　　第3步——更深層的探索

　　為了利用圓形圖，增強當事人的察覺能力，還需要哪些情報呢？此外，以圓形圖顯示的訊息為前提進行對話時，會發現隱藏的深層欲求，當事人的立場也會有所改變。受到上述影響，圓形圖也會不斷變化。因此，醫療促進溝通調解員不能執著於一開始繪製的圓形圖，必須隨機應變不斷更新，並隨時掌握對話狀況。

　　那麼，我們就以習題來嘗試製作認知構造圖。完成後，再來練習角色扮演的IPI爭點分析模式。

- -

　　〈解答例〉

　　A. 表面的爭議點…………〔護士是否怠惰〕
　　　　　　　　　　　　　　（會演變成護士的人格問題）

　　　　重組後的爭議點………〔護士的對應、作業方式〕
　　　　　　　　　　　　　　（朝思考積極對策的方向前進）

　　B. 表面的爭議點…………〔護士的關門方式〕
　　　　　　　　　　　　　　（會變成爭論過去行動的是非問題）

　　　　重組後的爭議點………〔維持病房安寧的方法〕
　　　　　　　　　　　　　　（積極的對策，例如換成能讓房門緩慢
　　　　　　　　　　　　　　關上的裝置之類）

- -

 **認知構造圖「門診的相關客訴」**

請將以下事例，製作成認知構造圖。

登場人物　A護士：耳鼻科的專任護士。

　　　　　B護理長：P患者住院時的內科病房護理長。

　　　　　P患者：55歲男性，個性溫厚。原本的疾病是惡性類風濕
　　　　　關節炎（MRA），在耳鼻科的診斷為慢性副鼻腔
　　　　　炎。

　　P先生在9月19日為了接受MRA治療住進內科病房。住院後，P先
生說自己有「鼻塞，覺得不舒服」的症狀。於9月23日透過院內介紹
轉到耳鼻科接受診療，並判斷為慢性副鼻腔炎。住院期間，每天都要
接受鼻腔清潔與吸入性治療。9月30日，來到耳鼻科接受第4次的門診
治療。

　　因為P先生並非第一次來耳鼻科接受治療，上一次的吸入治療從
準備到正式執行也都是由P先生親自操作的。因此，A護士認為P先生
也能獨立完成，便離開了診療室。

　　5分鐘後再次回來的A護士，認為P先生已經完成吸入治療。便問
P先生：「您已經做好了嗎？」以便進行確認，但沒想到P先生卻不
悅地說：「妳又沒幫我準備器材！我要怎麼開始啊！」於是，A護士
重新說明吸入治療的相關準備工作後，將吸入器遞給P先生。但護士
卻誤把喉頭用吸入器遞給P先生。發現錯誤的P先生說完「算了！我
不做了！」便氣沖沖地返回內科病房。

　　回到病房後的P先生，怒不可抑地對B病房護理長說「去叫你們
事務長跟院長過來，在這裡沒什麼好講的，跟妳說也沒用！」當事務
長出面處理時，P先生提出了「進行鼻腔洗淨的場地跟器材，看起來

很不乾淨」、「護理長跟其他護士都以暱稱稱呼彼此，對話內容很不恰當」、「居然會拿錯吸入器，護士也太鬆懈了吧」等不滿。尤其是醫護人員之間失禮的對話內容，P先生不斷指責「這不是護士該有的態度！」、「應該要改善！」。

聽到事情來龍去脈的護士們，強調從未以暱稱來稱呼彼此。也看得出A護士心中滿是「已經是第4次了，應該可以自己準備啊，為什麼還會惱羞成怒」的不解。

解答例・解説→p326

角色扮演「注射失誤的投訴」

　　3人一組進行角色扮演，1人扮演患者，1人扮演醫護人員。請翻至自己負責角色的頁數，根據內容進行角色扮演。另外1人則扮演醫療促進溝通調解員，聽完雙方的闡述後，進行IPI爭點分析模式。

- ●醫療促進溝通調解員：讓醫護人員與患者同席，並花20分鐘仔細聆聽雙方的闡述。不需化解雙方的對立。這是傾聽雙方當事人的説明後，進行IPI爭點分析模式的相關練習。
- ●醫護人員：請依本書所提供的情報，並融入自己的親身體驗，以自己的方式去扮演醫護人員的角色。→p192
- ●患者：請依本書所提供的情報，並融入自己的親身體驗，以自己的方式去扮演患者的角色。→p194

　　請於20分後結束對話，以10分鐘為限，各自繪製出IPI圓型圖。也就是剛剛（P.180）解説過的「第1階段」的當事人言論。應該可以製作出複數以上的圖。

　　各自完成繪圖後，再3個人一起進行討論。接下來，請共同繪製可成為第2階段指南針的圓形圖。之後請依照指導員的指示，進行更進一步的討論。

解答例・解説→p330

MEMO

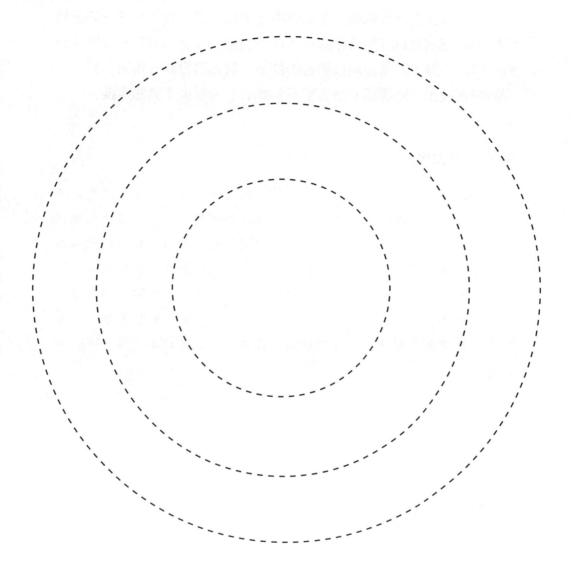

◆醫護人員利用情報◆

　　事情發生在綜合病房。在傍晚要注射點滴時，護士將同一病房兩位患者的點滴器材（加有相同抗菌藥物的點滴注射指示）一起運至病房。但是，護士卻搞錯兩位患者的點滴。當點滴打到一半時，其中一位的患者指出「點滴瓶上的名字不是我的」，發現了這個錯誤。

●護士的說法

　　進病房前，我才一一將患者的器材放到各自的托盤上，沒想到還是搞錯了。整理好之後，有患者按了醫護鈴，又接到門診醫生的詢問電話……。錯誤發生在我處理完這些問題之後，所以可能是我忙昏頭了。再說，正規護士的人數，根本就無法處理綜合病房的龐雜事務，必須靠新人跟約聘人員，才勉強應付過來。更何況，注射用的針劑或點滴，外觀又大同小異……。但是，犯下這種錯誤，也是不爭的事實。幸虧患者沒有產生任何過敏症狀或休克。我會好好反省，不再重蹈覆轍。

MEMO

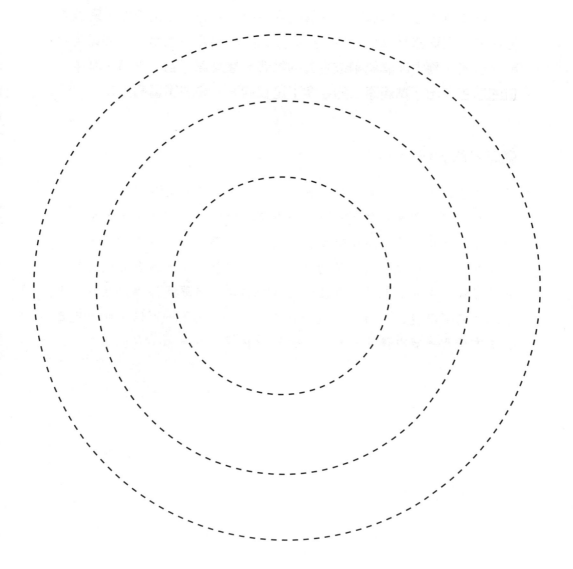

◆患者利用情報◆

　　事情發生在綜合病房。在傍晚要注射點滴時，護士將同一病房兩位患者的點滴器材（加有相同抗菌藥物的點滴注射指示）一起運至病房。但是，護士卻搞錯兩位患者的點滴。當點滴打到一半時，其中一位的患者指出「點滴瓶上的名字不是我的」，發現了這個錯誤。

●患者的說法

　　這位護士看起來總是手忙腳亂的，一點都不關心患者。老是匆匆忙忙的，都沒有好好聽我說話，一點都不體貼。就因為這樣，這次才會出錯。忙歸忙，也不能這麼粗心大意啊。要是我沒發現的話，其他患者不就通通都會被搞錯了嗎？自己沒發現就算了，還要靠我這病人來提醒她。幸虧這不是什麼攸關性命的點滴，但要是因為這樣身體出狀況，或留下後遺症的話，後果就真的不堪設想了。所以，我一定要那護士給我一個交代。

WORK⑨　認知構造圖「對醫生應對的不滿」

請將以下事例，製作成認知構造圖。

　　A是51歲的女性，會定期到住家附近醫院的精神科接受躁鬱症治療。一個月前，在家裡扭傷腳，由丈夫帶她到附近醫院的物理治療科就醫。主要症狀為因扭傷造成的左下肢的疼痛、腰痛、左下腹痛與食慾不振。檢查結果發現左下肢的疼痛是因為乳癌與胃癌的癌細胞轉移到骨頭造成的骨折。由於本人不希望被告知，也考量到病人可能會因為躁鬱症引發自殺的念頭。因此只告知丈夫，並將她轉診到公立的綜合醫院。

　　公立醫院的門診負責醫生（外科主任）對丈夫說：「癌細胞已經轉移全身。隨時都有骨折的可能性。肚子裡也有腹水。」此外，忙碌的總住院醫生，看沒多久就對丈夫說：「暫時先做點滴管理，視狀況再看是不是要動手術，現在先按兵不動，採取對症療法。」

　　丈夫花了一個禮拜的時間，跟醫院提出與門診負責醫生（外科主任）當面討論病情與治療方針的要求。但總住院醫生只說「我們現在什麼事都不能做」。於是，心懷不滿的丈夫投訴說「醫生的態度很差，什麼治療都不肯做」，且提出轉院的要求。

　　醫方試圖說服丈夫轉院對病人沒有好處。於是，雙方產生爭執。

解答例・解說→ P.330

透過事例分析與習題，大家應該都了解了IPI爭點分析模式的概要。最後，我們將列舉IPI爭點分析模式的注意點與訣竅。

1. 在有關投訴或問題的對話中，當事人會抱持許多爭議點。橘子一例（WORK6「橘子的去向」）說到底也只是教科書上的舉例。調解時會出現的爭議點，絕對不只一個。

2. 爭議點會隱藏在當事人的主張（立場）裡被展現出來。因此，掌握當事人的立場，就更能了解爭議點。

3. 為了找出幫當事人更積極地去進行對話的線索，最重要的是不要陷入對立的立場，而是要尋找深層欲求，增強察覺的能力。要從「為什麼這個人會有這種主張呢？」的疑問中，尋找出其深層欲求。

4. 立場與深層欲求有時多層重疊。例如……

    「希望有自由的熄燈時間」
    ↓
    「我晚上想安靜看書」
    ↓
    「就算生病，我也想過跟平常一樣的生活」
    ↓
    「就算生病，我也希望能得到應有的尊重」

    如上所述，深層欲求是可以向下挖掘出更深層的深層欲求。至於需要多少程度的察覺能力呢？當事人必須達到「能找出解決問題的具體方案」，同時也能培養出積極態度的程度。

5. IPI爭點分析模式並非以提出客觀的唯一解答為前提。不管是爭議點或深層欲求通常都可能有數種解釋，並隨著對話的進行而有所改變。醫療促進溝通調解員，不能執著於自己一開始做出的IPI爭點分析模式結果，而是要能隨時因應變化且不斷更新的彈性態度。

6. IPI爭點分析模式，只是協助當事人察覺與促進對話線索的技巧。因此，調解員要時常確認，主角是當事人，自己要做的不是去「主導」，而是要去「協助」當事人察覺彼此的真正想法。

醫界的需求探索與IPI爭點分析模式的深層欲求探索之相異點

Practical hint 2

在思考深層欲求時，有一點醫護人員要特別注意。不要將分析患者情報掌握患者需求的各種形式（POS等）與用於分析事故、事件狀況的SHELL分析、MEDICAL・SAFER（System Approach For Error Reducation）分析等手法混用。

患者情報分析裡的「掌握需求」，與醫療促進溝通調解的「掌握深層欲求」確實有相似之處，但基本方向卻有很大的差異。一般來說，為照顧患者分析其相關情報時，掌握主導權的醫方，會謹慎地去探求並掌握患者的需求。相較於此，醫療促進溝通調解的深層欲求探索，只不過是醫療促進溝通調解員去摸索並提供給雙方當事人線索，讓病方或醫方自己去找出解決方式。醫療促進溝通調解員，讓當事人的深層欲求變得顯而易見，並協助與解決問題息息相關的對話過程能順利進行。因此，協調員必須具備能隨時更新自己內心圓形圖的彈性態度。

在SHELL分析或MADICAL SAFER分析中，事故與投訴是呈現多角構造。因此，要去分析其發生原理並思考解決方式。方才提到的耳鼻科門診事例中（WORK7），可以列出以下五項改善方針：①要將患者轉至他科時的因應態度、②重新檢視耳鼻科診療介護的相關準備、③避免拿錯吸入器的環境設定、④防止誤認患者的病歷表以及患者的再度確認、⑤改善醫護人員的心態（如研修等）。或許以解決方式的角度來看，以上五點是非常恰當的。但只要執行這五個方法，患者就能心服口服了嗎？醫方也不能抱著「很好，我已經完成一個了」的心態，就想讓事情告一段落。因為，書上的方法是不可能完全適用於現實世界的患者。

醫療促進溝通調解重視的不只是提出合乎常理的解決方式，而是要確實了解「現實世界的患者」內心的不信任感或情緒性、人際關係方面問題的重要性，協助病方與醫方透過對話找出解決方式。將問題或投訴視為改善病方和醫方關係的大好機會。以患者的不滿或深層欲求為出發點，藉此找出改善雙方關係的提示。

　　醫方看來毫無可取之處的地方，有時候可能與患者希望的解決方式緊密連結。更重要的是，在此我們可以看到強調尊重患者角色的患者中心主義。

●察覺的技巧，是掌握認知構造，找出增加雙方對話方法的技巧。

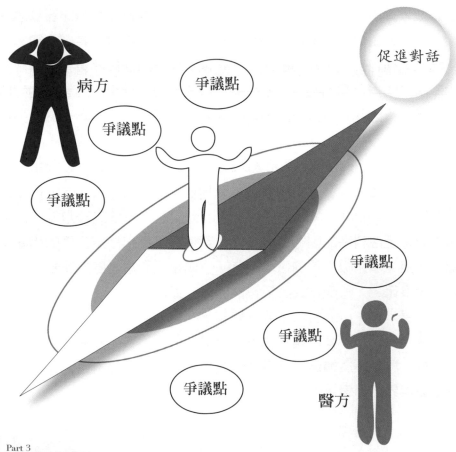

┠第**4**章┨
支援技巧
──構築傾聽與信賴關係

Point

> • 支援技巧，是構築傾聽與信賴關係的技法。
>
> • 支援技巧的目標，並非「解決問題」或「達成協議」，而是為了「協助」建立「心理準備」。
>
> • 支援技巧可分為以下兩類
>
>   ・非語言的溝通、微小的獎勵。
>
>   ・詢問技巧、言語置換（釋義）、情緒的反映、摘要（抓重點）。

　　支援技巧，是爲了協助當事人稍微跨越憤怒或悲傷情緒，並從雙方不同的認知框架中重新檢視問題，並且以協助架構這樣的「心理準備」爲最主要目標。在建立關係之前，要讓雙方有心理與認知上的「準備」以利對話的進行。有了「準備」之後，就更接近「因察覺而產生認知變化」的目標了。換言之，支援技巧的目標並非認知變化或關係構築，而是讓當事人做好「心理準備」提高其可能性。

　　此外，「心理準備」的架構過程，可有效地協助調解員與當事人建立最基本的信任關係。基本信任關係的建構，是讓之後的對話過程能順利進行的必備條件。

　　支援技巧的根本是「傾聽」。此技巧不只適用於調解員傾聽當事

人的話語，協助雙方對話的時候，身爲當事人直接與患者溝通時，也是非常有效的對話方法。學會了「傾聽技巧」後，就能以柔和的態度去接納憤怒、悲傷的患者口中的攻擊性發言。

接下來要介紹的各式技巧，我不希望大家照本宣科刻意去執行。就像之前說過的，所謂的技巧，是當你具備了能感同身受去聆聽的態度後，自然而然就能展現出來的東西。藉由支援技巧的介紹，大家應該再度了解到姿態與心態的重要性。

醫療促進溝通調解員的培訓課程，雖然會訓練調解員如何展現傾聽的姿態，卻沒有進行相關的練習。

 **傾聽技巧**

❶請回想昨天跟你交談過的5個人。在這些對話中,你認為自己身為
聽者的評價如何?若滿分為10分,請推想這5個人給你的分數。

　　1)5個人對你的評價是不同的嗎?

　　2)讓你的「傾聽方式」產生差異的主因為何?

❷請回想你是否曾經讓人產生「這個人有認真聽我說話」的念頭。為
什麼跟你交談的對象會產生這種想法呢?你認為其中需要具備哪些
要素呢?

解答例・解説→P331

傾聽的樣式 —— 看得見敘事的傾聽

首先是實際案例的介紹。

地方的公立醫院建議一位自然受孕的40歲初產婦接受定期健檢，卻在懷孕29週時出現早期破水，被轉送至周產期照護中心，立即辦理住院。靜養的同時，也接受連續點滴注射治療以預防迫切早產。

住院兩週後，主治醫生為她進行了分娩的相關說明。醫生建議：「若是在大型連休期間突然生產的話，會比較麻煩。因此，我建議在平日醫療體制較完善時，停掉點滴直接生產。為了寶寶的安全著想，不如就選明天吧！」星期五早上，孕婦停止了點滴注射後，隨即開始陣痛。但卻因子宮口遲遲未開，緊急改以剖腹生產。寶寶出生時才32週大。

這對夫妻的雙親，都因為住得很遠不便前來照顧。因此，1700g的新生兒在新生兒加護病房裡住了一個月。掛念寶寶的媽媽，雖然傷口尚未痊癒，卻還是每天將母乳送到加護病房。

某天，發現有超過24小時母乳的加護病房護士說：「這個已經不能喝了，我們要丟掉。我們只能給嬰兒喝新鮮的母乳，請妳再擠好拿過來。」產婦聽完護士這番話便哭了出來。因產婦遲遲無法停止哭泣，護士便說：「妳這樣會嚇到其他媽媽跟寶寶，我們去別的房間吧。」這句話反而讓產婦哭得更加激烈。

那之後，這位產婦便跟護理長投訴這位新生兒加護病房的護士。

本書中再三提及，當事人的表面主張與行為的背後，其實隱藏了許多不為人知的深層想法與感情。在未理解其認知構造的狀況下，無論產婦或加護病房的護士多麼認真聆聽，都聽不到對方內心的聲音。

身為醫療促進溝通調解員，不能擅自評斷該護士的因應態度不佳，也不能說「如果產婦不要哭好好講的話，就不會演變成這種情況

了」。調解員首先要避免去評價雙方當事人，而是要去了解事情的來龍去脈，雙方當事人說的話或其行為表現的真正含意。如果護理長學過醫療促進溝通調解，她的第一步就是仔細聆聽雙方當事人——產婦與新生兒加護病房護士的話。不帶任何主觀立場，而是在一旁用心傾聽當事人的描述中隱藏了什麼心情？

敘事表現分為語言（透過言語表現）與非語言，以及準語言（聲調、節奏、音量大小、抑揚頓挫等，介於前兩者之間的表現方式）3種表現方式。因此，調解員除了必須仔細觀察這3種表現方式外，也要聆聽隱藏在表面敘事內容中的文脈與真正想法。即使當事人的表面敘事有許多誤解與情緒性攻擊，但調解員要做的不是否定，而是守護在當事人身邊。藉由當事人講述自己心情的機會，當事人跟調解員都能察覺到新的問題點。藉此應該就能發現連結當事人對話的線索。

接下來，我們將藉由上述產婦與新生兒加護病房護士的論述要旨，來探討傾聽時該有的姿態。

- -

孕婦的闡述（立場）

- 我知道醫生與其他醫護人員要在能發揮所長的情況下，自己才能順利剖腹生產。
- 原本計畫自然生產卻突然改成剖腹生產，讓我覺得很震驚。
- 沒有人了解我擔心小孩身體有缺陷，是否能平安長大的不安。
- 我也知道假日或晚上生產很辛苦，在考量寶寶的安全下，院方已經盡可能將生產的風險減到最低了。
- 只是，院方的說明無法說服我是否真的有必要緊急生產。
- 我也知道再拖下去，可能會讓寶寶受到感染或產生不好的影響。但院方的說明，只讓我感覺是為了配合醫院的放假時間被迫生產的。
- 肚子突然被劃了一刀，讓我感受不到為人母的喜悅。

- 看到其他媽媽接受哺乳或育兒指導時，我的內心百感交集。
- 護士會說「因為媽媽是剖腹生產的」、「待會就過去」等，但是就那樣忘記了。
- 希望多替我的寶寶著想。
- 醫護人員明明說過母乳是最重要的，說丟就丟真的太過分了。

　　不對這些表面說辭多加評論，而是感同身受地去傾聽。如此一來，我們就能看到隱藏在表面立場下的真正想法。例如，「第一次的生產，我還沒做好心理與生理上的準備」、「對於初次哺乳與育兒的指導，我覺得很不滿」、「醫方不了解媽媽對寶寶的感情」、「對護士否定自己擠奶的努力感到不滿」等等。

　　從這些觀點看來，應該就可以知道為什麼護士的行為舉止會引起產婦不滿了吧。調解員只需傾聽當事人的表面主張或隱藏在激動情緒下的複雜情感，並提供關懷照顧。不需要多做什麼，就能透過對話幫助當事人察覺到很多事，藉由重新敘事促使改變問題的面貌。

　　在此，希望大家留意的是，醫療促進溝通調解員只需貫徹傾聽的態度，並不需要做任何操作性或做技術性的應對。因為，雙方當事人對話的過程中，存在著**「過程的力量」**與**「當事人自身闡述的力量」**。**能改變當事人認知的只有當事人本身的闡述。因為在當事人心中，透過闡述進而能進行與自我的對話。**醫療促進溝通調解員只需陪伴在當事人身邊用心傾聽，協助雙方對話的過程即可。在此，我們可以看到Mayeroff提倡的「所謂的照顧，便是讓他做自己」之理念。

新生兒加護病房護士的闡述（立場）
- 考量到整體的醫療體制，緊急進行了剖腹生產。
- 我們已經對本人及其丈夫（或家屬）進行了最完整的術前說明。
- 既然都在手術同意書上簽了名，生完才來抱怨分娩方式，讓人覺

得很困擾。

- 陣痛後自然分娩，雖然是最好的選擇。但她是高齡初產婦又破水了，剖腹已經是最兩全其美的方法了。
- 連在婦產科發生的事，都牽連到新生兒加護病房的身上，造成我們很大的困擾。
- 哺乳和育兒指導，我們都有認真教過了。
- 超過24小時的母乳，是不可以拿來餵寶寶的。
- 發生一點小事，就急急忙忙地跑來問我們。媽媽的精神狀態，看起來不是很穩定。
- 她的行為嚇到其他產婦，又有點遷怒我們護士的感覺，所以才提醒了她一下，但我沒說什麼太過分的話啊。
- 寶寶都平安生下來了，希望她能明白我們真的盡力了。
- 有什麼不滿的話，應該當時就要提出來。
- 希望她能了解我們這裡真的很忙。

　　醫方在非常忙碌且嚴苛的工作條件下，即使想從容不迫地應對，還是會一個不小心就做出防禦性的言行表現。尤其是當面對非專業的病方時，醫方很容易出現以專業的認知框架，試圖合理化自己用字遣詞的姿態。從這個案例的護士發言，也充分地顯示了這個傾向。但這位護士的發言之中，應該也隱藏著非常深層的情感。

　　比如說，「產婦都不了解醫護人員的苦心」、「希望她不要遷怒我們新生兒加護病房的護士」、「母乳不用每天過來也沒關係，可以不用那麼辛苦的」、「丟棄母乳是基於安全和衛生的理由，她太情緒化了」、「她是不是對育兒感到些許不安啊？」等。

　　在此，調解員首先要做的是不多加評論，以不帶任何成見去接納並傾聽護士說的話。這名護士其實應該也隱藏著「想對產婦好一點」、「想好好守護這些可愛小生命」的情感。調解員只要用心理解、傾聽，護士就能透過說過的話，跟自己的內心對話，並重新審思

問題所在。如此一來，比起被上司指責「要多注意跟患者的應對方式」，護士應該能了解更深層的問題，並以真誠、合宜的態度與產婦對話。

為了促進當事人內心的對話，醫療促進溝通調解員只需表現出傾聽的姿態偶而發問即可。問題必須要是能喚起當事人與自己對話的內容。最好提出讓對方察覺「自己是不是一味地做出防禦、攻擊性的主張，而忘了要仔細傾聽對方想說的話呢？」、「是不是只想著要如何擺脫這燙手山芋呢？」之類的問題。此外，要讓專家能夠了解站在非專家（病方）觀點的重要性。能站在非專家立場的專家，就能坦率地面對那些自己不想承認的情緒或者事實，思考身為專家應肩負的責任。自省後表現在之後的言行舉止上，這樣才稱得上是真正的專家。

醫療促進溝通調解的第一步，便是仔細傾聽。傾聽方式有其特徵。經常保持對當事人的關心，促進當事人的自我對話，並協助當事人重新檢視自己話語的過程。因此，可以說醫療促進溝通調解具有「雙重過程」。簡言之，**透過醫療促進溝通調解員不帶任何成見的關心，去聆聽當事人說話這件事，就可能改變固執己見的當事人，讓他願意關心並聽對方說的話。**

理解或同理心，是當對方感覺到「對方接納我，並且對我的立場感同身受」時才能成立的。不只聽取對方的表面主張，而是為了傾聽其深層想法、背景或內心的聲音，所以必須要懂得「**傾聽的方向性**」。

我們整理了傾聽時意識聚焦的方式，並將其分為四級。適當地聚集意識焦點，才能感同身受地去傾聽當事人說話。

- LEVEL1：將意識焦點放在自己身上的傾聽方式。雖然有在聽對方說話，但心裡想的都是「對我來說，有什麼意義？」。也就是將整體方向轉到自己身上的狀態。不只是先將自己的主張說出來，連一開始就抱持偏見認為「這患者很愛投訴！」的狀況，也

屬於這一類。

- LEVEL2：與LEVEL1相同，都是將意識焦點放在自己身上的傾聽方式。不同的是，是將意識焦點放在身為專家的自己身上。表面上看起來像是以專家的身分對對方表示關心並加以傾聽。但實際上是聽了對方的說辭後，將焦點放在「對身為專家的我來說，這有什麼意義？」、「身為專家的我，該如何回應？」、「因為我是護理長，所以不得不聽」等地方。由於是以能回應、援助、對話為目的去傾聽，難免會與「刻意接納，產生同理心」、「抹滅自己的存在去傾聽」等感覺相互連結，有時對聽者來說是難受的一件事。

- LEVEL3：將意識焦點完全放在對方身上的傾聽方式。類似心理諮詢的傾聽姿態，都可歸在這一類。也就是原本的「接納、同理心」，也會經常將「您說的話，我都懂」、「給您帶來怎樣的困擾呢？」等站在對方立場的發言，以言語的方式表達出來。但由於身為醫療促進溝通調解員，還有另一方當事人的存在。因此，必須採取不同於心理諮詢的聆聽方式。

- LEVEL4：將意識焦點放在自己周遭一切的傾聽方式。除了當場的環境外，對於當場發生的狀況，雙方當事人的認知與言行舉止，想法、對本身言論的影響等保持高度警戒，以可辨識的意識狀態去傾聽。此外，這些意識在無意間被統合，傾聽眼前當事人說話時，就真的是以毫無成見的姿態去接納與傾聽。這就是基於調解員概念的傾聽方式，**既能傾聽深層想法亦不失鳥瞰視野的方式**。透過這樣的傾聽方式，不只能促進當事人內心的自我對話，也能促進當事人之間的對話與情報共享。乍看之下也許很難，但這種傾聽法與心理諮詢的相異之處，在於接受過IPI爭點分析模式研修後便能自然學會。正確掌握IPI爭點分析模式，其實也與醫療促進溝通調解員傾聽姿態的涵養有所關連。

傾聽的理念與姿態 —— 從心理諮詢領域來看

醫療促進溝通調解的技巧中，支援技巧是以心理諮詢的理論爲基礎。因此，讓我們來看一下心理諮詢思考的重點。

羅哲斯的「客戶中心式療法」

構築現代心理諮詢基礎的是，20世紀中期提倡「顧客中心式療法」的卡爾‧羅哲斯（Carl R. Rogers）。在那之前的心理諮詢，多是心理諮詢專家將隱藏在客戶內心的問題加以診斷、抽絲剝繭、進行建言。羅哲斯徹底顛覆了這種專家的諮詢方式。他認爲治療的目標設定與過程評價，並非將心理諮詢所決定的解釋強加在客戶身上或進行指導。重要的是由客戶本身進行該過程，透過自由的自我表現，才能實現自我成長。

這個理論，與協助當事人本身的察覺與認知變化的醫療促進溝通調解是相通的。其背景之下，可以看到羅哲斯所謂「人類擁有朝向成長、健康與適應的衝動，是會朝自我實現前進的有機體」的人類觀。因此，專家的角色，並非只是遵從專業知識去指導客戶，而是重新構築成協助客戶自我成長、自我實現的角色。

羅哲斯提出了以下三項專業心理諮詢的重要條件。

- 自我一致（純真）：專家的內心不能有欺騙或僞裝，要保持透明。
- 無條件地給予肯定的關心：不去評價客戶，而是以肯定的態度去接納客戶的一切。
- 感同身受的理解：將客戶眼中的世界，視爲自己的去看待。

除了要達到以上條件外，專家必須藉由如明鏡般接收客戶的說話內容，不做任何指示性介入（非指示性療法）的聆聽態度，促進客戶

的自我成長。由此可知，「做為能朝自我實現前進有機體的人類」，也顯示出羅哲斯對人類的無限信賴。

這樣的想法，就理念來說十分完美。但實際上，對所有專家來說，都是件不可能的任務。就算再專業的心理諮詢師，要他從一而終都抱持著肯定的關心，感同身受地聆聽客戶說的話，是不可能的。此時，若專家想維持「自我一致」條件的話，就不能偽裝自己的心情，必須陳述出與客戶對立的觀點。但是，如此一來就無法達到無條件地給予「肯定的關心」與「感同身受的理解」的要求。

即使不容易達成，但做為心理諮詢的基本姿態與理念，羅哲斯提出的心理諮詢基本態度、傾聽或同理心的重要性，現在仍具有非常重要的意義。做為展現面對當事人基本姿態的理念，羅哲斯的理論對醫療促進溝通調解員來說具有非常重大的意義。

敘事醫學

1990年代後盛行理論之一，就是基於社會建構主義的敘事醫學。其基本思維，就是廢除「真實」、「客觀性」等概念後，我們眼中所見的「現實（reality）」，是存在於透過敘事形態的交互作用後產生的可變觀點中。相信應該已經有人注意到了，方才所說的醫療促進溝通調解基礎理論──社會建構主義的根基，也是敘事醫學。在此，問題的當事人，透過「闡述」去架構（塑造）「問題」。但是，專家的工作，是透過對話去引出不同「**闡述**」的可能性，並且一起編織出新「故事」。

本書將衝突稱為「事物觀點」的問題，正是源自於這樣的想法。因為，只有醫療促進溝通調解，才能透過對話改變在激動與混亂中構成的當事人框架。

然而，問題就出在該如何重新詮釋。類似專家指導的權威性對應，是不適用於此的。敘事醫學中，有提出幾點有關專家對客戶應對方式的看法。接下來要介紹的是，與醫療促進溝通調解擁有深厚淵源

的哈洛德古力聖（Goolishian, H.）提倡的「無知的姿態」。

　　古力聖認為，在與客戶對話的過程中，要克制自己不以專家的角度來解釋當事人說的話，因為自己對當事人的想法或價值觀是處於完全「無知」的狀態。此時，展現出讓當事人告訴自己來龍去脈的態度，就稱為「無知的姿態」。即使自己身為醫療專家，相對的，患者也是「最了解自己的專家」，所以，雙方應該站在對等公平的立場。藉此，古力聖認為不應該去抑制當事人自由「說話」的可能性，且應該能以非介入性的方式去改變。

　　乍看之下，古力盛的想法，與羅哲斯將傾聽與同理心視為重要條件的理論十分相近。從「專家要避免診斷與解釋，並接納客戶所說一切」的觀點來看，羅哲斯的三項條件與古力聖的「無知的姿態」十分相似。但羅哲斯重視的是非指示性技法，並要徹底做到傾聽與共鳴。也就是說心理諮詢要如同「明鏡」般，反映出客戶的內心。相對之下，敘事醫學與其說是以「無知的姿態」為基礎，不如說它重視的是透過對話的交互作用，編織出新「故事」。

　　相異的原因在於，不同於羅哲斯以「做為能朝自我實現前進有機體的人類」為前提。敘事醫學的立場，受到後現代等新進思想的影響，否定了「以自我完結方式成長的真我」這樣的觀念，甚至認為在「**闡述**」與「**對話**」的相互作用中，被創造出來的「自己」是可以改變的。

　　敘事醫學在傾聽客戶並產生共鳴的同時，也很重視「**闡述**」與「**對話**」過程。此外，敘事醫學的立場，對促進對話裡由察覺與重新詮釋所構成的認知變化之醫療促進溝通調解來說，可說是一種現實的典範。

細微心理諮詢（micro counseling）

　　羅哲斯的「客戶中心療法」與敘事醫學的「無知的姿態」，與其說是心理諮詢的具體技巧，不如說與心理諮詢的基本理念與姿態有

關。會這麼說，當然是有原因的。實際上，心理諮詢領域也是會有照本宣科地執行技巧的風險存在。藉此，我們才會強調，只會照本宣科一點用都沒有，重要的是心理諮詢師應有的姿態與態度。

在這樣的前提下，大家可以參考下列傾聽技巧的具體表現方式。請大家牢記，這些表現方式並非教科書範本，而是學會自發意願（will）的技巧後，自然而然就能表現出來的。

不管是基於何種心理諮詢理論，或何種業種（如醫療人員、社會工作者、教師、律師等），將共通的「技巧群」加以整合，便是艾倫艾比（A.E.Ivey）提倡的細微心理諮詢。

細微心理諮詢技巧，可整理為如下頁所示的金字塔階層（圖）。

- 以非言語溝通為主的「牽涉性行動」。
- 提問技法、重新詮釋、摘要等技巧延伸出來的「基本的傾聽連鎖」。
- 指示、自我開示、解釋、說明、對決等技巧延伸出來的「積極技法」。

「牽涉性行動」是指「非言語溝通」以及「微小的獎勵」。

「基本的傾聽連鎖」指的是「提問技巧」、「重新詮釋（釋義）」、「情感的反映」、「摘要（簡約陳述）」。傾聽時，不斷重複提出這幾項因素。再與以敘事理論為本的醫療促進溝通調解目的相結合，將原有的細微心理諮詢技巧加以創新。

比方說，從在醫療促進溝通調解裡的必要性來看，「積極技法」只是其中的一小部份而已。

在醫療面試技巧（OSCE）領域，也經常活用細微心理諮詢技巧。大家要切記，當習得了調解員概念後，自然而然展現出來的，便是這幾項技巧的表現模式。

雖然在醫療促進溝通調解員培訓中，沒有提到傾聽方式的個別表

現模式，但在本書中，我們將其定義爲習得技巧後所表現出來的行爲。希望能夠做爲自我反省時的參考「標準」。

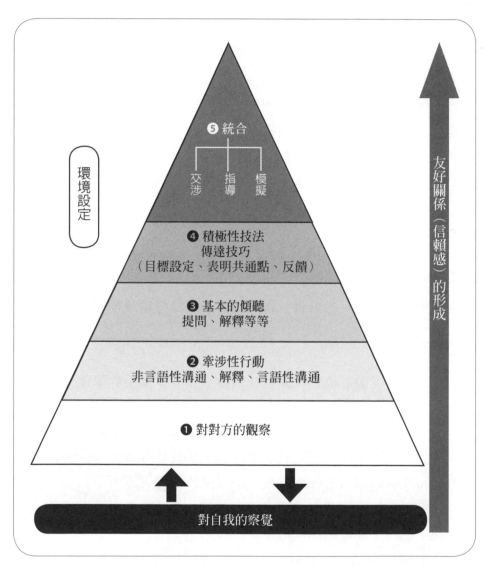

圖●有關衝突管理的基本人際溝通技巧

（鈴木有香：《強化人與組織的交涉力——衝突管理的實踐訓練》P.126（2009））

非言語溝通

說話的三個層次

據說人類的溝通，其實有一半以上都靠非言語的訊息。例如，「真是笨啊」這句話，如果是一邊咋舌一邊用嚴厲的語調說話，是傳達強烈責備的訊息。但是如果是臉上微笑以半開玩笑的口氣說的話，則是表達親切、親近之意。除此之外，情況不同，所傳遞的訊息也會有所不同。這個時候，除了對方的話中之意，也要隨著當場的情況、表情、姿勢等各式各樣的管道，讀取情報理解訊息。因此，就算是跟不會說話的寵物，也能進行溝通。

語言學家John Austin認為即使是像「在那裡不要動」（命令）或「我發誓要娶她為妻」（宣誓），這些沒有清楚也沒有重大意義的發言，其實也能發揮與擁有明確目的的發言一樣的功用。這觀點是將說話也視為一種行為。也可以解釋為將溝通視為超越單純傳達語言意義的行為。大家都稱之為說話行為論。

Austin將說話分為三個層次，在此，我們以護士看到接受檢查後看起來很疲憊的病患，於是跟他打招呼為例。當護士說出「你應該很累吧？」時，會同時發生下面三個層次的行為。

- 言語行為（話語行為）：說出「你應該很累吧？」這句話。
- 言語內行為（話語施效行為）：護士的問題，不僅僅只是要確認患者是不是累了。換句話說，是有其言外之意的。比方說，包含了「你看起來很累，要不要稍微休息一下？」的建議。
- 言語媒介行為（話語施事行為）：患者可能會回答「我要稍微休息一下」，或說「謝謝」，感謝護士關心。這些回答，都是從一開始的「你應該很累吧？」這句話為媒介衍生出來。

如何進行這樣的溝通或說話行為，是醫療促進溝通調解的必備條件。特別是為了理解言語內行為或言語媒介行為的意義，非言語溝通是很重要，因此，調解員必須時時刻刻留意自己發出的非言語訊息，並且好好地統整。

非言語溝通的注意點

那麼，出現非言語溝通時，我們該注意些什麼呢？

姿勢

為了展現傾聽的態度，據說可以將身體稍微前傾。此外，單靠雙手交叉或翹腳等姿勢，也能傳達某些訊息，關於這一點，我們將與第二個注意點合併說明。

眼神接觸

有一個規定「有無眼神接觸」、「雙臂交叉或翹腳動作」的實驗，藉此來評斷身為傾聽者的諮詢人員之「單純性（是否以單純的意圖來傾聽）」、「尊重性（是否有尊重客戶）」、「能力性（諮詢員是否有能力）」。根據實驗結果，在這三個項目中，當「有」眼神接觸時，比較能獲得肯定評價和有意義的關係。大部分的人都認為日本人不喜歡眼神交會，但適度的眼神接觸，較能給人「有在聽我說話」的印象。再者，在「尊重性」獲得否定評價的雙臂交叉或翹腳，卻在「能力性」獲得了高度評價。不過，醫療促進溝通調解時，最好避免這兩個動作。

不必要的動作

例如，不知不覺地撥弄頭髮、把玩桌上的筆、或眼睛不時瞄向時鐘等動作。人很容易在聽到不感興趣的話題或覺得無聊時，無意識地做出這些動作。但是，一定要避免。

調（大小、速度、語調）

　　關於聲音，一般都認為要盡量配合說話者的聲調或速度。如此去配合對方的一舉一動（不只是說話，也包括動作），被稱為「Pacing（跟隨個案的狀況）」。不過，這些非言語訊息非常微妙，照本宣科地執行，只會帶來反效果。因此，必須自然而然地去執行，偶爾突然意識到的程度是較為理想的。

微小的獎勵

　　聆聽時，可以透過點頭或是應聲附和等細微的發聲或應答，來表現聽者的關心和接納程度。這小小的獎勵，可說是鼓勵話者說話行為的「報酬」，能讓話者得到「你有在聽我說話」的滿足感。情況相反時，當然也會產生反效果。有許多實例都證明了，話者的說話長度，與點頭或應聲附和的頻率有關。以下，就是所謂的「微小獎勵」。

- **點頭**：其實有各式各樣的點頭方式。自然的點頭，能讓話者覺得安心與滿足。
- **應聲附和**：這也會隨情況不同，而有多種方式，重要的是，不能過於做作，要自然地去附和。
- **沉默**：當話者說不出話，或因陷入思考而沉默時，要做的不是立刻接話，而是保持沉默，讓話者有慢慢自省的時間。這並非置之不理，而是代表了「默默守護」這個非言語訊息。

　　據說與歐美人相比，亞洲人擅於在日常生活中就使用微小的獎勵。特別是在日本文化中，並不是將這些當成技巧去特別學習，只要保持我們之前所強調的聆聽姿勢與態度即可。

沉默的促進

對話過程中，調解員本身說不定也常常遇到因不知該如何接話而大傷腦筋的情況。像這種時候，硬逼自己說話，只會被對方看穿自己的不知所措。因此，大多認為傷腦筋時，還是暫時保持沉默比較好。此時，多半是由當事人主動開口，打破沉默的局面。一般來說，我們都會覺得沉默的時間好像比較長，也比較容易讓人覺得氣氛很緊張。但是，其實這沉默反而常會成為當事人主動出擊的契機。沉默時，反而會讓當事人說出想說或想談的事。因此，比起硬逼調解員說些試圖引導對話方向的話，沉默反而會帶來比較好的效果。

提問技巧

提問是展現對話者關心的行為，也是日常生活中重要的對話技巧之一。尤其在問題狀況的溝通裡，會帶來複數效果。

問題大致可分為「開放式問題」以及「封閉是問題」兩種（表）。簡單來說，「開放式問題」的回答，不是用YES／NO或單純的事實闡述就能回答的問題。「封閉式問題」則正好相反，例如：

> 「那是昨晚發生的事吧?」→ YES或NO的回答
>
> 「那是哪一天的事?」→ ○月◎日的回答

以上是「封閉式問題」。

「可以告訴我發生什麼事了嗎？」

「可以在詳細說明一下那時候發生的事嗎？」

　　這則是屬於「開放式問題」。

　　對話者來說，這兩種提問形式有著截然不同的意義。「封閉式提問」的情況下，話者只需回想日期或場所等特定事實，是比較單純的作業。相對之下，「開放性提問」要求話者在處理各種情報的同時，要創造出故事等這種較為複雜的認知處理作業。因此，「開放式提問」的回答中，包含話者的感情或深層欲求等等，並產生以下的效果。

表●開放式提問與封閉式提問的比較

	開放式提問	封閉式提問
回答形式	故事性的回答	單純回答
認知程序	複雜的故事架構	單純的回想事實
框架構成的主導權	話者	聽者
說話者的感覺	滿足感、信任感	不滿足感、不信任感
「察覺」的可能性	高・自發性的置換	低・沒有置換的機會
情報的特性	豐富、不明確	貧乏、正確

● **尊重主體所得到的滿足與信賴**：「開放性詢問」的回答中，由於話者自己會設定故事的框架，當其主體性受到尊重的同時，話者也能留下「我講得很清楚」或「對方有好好聽我說」的印象。另一方面，若是「封閉式詢問」的話，故事框架的設定，是由提問

者來進行。比起「對方有在聽我說話」，話者反而比較有被詢問的感受。因此，以「開放式詢問」為主，覺得被尊重且對方有認真傾聽時，話者也會開始信任聽者。

- **增進與自己觀點有關的察覺**：編織自己的故事時，話者本身可能會察覺到自己故事裡不合理、誇張的部分，或是未發現的深層欲求等。特別是面對公正的醫療促進溝通調解員時，不同於與另一方怒氣相向的情況，話者必須要抑制自己的情感，並以第三者也能了解的方式來說明。此外，第三者只要站在旁邊，話者架構故事的方法就會隨之改變。這就稱之為「聽眾效果」。因此，在回答「開放式提問」的過程中，話者能得到許多察覺的機會。

- **獲得豐富的情報**：對醫療促進溝通調解員來說，「開放式提問」有許多優點。透過讓話者以自己的邏輯進行陳述，除了能獲得關於話者「看法」的豐富情報，有時也能得到理解深層欲求的線索。不只是「說話」內容，說話時的動作或表情等非言語性訊息裡，也都隱藏著許多重要關鍵。這些都是必須留意的。

藉由上述內容，相信大家都已經了解在溝通過程中「開放式提問」的效用了。接著，**讓我們繼續確認以下的幾種效果。**

- 用心傾聽，尊重主體性的後設訊息。
- 透過說話，促進說話者本身的察覺（在故事構築的過程中）。
- 獲得有助IPI爭點分析模式的豐富材料（將焦點放在故事背後的深層欲求）。

當然，這並不表示「封閉式提問」是無用的。根據不同情況，為了能更確實地了解「開放式提問」的應答，在確定容易失焦的「開放式提問」的應答方向時，「封閉式提問」便可派上用場。

此外，決定對話方向的「開場白」，也可以視為前述兩種提問的

中間值。比方說，「您剛提到昨天有來過醫院，可否再跟我們詳細說明一下？」這類的形式。

因此，在了解「開放式提問」效果的同時，也要搭配「封閉式提問」與「決定對話方向的開場白」的提問。

此外，「開放式提問」與「封閉式提問」的差異，也可從「要擴展事實」或「要侷限事實」這兩個方向來判別。醫生為了診斷病情，將焦點鎖定在患者話語中必要且重要的因素，透過「封閉式提問」加以確認並作出診斷。另一方面，對醫療促進溝通調解員來說，最重要的是透過提問，引導出雙方當事人看不見的對方真實情況或深層想法，促進雙方共享情報，因此，為了挖掘更多事實情報，採取「開放式提問」的情況也逐漸增加。

由此可知，「開放式提問」與「封閉式提問」的差異，並不是單純的形式差異。在對話品質與方向上，也具有重大意義。

 提問技巧

　　下述問題皆為「封閉式提問」。請試著將這些提問改為「開放式提問」。這些習題可以幫助大家將技巧的表現型態視為一種知識去進行了解。

　　1. 醫生是何時前來的呢？

　　2. 進醫院後去的第一個地方是哪裡？

　　3. 你能認同醫生的說明嗎？

　　4. 你付得出醫藥費嗎？

　　5. 你是什麼時候跟醫生提到過敏一事的呢？

解答例・解說→ P.332

重新詮釋（釋義）

重新詮釋，可展現出用心傾聽對方話語的誠意，是能讓話者覺得滿足並產生信任感的技法之一。也可以說是將焦點鎖定於話者說話的「內容」，並重新詮釋的技巧。重新詮釋並非單純的「重複」或「反覆」，而是掌握話者話中的重要關鍵，並以自己的表達方式重新詮釋，也可稱為**釋義**。

話者的話

「醫生匆忙走進病房裡問我『感覺如何？』。我回答『還不錯，可是……』，然後正準備繼續往下說時，醫生就離開了。」

重新詮釋（釋義）

「你的意思是自己的話明明就還沒說完，醫生就離開了對嗎？」

若重新詮釋的語彙或者表現方式不恰當，很可能給話者「他還是沒聽懂我想說什麼」的印象。因此，重要「關鍵字」可直接沿用話者的說法，並視情況適當地對應。

如果要確認是否有達到釋義的程度，可以透過對方的「是的」、「不、不是這樣的」等反應來得知。

重要的是，即使是重新詮釋，也**不能偏離對方想要說的內容**。順著話者的內容做少部分的重新詮釋，能讓話者得到「調解員有用心聽我說話」的滿足感。這是達到「支援」（以及信賴關係的培養、沈澱）此目標的一大重點，請務必多加留意。

Practical hint 4　重新詮釋技法與中立性

　　重新詮釋技法，並不是對話者的說話內容表示贊同的意思。這只是一種接納與傾聽的表現。因此，就算是當事人相互對立的醫療促進溝通調解，也可以保持中立的立場。在傾聽一方說法，並產生共鳴的同時，跟另一方的關係也能維持中立。

Practical hint 5　鸚鵡式回答是否有效？

　　關於接受並重新詮釋（釋義）話者內容，有文獻非常推崇鸚鵡式回答，但也有極力否定的文獻。這與美國的技法訓練是一樣的。但是，基於下述理由，特別是日文，我們認為應該要避免完整重現的鸚鵡式回答。

　　第1，英文的釋義，

It seems to me that……

It sounds like that……

I understand that you said……

　　如上述三句，即便是鸚鵡式回答，但句首接了與單純重複有顯著不同的表現。但在日文裡，「的確……」等，只是在語尾加上少許的變化，句子幾乎是重複的。如此一來，與其說是接受理解，反而給人帶來一種不自然的感覺。

　　第2，《交涉與調停 —— 具協調性的問題解決溝通法》（三修社，2004）的作者鈴木有香也提出，日文語尾中的助詞「ne」，經常

帶有「同意」之意。

由於釋義只是內容的確認，而非表示同意。因此，若釋義只是單純的鸚鵡式回答，是很危險的。

總而言之，重新詮釋技法，要盡量在不改變原意的情況下，以不同的語彙重新詮釋。但是，若要簡短重覆當事人口中重要關鍵字，並加以接受的話，介於「點頭附和」及「重新釋義」之間的「重複陳述」，會更為自然且有效。

那麼，為確認大家是否了解，下頁是相關習題。可由「發現關鍵字」→「釋義的技巧」的順序進行思考。

 **重新闡述（釋義）**

請以釋義的方式來接受下述發言。這些習題，可以幫助大家將技巧的表現型態視為一種知識去進行了解。

❶ 沒有半點說明，又不親切。我不會再去那間醫院了。

❷ 我可沒聽說做超音波檢查還要裸露上半身呀！也不准人拿毛巾來遮，真是氣死我了。

❸ 身為一名護士，卻不懂患者心情。這樣還算是醫護人員嗎？

❹ 醫生說他已經說明過了，但我根本就不記得有這麼一回事啊！醫生根本就沒來過幾次病房，我要換醫生。

❺ 醫生講得很複雜，我都聽不懂。更不知道怎麼跟我老公解釋。

依據現行著作權法規定，未經許可禁止複製轉載。

❻只跟家母說明，也不跟其他家人商量，醫生就擅自決定要幫家父開刀。

❼這樣的對應，實在是太過分了。根本不打算聽我說話，還無視我太污辱人了。

❽我要跟患者說明、看診、寫報告、動手術，每天都累得跟狗一樣。會出事也是在所難免的了，根本沒力氣和顏悅色地跟家屬溝通呀！

❾都因為那個護士沒有好好確認點滴裡的藥，才會造成這種錯誤。

❿醫生把自己想說的話說完就馬上離開了。那樣根本就稱不上是回診。

解答例，解說→P.333
依據現行著作權法規定，未經許可禁止複製轉載。

情感的反映

重新詮釋技法，是指針對話者所說的「內容」（事實層次）的因應技巧，相對之下，情感反映技法則是指針對話語中的「情感層次」的因應技巧。

在此，可分為兩種情況。一個是從話者的話中找出直接表現出來的「帶有感情之語彙」作為關鍵字，去接受並加以回應。另一個是深入話者的說話方式與整理內容整體中，挖掘出話者未能充分表現的深層「情感」並加以回應。前者我們稱為**「直接的情感反映」**，後者稱為**「深層情感反映」**。我們來舉個例。

話者的話
「我丈夫變成這樣，我真的對醫院的相關應對覺得火大。」

直接的情感反映
「所以，您真的對醫院感到憤怒與不滿。」（重新詮釋）

深層情感反映
「您丈夫的事，讓您覺得身心俱疲吧。」

「直接的情感反映」不管是沿用關鍵字或重新詮釋，都是完整保留話者話中展現出的情感加以回應（「非常生氣」→「憤慨」）；相對地，「深層情感反映」則是找出隱藏在話者表面「情緒」之後的根本「情感」並加以回應（「非常生氣」→「感到痛苦」）。

在問題狀況中，即使表面展現出憤怒與困惑的情緒，但其根本多半隱藏了悲歡與苦惱。如果能善用「深層情感反映」的技巧，就能協助話者積極地去解決問題。只是，「深層情感反映」失誤的風險較

高，又因有時話者本身沉浸在憤怒的情緒裡無法察覺。所以，「深層情感反映」可說是非常困難的技法。作爲支援技巧，只有在培養出一定的信任關係後才能使用。

情感反映技法的有效性

特別在初期階段中，患者的話很容易受到情緒性的衝突所牽引。因此，情感反映技法可說是非常重要且有效的技巧。而醫療促進溝通調解員，擁有大量情感相關的詞彙也是非常重要的。

 **情感反映**

請用情感反映技法重新詮釋下列發言。這些習題可以幫助大家將技巧的表現型態視為一種知識去進行了解。

❶受到這種待遇，我真的覺得很生氣。

❷那孩子其實原本不會死，一想到這，我就覺得好不甘心……。

❸在講一堆藉口跟理由之前，院方那種態度算什麼呀！

❹那孩子走了，我就沒有收入了。

❺重新注射這麼多次，你把別人的身體當什麼啊？

❻事情都變成這樣了，接下來叫我如何是好呀？

❼夠了，我丈夫都去世了，是被你們害死的。

❽我才不要聽你們解釋，求求你們，把我丈夫還給我。

解答例、解說→P.333

摘要（簡約陳述）

　　這是將話者的冗長內容，適當地整理歸納進而回應的技法。支援技巧之一的摘要，是將話者所說的內容，遵循話者的觀點（框架）去做歸納整理。重要的是，不應透過聽者的框架進行歸整，而是**依循對方的框架進行歸納**。在此，我們也能說是將當事人的話語如鏡子反射般整理出來。透過這個動作，除了能讓話者因別人有好好聽自己說話而感到滿足，同時也可能會反射性地對自己說話時沒察覺到的自我意識框架產生自覺。總之，透過聽者可以幫助話者客觀檢視自己的框架。有一點要特別注意的是，錯誤、不必要或過度的摘要，反而會讓話者產生不信任感，有時還會給對方一種「沒在聽我說話」的印象。

　　雖然就算話者的話過於冗長，也必須很有耐心地去聆聽。但是，同樣的話不斷重覆時，就可以運用這個技法去控制對話流程。

 **支援技巧的漸層**

　　傾聽技巧包括了應聲附和、點頭等非言語性訊息，以及話者重複出現的關鍵詞，表現方式的重新詮釋（釋義）、情感反映、摘要（簡約陳述）等不同技法。這些技法並非各自獨立的技法，而是根據接受者不同，而有不同層次的呈現方式。作為表現積極傾聽姿態的技巧時，是必須被統一理解的技法。

 **支援技巧**

　　3人一組，扮演話者、聽者與評價者的角色。請以下述情況，進行3分鐘的角色扮演。如果時間許可，請輪流扮演這3種角色。

● 話者：請回想你曾體驗或聽過的相關醫療投訴。請扮演當時的患者，向聽者（醫療諮商室的醫療促進溝通調解員）訴說你的不滿。
● 聽者：請扮演醫療諮商室的醫療促進溝通調解員，聆聽說話者（患者）的不滿。
● 評價者：請以技巧的知識為前提，觀察話者與聽者雙方的態度與行動。可以利用P.231中的評價表。

　　角色扮演結束後，請進行討論。聽者的對應如何？優點、缺點為何？請以其結論為方向，來討論對話的姿態與技巧的意義。

解答例、解說→P.334

評價表

技巧分類	意見

溝通形式——AEIOU

　　哥倫比亞大學創立了一種稱爲AEIOU分析的溝通類型。這是在哥倫比亞大學中學習異文化教育時，《交涉與調停》作者、鈴木有香所提出的。溝通形式可分爲下述5類。

A：attacking ……………… 攻擊
E：evading ……………… 逃避
I：informing ……………… 情報傳達
O：opening ……………… 明確指示
U：uniting ……………… 共有

　　溝通形式是越往下方的形式越理想，例如E比A理想，I比E理想。其重點在，是由「**聽者**」**決定**發言程度屬於哪一類。即使話者想客觀地提供情報，若聽者覺得是被攻擊的話，就屬於攻擊（Attacking）形式。

　　比方說，因遲遲沒有發揮藥效而感到不安的患者問：「醫生，這藥到底有沒有效啊？」此時，醫生若回答「這藥的藥效是不會馬上出現的。」醫生只是單純傳達事實。但是，患者可能會覺得這發言包含了「外行人什麼都不懂，乖乖聽從指示就好」的含意。也就是說，醫生只是單純傳達情報，但患者卻覺得被攻擊。會產生這樣的落差，可能是受到2人之前互動的影響，也有可能跟患者的病情輕重、醫生的說話方式、或非言語訊息的特性有關。

　　如此的落差與誤解，經常會發生在專家與一般人的對話中。醫療促進溝通調解員的任務就在於，爲了讓情報傳達不被誤解、逃避或攻擊，並朝明確指示與共有的方向發展，在認知分歧與誤解快要產生時，適當地提出問題，協助雙方進行更深層對話。

WORK 15　AEIOU

　　請3人為一組，扮演醫護人員、患者與觀察者的角色。

　　請想像實際的醫療現場，讓醫護人員與患者進行5分鐘的對話並做記錄。結束對話後，3個人一起將記錄下來的內容，一句一句地以AEIOU分類並進行檢討。

　　許多狀況下，例如醫護人員只是單純地傳達情報，卻被患者認為是攻擊，應該就可以確認認知分歧的確是發生的。

解答例・解説→p334

依據現行著作權法規定，未經許可禁止複製轉載。

┣第5章┫
促進對話的技巧

Point

• 促進對話技巧，是在對話進行的過程中，將主導權留在當事人手上，並促使當事人內在認知的改變。

• 促進對話的技巧，可列舉以下兩例。

・重塑技巧（reframing skill）

・把訊息轉換成「我……」

　　到目前為止，我們已經看過能解決問題的「準備」，還有將目標設定在建立「最低限度的信任」的技巧。運用這兩個技巧，理解遭逢醫療事故時，當事人的心境，感同身受地協助當事人，做好一定程度的「準備」並產生「信任感」，藉此改變認知、重新建構關係。更進一步地促進雙方對話，朝下一個階段前進。

　　話雖如此，要立刻進入合理交涉階段是不可能的。當事人會感到苦惱，心理狀態依舊很不穩定。即使有了「準備」與「最低限度的信任」，當事人還是很容易視狀況回到感情框架裡去。

　　因此，首先要協助當事人（病醫雙方）將其問題的認知框架，從問題發生一開始的情緒化、具攻擊性（防禦性），轉換成較為客觀且願意配合的態度。像這樣，將問題狀況賦予意義的認知框架加以轉換的技巧，就叫做**重塑技巧**。也可以說是透過重新敘事，促使雙方當事人建構出替代性故事。簡單來說，就是「從別的觀點來檢視問題，賦

予意義」。客觀檢視自己的框架，並接受其他框架的可能性，會成為日後雙方當事人合作創造出共通框架的契機。

其實，重塑技巧與充權技巧有許多共通點。例如「開放式提問」的技巧，在醫療調解的初期階段，是表示傾聽的後設訊息，也是能取得進行IPI爭點分析模式素材的機會。歷經充權過程，在構成「準備」與「最低限度的信任」的階段裡，回應「開放式提問」的過程，很可能被視為幫助話者透過重新檢視本身框架察覺某些事，並進而重述問題、重塑框架的過程。對話者而言，回答開放式提問也是一項複雜的認知框架建構工作。因此，充權技巧在某個階段、狀況時，也會自動發揮如同重塑技巧的功用。

在能使用重塑技巧的階段，這種技巧也能進一步提供轉換框架的線索。也就是說，調解員能透過言語回應，找出反思框架的線索，積極開拓重塑框架的可能性。

下面我們就來探討重塑技巧。

促使問題改變（重塑）的技巧

我們已經練習過充權技巧之一的「重新詮釋（釋義）」。「**重塑技巧**」跟這很相似，是要進一步改變談話焦點的方法。

「釋義」的原則是，不變動話者的談話內容去重新詮釋，或直接運用他話中的關鍵字來回應。因此，才能展現出「感同身受去理解話者的話」之訊息。但是，這跟重塑技巧的狀況有些許不同。

例如，把說話者句子中的否定句翻轉成肯定的說法，就是一種方法。否定表現經常帶有責怪的語氣，但如果把句子改成肯定，就會發現否定表現所隱含的關心。有了新發現後，對問題的看法就會開始改變，也就是改變框架。

另外，還有一種方法，就是將話者句子中否定與責怪的語氣，轉換成中性的意義和觀念再回應給話者。藉此期待當事人將「責怪他

者」的認知框架，轉變成「應該解決的問題」這種中性的認知框架。
這種方法可以在溝通過程中提供切割「人」與「問題」的線索。

我們就把前者稱做「**翻轉重塑**」，後者稱做「**中性重塑**」。

- **翻轉重塑**：將說話者句子中的負面語氣，轉成肯定語氣，促使認
  知框架改變。
- **中性重塑**：將說話者句子中的負面概念與意義，換成中性的概念
  與意義，促使認知框架改變。

接著就來討論個案。

話者的話

「那個醫生一點責任感都沒有，每天都不遵守巡房時間。」

翻轉重塑

「要是他每天都能準時來巡房的話，我才能心服口服。」

中性重塑

「每天準時巡房這件事，對你來說很重要吧。」

若使用釋義技巧時該如何回應呢？列在下方，提供大家參考。

釋義

「醫生每天都不準時來。」

不知大家有何感想？這位話者的用字遣詞，明顯帶著責備「醫
生」的語氣。但是，透過重塑可以發現問題焦點已經從「不滿醫生到
目前為止的應對」轉到「巡房的方式」。

如果是「巡房方式」的爭議點，就能引導說話者轉向「開放式問題」，積極去思考該如何改善它。也就是把焦點從「巡房方式」的「中性爭議點」，轉換成「未來該解決的問題」。並能促進當事人從「對醫生應對的責備」這種攻擊性立場，轉為聚焦背後的深層欲求。

　　重塑中所提到**「切割人與問題」**、**「不關心過去狹隘問題的對錯，而是轉換為未來導向的問題」**、**「將焦點放在關心而非立場」**。這些都是實現醫療調解基本方針的重要技巧。此外，調解員並非是強迫當事人改變論點，只負責透過對當事人的談話做出適當的回應，提供線索，促進當事人的對話與自覺。以不損害當事人主體性為本，讓他們自然而然地察覺新爭議點的重要性，並藉此展開對話。

 **Practical hint 8**　與當事人對峙

　　一般大眾對「對峙」這詞的印象不是很好，但在當事人加深對調解員的信賴，持續進行對話的階段，有時必須讓當事人查覺自己話中的矛盾。這在細微心理諮詢中，被稱為「對峙（confrontation）」。

　　有時是當事人的話中出現矛盾，有時則是當事人說的話並不符合大眾的認知或是當下狀況。調解員的工作就是用提問協助他們發現這些問題。

　　這當然不是說出「你說的話很矛盾」、「你所說的話很牽強」這類干涉性的發言。也不是態度強硬地告訴他們該做什麼，不該做什麼。在當事人的談話中，出現矛盾、誤解或與現實不符的認知時，如：「現在您提到○○，但剛剛您也說了△△。」、「雖然您提到□□，但要達成恐怕有點難度」等等，應該以溫和的表達方式，讓他們有所察覺。「這是個很難的問題，我們一起來思考吧。」這時像這樣釋放出尊重並支持當事人主體性的訊息是非常重要的。此外，這應該是對感同身受傾聽自己說話的調解員產生足夠的信賴時，才有可能出現這樣的「對峙」。

改變問題（重塑）

　　請試著運用重塑技巧回答下列的習題。這些習題可以幫助大家將技巧的表現型態，視為一種知識去進行了解。

❶沒有半點說明，又不親切，我不會再去那間醫院了。

❷我可沒聽說做超音波檢查還要裸露上半身呀。也不准拿毛巾來遮，真是氣死我了。

❸身為一名護士，卻不懂患者心情，這樣還算是醫護人員嗎？

❹醫生說他已經說明過了，但我根本就不記得有這麼一回事啊！醫生根本就沒來過幾次病房，我要換醫生。

❺醫生講得很複雜，我都聽不懂，更不知道怎麼跟我老公解釋。

❻只跟家母說明，也不跟其他家人商量，醫生就擅自決定要幫家父開
刀。

❼這樣的對應，實在是太過分了。根本不打算聽我說話，還無視我，
太污辱人了。

❽我要跟患者說明、看診、寫報告、動手術，每天都累得跟狗一樣，
會出事也是在所難免的了，根本沒力氣和顏悅色地跟家屬溝通呀！

❾都因為那個護士沒有好好確認點滴裡的藥，才會造成這種錯誤。

❿醫生把自己想說的話說完就馬上離開了。那樣根本就稱不上是回
診。

解答例・解說→p.335
依據現行著作權法規定，未經許可禁止複製轉載。

把訊息轉換成「我⋯⋯」

與之前提到的狹義「重塑」不同，在此介紹另一種運用「開放式提問」，實現重塑的方法。

湯瑪士・高登（Thomas Gordon）博士將訊息分成「**你⋯⋯**」和「**我⋯⋯**」，英文中有I跟You的區別，雖然無法直接套用，但內容是吻合的。

「你⋯⋯」的訊息，是聚焦在自己以外的他者身上做出價值判斷。像是「這是因為你做了○○」、「那時候你說了XX」等。在這種狀況下，經常會帶有「責備」的語氣，也無意識地在「逃避」自己的責任。

相反地，「我⋯⋯」的訊息，是直接表達出話者自己認同的價值、感受，甚至是自己的利益，像是「我想要△△」等等。「我⋯⋯」的訊息，就是對隱含在「你⋯⋯」訊息裡具有的「判斷」與「責備」的背後事實中，表達出「我」的感受方式。下面舉個例子來說明。

「你⋯⋯」的訊息⋯⋯「（醫院）為什麼端出這麼難吃的餐點！」

「我⋯⋯」的訊息⋯⋯「我想要吃像人吃的食物。」

「你⋯⋯」的訊息⋯⋯「那位醫生真差勁。」

「我⋯⋯」的訊息⋯⋯「我覺得自己受到傷害了。」

上述兩個例子中，不管是哪個「你⋯⋯」的訊息，話者都跟醫方處於敵對關係。一直維持這種對立框架的話，是無法解決任何問題的。在這個框架上進行應對，是無法將對話引導到好的方向。

相反的，「我⋯⋯」的訊息是表達「我」的感受方式、「我」如何賦予意義，這是可能被解決、被處理的狀況。例如「我想像個

人」、「想吃好吃的食物」、「受到傷害」等等，雙方以此類訊息為出發點，攜手合作摸索出創意十足的解決方向。

面對這樣的狀況該如何回應比較恰當？回應時需要把對方發出的「你……」的訊息，轉換成「我……」的訊息。如此一來，話者在組織「我……」的訊息時，可能會察覺到自己的關心。並「察覺」到隱藏在憤怒之後的關心。大多數情況下運用「開放式提問」，能從具攻擊性的「你……」訊息引導出「我……」的訊息。來做點練習吧。

 **把訊息轉換成「我……」**

　　請試著對下列發言，練習能引導出「我……」訊息的「開放式提問」。這些習題可以幫助大家將技巧的表現型態視為一種知識去進行了解。

❶那位護士每次關門都很大力，快開除他／她！

❷老是插錯點滴，患者又不是實驗用的白老鼠。

❸那位醫生都不正眼看人，說話有氣無力的。

❹為什麼每次都叫我去陰暗角落的床位。

❺我很笨都聽不懂醫生的說明。

❻只要開檯燈，護理人員就會生氣地跑來關掉，規定9點熄燈也太不合理了吧。

❼態度真的很糟，根本不聽我說話，還無視我，欺人太甚了。

❽都是因為那名護理人員沒有仔細確認點滴內容，才會造成這種疏失。

解答參考‧解說→p.336
依據現行著作權法規定，未經許可禁止複製轉載。

Practical hint 9　腦力激盪

　　雖然不適用於醫療促進溝通調解，但一般的調解，還可能會使用到腦力激盪。腦力激盪的技巧如下。

　　假設我們已經進入這個階段，就是著眼於彼此共同、共存的關心，透過雙方的合作，摸索出能解開心結、解決問題的創造性方法。此時，發揮自己的想像力，動動腦筋自由地列舉出能滿足彼此需求的解決方法有哪些。不管列了什麼方法，都不要去評論和批評，只管自由地提供點子。如果其中出現了雙方都能認同的雙贏解決策略，就最好不過了。

　　不拘泥於法律或傳統的解決方式，盡可能讓當事人自由發想。

　　在雙方當事人充實對話中，如果出現能合理解決問題的選項時，調解員應該以讓當事人理解為目標，促使雙方各退一步。一邊重塑一邊朝達成共識的方向前進。

 **製作協議書**

　　在醫療促進溝通調解中，調解員幾乎都不會直接參與製作協議書。但我還是針對協議書進行說明，提供大家做參考。

　　就算問題已經解決也達成協議了，但當事人還是有可能會各自解讀協議內容。透過協議書的製作才能消除風險，更確實地達成協議。

　　書面協議要載明關係人與協議內容，不能出現曖昧不明的地方。所謂協議內容包括了「何時」、「何地」、「誰」、「對誰」、「做什麼的時候」、「要做什麼事」、「該如何做」、「該怎麼辦」等個別項目都缺一不可。

　　書面協議簡潔就好，可能會讓人覺得「辛苦地調解半天，結果只有這麼一小張紙」。但實際上像法院的民事調解書一樣，要求簡潔明瞭即可。而且，當事人也會因為一張紙解決問題，擺脫痛苦。

　　協議書應該記載的重點如下：

- 協議書的日期
- 雙方當事人的姓名與地址（全部參與者）
- 協議事項的題目
- 協議內容
  - 載明「何時」、「何地」、「誰」、「對誰」、「做什麼的時候」、「要做什麼事」、「該如何做」、「該怎麼辦」等項目。
  - 加入能確實遵守的項目。
  - 加入未來能幫助並恢復當事人關係的項目。
  - 加入能防止類似問題再發生的項目。
  - 如果有具體的金錢授受，要詳記金額、方式、時間等等。

—加入設定期限

● 相關訴訟

● 關於沒有遵守協議時的處置方式

● 雙方當事人的簽名與蓋章

　　確認書面協議內容並且當場朗讀後，以「都沒問題吧」的提問再三確認協議書內容之後，協議內容就會變得較為客觀。接著，把協議書交給雙方當事人保管。

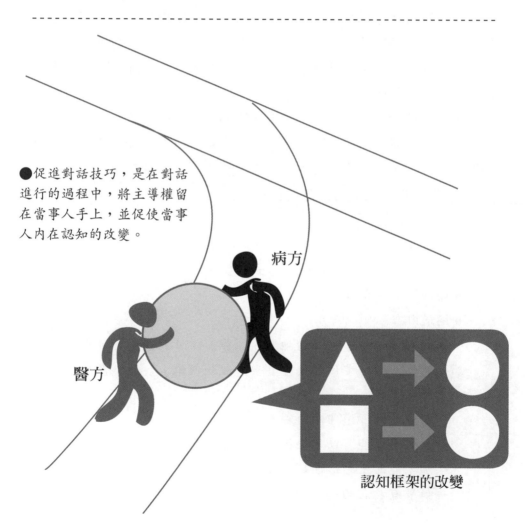

●促進對話技巧，是在對話進行的過程中，將主導權留在當事人手上，並促使當事人內在認知的改變。

病方

醫方

認知框架的改變

h 第**6**章 d

讓對話過程更爲流暢的技巧

Point

- 讓對話過程流暢的技巧,是為了讓對話順利進行。
- 此技巧可分成以下三種:
  - ·適當的自我介紹與角色說明
  - ·時間管理
  - ·打破僵局

第一次接觸

　　與第三者機關負責的醫療促進溝通調解不同,院內的醫療促進溝通調解,經常沒有足夠的時間自我介紹。即使如此,仍要讓當事人知道盡可能了解醫療促進溝通調解員擔任的是公正的溝通橋樑。若有時間正式自我介紹的話,內容需要包括醫療促進溝通調解員的姓名、所扮演的角色、當天的任務是什麼等等。

　　其實院內的醫療促進溝通調解在進行三方面談之前,調解員多半已經一對一與患者見面,並感同身受地傾聽他們的心聲,建立出某種程度的信賴關係。但進入三方面談之前,還是應該再次說明醫療促進溝通調解員的角色。

　　如果是第三者機關來進行醫療促進溝通調解的話,在自我介紹

時，包括調解員不會公開患者提供的資訊（方法和程度）、是否該提出專業見解、要採取雙方同席或個別談話的方式等等，都要確認清楚，形成共識。

不過，如果是院內的醫療促進溝通調解，並沒有特別要求一定要在某個階段或狀況下，把這些點都確認清楚。反而必須透過交談去傾聽，逐步了解病方對上述問題點的想法，以及他們的期望是否能達成。

因此，院內醫療促進溝通調解在一開始自我介紹時，要強調醫療促進溝通調解員是病方與醫方之間的橋樑、協助對話進行的中間人。把這樣的自我介紹當成建立信賴關係的重要方法。就算醫療促進溝通調解員已經與患者進行一對一接觸並傾聽過患者說話，還是需要這樣的自我介紹。

接下來，我想舉個自我介紹的例子。

自我介紹的例子 —— 注射疏失投訴的情況

M：兩位好，我是○○科△△的M。A先生（患者）、T小姐（護士），謝謝二位今天抽空前來。A先生請這邊坐、T小姐也這邊請坐。兩位接下來應該沒什麼急事吧？A先生這邊，我已徵求過主治醫生同意，也跟住院病房的人說過了。另外，我也已經取得T小姐工作單位的許可，您可以不用太擔心您的工作。

M：（請當事人就坐，兩位都坐好後），這次由我來擔任患者與醫療人員之間的溝通橋樑。雖然我隸屬於這家醫院，但絕不會只站在醫護人員這邊（醫生與患者間有著父權主義式不平等的權力關係，為了讓患者安心所以要事先聲明）。

　　雖然我知道這次的糾紛是源自於注射疏失，但我還是想聽兩位說明本身的想法，請兩位把我當成會議的主持人。

以這樣的方式進行對話，不知道兩位是否都同意呢？Ａ先生，您
意下如何？

Ａ：我同意。

Ｍ：那Ｔ小姐您呢？

Ｔ：我也同意。

Ｍ：那麼正式開始之前，有一點請兩位配合，關於說話的優先順序，
我想請患者Ａ先生說完之後，再請Ｔ小姐發言，可以嗎？

Ａ：可以。

Ｔ：可以。

Ｍ：還有，在對方發言時，如果有覺得不合理的地方，也請兩位一定
要先聽到最後。之後，我一定會給兩位發表感想的時間。

　　不好意思，花了一點時間在進行說明。那麼，就先請Ａ先生
針對這次的事情來發言。

 ## 初次的自我介紹

　　醫療促進溝通調解員，是從始至終不偏袒任何一方當事人的溝通
橋樑。這點在一開始與患者接觸時，就必須充分說明讓患者理解。但
還是需要視情況而定，如果一開口就對患者說「我會站在中立的立場
傾聽您說話」，他們也不會相信，反而讓他們對醫療促進溝通調解員
產生距離感。為了讓對話有個順利的起頭，可試著用「由我來擔任對
話的橋樑」、「請讓我居中協調」等等比較柔和的語氣。

　　就算患者一開始不相信醫療促進溝通調解員，也不要氣餒。只要
願意真心誠懇且不偏袒任何一方地去傾聽，這樣的醫療促進溝通調解
員就能與當事人建立信賴關係。從醫療促進溝通調解員實際的工作經
驗中，我們也得知這並非困難之事。

時間管理

　　醫療促進溝通調解，視狀況會持續很長一段時間。特別是病方遲遲無法認同時，醫療促進溝通調解的時間就會拉長。如果可能的話，在一開始就先對調解時間達成共識，將每次調解的時間設定在一～兩小時，分爲數回合。若是醫療事故的話，因事故調查與資訊會很混亂，多半無法一次解決，這點也需要跟患者說明清楚。

　　順帶一提，如果是商業糾紛的話，會先把調解期限設定好，設定好的期限能發揮促進協議的作用。不過，醫療事故帶有強烈的情感衝突，恐怕很難比照辦理。因此，醫療促進溝通調解員必須在不干涉並尊重當事人想法，促使當事人「察覺」的前提下進行時間管理。

打破僵局

　　醫療促進溝通調解有時會遇到瓶頸、陷入僵局，特別是選擇了錯誤的爭議點，將對話帶進死胡同的案例不勝枚舉。如果遇到這樣的狀況，運用下面的方法能有效幫助打破僵局。

- 中場休息。
- 將使對話陷入瓶頸的爭論點束之高閣。
- 摘要式回顧目前爲止的雙方議論。
- 再次確認共通點。
- 假想事情順利解決的狀況。
- 互相描述對方的立場與觀點。

　　無論是哪一項，意義都在於重新回歸利益點，提供重新掌握問題的機會。此外，陷入僵局的案例，除了與選擇的爭議點有關之外，也可能是當事人本身的問題。因此，醫療促進溝通調解員必須考慮到這

樣的狀況，進行應對處理。下面就舉幾個處理的例子。

- 遇到明顯論調不合理或賣弄個人見解的人，除了有可能是當事人價值觀的問題，也可能是因為錯誤資訊造成思考混亂。另外，還要確認這是否是一種戰略性的行為。
- 如果是不信任感相當強烈的人，在理解當事人對事情的認知後，一邊試著建立他對醫療促進溝通調解員的信賴，一邊找出他是否對事情發生的背景、條件有所誤解。
- 遇到堅持走法律途徑的人，醫療促進溝通調解員仍要期待能照著實情解決問題，堅持信念繼續走下去。

Practical hint 12　建立對話空間的意義

有些案例中，就算提供對話空間給情緒化的病方，對話仍無法順利進行，最後還是徒勞無功。不過，不厭其煩地進行對話這件事，本身就有很大的意義。

看似重複，卻可能讓患者的內心深處，產生某些變化。因為反覆的應對處理，說不定會在患者心中萌發一股正面的力量。做為一名醫療促進溝通調解員，要相信這樣的可能性，並培養不錯過患者任何心境變化的敏銳觀察力。一旦發現改變的徵兆，就有可能成為促進對話的一大契機。

對患者而言，不斷生氣發火是伴隨很大能量的。在重複與當事人對話的過程中，或許他們正在等待一個機會，一雙能伸出援助的手。所以，就算對話看起來毫無進展，也絕不是毫無用處的。透過不斷建立對話的空間，願意好好面對患者的誠意，一定能傳達出去。

Practical hint 13 利用個別對談（Caucus）

在此介紹一般調解方式中的個別對談，供讀者參考。

調解時除了有當事人同席對話的方式外，還有當事人與調解員在不同房間各自進行談話的方式，稱為個別對談。包括法院的民事調解等，日本調解方式的主流便是個別對談。本書將兩者的優點與缺點列於下表。

事實上，如果是院內醫療促進溝通調解的狀況，應該不會採用個別對談的方式。因為院內調解最重要的，是讓當事人雙方面對面坐下來談。不過，在進入三方對談前，醫療促進溝通調解員與病方一對一，感同身受地傾聽心聲，也算是發揮個別對談的功能。

	同席調解	個別對談
優點	• 透過直接對話加深理解 • 能當場檢驗對方的言行舉止 • 當事人不會失去主體性	• 能避免情緒太過激昂 • 較容易聽到對方的主張
缺點	• 容易情緒激動	• 增加對對方的疑心 • 互相理解的可能性低 • 很難發現對方言行舉止的錯誤 • 資訊過度集中於調解員手中，造成影響力過大

Practical hint 14　端茶的時機

　　端茶的時機，對醫療促進溝通調解造成微妙的影響。如果可以的話，正式對談前是最適當的時機。不過，在這時間點的話，病方可能連看都不看，也有可能會大聲咆哮說「我又不是來這喝茶的！」所以，察言觀色是非常重要。

　　除此之外，經過一段時間的對談後，例如30分鐘左右，再端一次茶也很有用。病方因為拼命說話自然會口渴，此時如果沒有茶喝，他們可能又會抱怨「連杯茶都不給！」這樣看來，比起對話開始時，經過一段時間後再端出茶來的小動作顯得更重要。而且不論是情緒激動或是比較冷靜的對談場面，這都能帶來「小憩」、緩和氣氛的效果。

Practical hint 15　道歉的時機

　　應該何時道歉才妥當？若是明顯醫療疏失的話，事故發生後就必須馬上道歉。就算並非醫療疏失，還是需要透過道歉，表達對這次不幸結果的遺憾之意。不過，就病方來看，這樣的道歉未必足夠。因為事故發生後，病方的心思混亂，無法打從心底接受道歉。因此透過對話，緩和病方情感上的糾葛與混亂的心思，在他們做好對話的「準備」後，才需要一個正式有誠意的道歉。對話「過程」中的道歉，才具有真正意義。

　　順帶一提，記者會這種道歉形式。從兩個層面來看這種道歉對病方是不痛不癢的。第一，比起對患者個人道歉，開記者會是向社會大眾致歉的成份居多。第二，容易讓患者覺得這不過是形式上的道歉。對患者而言，還是要透過面對面的方式，表達對患者的歉意，才能算數。

●讓對話過程流暢的技巧，是為了讓對話順利進行。

自我介紹

脫離僵局

時間管理

適當的自我介紹並說明自己的角色

克服問題並重建關係

┠第7章┨
統整式問題

接下來，就試著運用先前所學的技巧，實際操作看看。

統整式問題

　　下列的例子，是一名接到患者投訴的主治醫生，利用醫療促進溝通調解技巧，傾聽患者意見的對話內容。這名醫生試著去發現選擇爭議點、掌握患者的關心、並改變患者立場。

　　請試著找出對話中，他用了哪些技巧。並請試著建立認知構造圖（此案例原非醫療促進溝通調解，而是醫生在與患者的一對一對話中，運用了醫療促進溝通調解的技巧。）

　　負責512號房的資深Q護士，搞錯住在同病房、姓氏相同的兩名患者的點滴，兩人都同樣注射了100mL的點滴（抗生素）。點滴打到一半時，患者J先生發覺點滴顏色跟平常不同，這才發現疏失。所幸沒有對人體造成任何影響，但就在準備動手術前，院方發生這種疏失，讓J先生感到很不安。「這是醫療事故！我絕不原諒這名護士，我要轉院！也不會付半毛醫藥費。」J先生透過護理長向主治醫生投訴，Q護士也已經提出醫療事故報告。

主治醫生：（一鞠躬，不疾不徐地開始說話）**這次造成您的困擾，我們深感抱歉。大致情況我已經聽護理長轉述了，但還是想聽J先生親口說明事情的來龍去脈，能否請您告訴我？**

J 先 生：好，這樣正好，我已經考慮要轉院了。從門診開始，我就再三強調我討厭打點滴、抽血這些會痛的動作。這件事，醫生你應該是最清楚的。沒想到這名護士，不但點滴針插了兩次才成功，還打錯點滴！

主治醫生：他的確在門診時，就說過不喜歡打點滴和抽血。沒想到被插了兩次針後，還注射到別人的點滴。是否能告訴我您當時的心情呢？

J 先 生：本來以為是個認真的護士，結果居然捅出這樣的簍子。我也知道護士很忙，但應該要更小心照顧每一位病人才對啊。

主治醫生：**您說之前認為她是認真的護士，沒想到居然犯下這種錯誤是嗎？**

J 先 生：對啊，真的讓人不敢相信。她的動作很俐落，我最討厭的打點滴，也一次完成，沒想到她竟然會出錯。我就要動手術了，一點風吹草動都緊張地要命，最近不是有很多醫療事故的新聞嗎？

主治醫生：**要動手術了，所以您很緊張是嗎？結果護士卻發生疏失，讓您想趕快離開這裡吧。**

J 先 生：對，我待不下去了。我就快動手術了，萬一出事怎麼辦？我認為這不是因為沒鬧出人命就能草草了事的問題。

主治醫生：（一邊點頭）**您說的沒錯。這不是沒發生不幸就能草草了事的問題。剛剛您有提到當天護士看起來很忙，那時她看起來如何？**

J 先 生：是，她看起來手忙腳亂的，另一名被打錯點滴的奶奶也在找她，她身上的手機也響個不停。但是，因為這樣就能出錯嗎？你們是專業的醫護人員耶！

主治醫生：**她同時在做很多事情是嗎？但因為是專業的醫護人員，所以不希望她出錯對吧。**

J 先 生：沒錯，不希望她出錯。病人能仰賴的只有醫生跟護士。雖然護理長還有那位護士都來道過歉，但我沒原諒她們。畢竟發生這種事，叫我怎能安心？

主治醫生：（一直注視患者眼睛，不疾不徐地說）**為了讓您安心，不再重蹈覆轍，我、護士以及所有同仁，都會以此警惕自己繼續努力，您願意相信我們嗎？**

J 先 生：嗯……，這個嘛？你說要讓我繼續相信你們，那麼你們要

怎麼努力？

主治醫生：要打針時，我們會嚴格遵守基本步驟，並再三確認。J先生不喜歡注射藥物，可以試看看用口服藥物代替。還有護士打點滴和抽血時，如果失敗兩次，我們就換人。至於我，因為您就快要動手術了，如果我來巡房時，一定會來看您，有什麼問題您都可以跟我說。為了讓J先生能安心，這是我們目前能做的事，除此之外，您還需要我們為您做些什麼？

J 先 生：這個嘛，我不想再讓那位護士幫我打點滴了。如果可以不用打點滴的話我也不想打了，畢竟我在這裡接受診療這麼久了，還是想請醫生幫我動手術。醫生如果每天都能來我這看看，我也會比較安心……

主治醫生：也就是說，將點滴換成口服藥物、將抽血降到最低限度、我每天都來病房看您，這樣您就能安心不辦理轉院是嗎？

J 先 生：是的，這樣的話，我就不轉院了。那名護士的態度，也讓我感受她的誠意……

主治醫生：您願意不轉院，還肯諒解我們的護士，真的很感謝您。造成您的困擾我們再次深感抱歉。不過，您之前有提到醫藥費的問題，不知道您現在的打算？

J 先 生：如果你們負起責任好好治療，我當然會付醫藥費。不過，萬一留下什麼後遺症，你應該知道我會怎麼做了吧。

主治醫生：我了解了，只要負起責任，進行讓您安心的治療，您就會支付醫藥費。當然，如果有什麼後遺症，您就會採取必要手段是嗎？

J 先 生：沒錯。

主治醫生：很高興今天您願意跟我談這麼多。為了提供讓您安心的手術和醫療，我們會繼續努力。這次真的很抱歉。

J 先 生：好了，別再道歉了，只要聽到醫生您這樣講，我就放心

了。之前因為太生氣，情急之下就說要轉院，真的很不好意思。我的手術，就麻煩醫生了。

主治醫生：好的，沒問題。

解答例・解說→ P.337

Part 4

醫療促進調解的角色扮演

　　本章會以之前所述內容爲根據，以「階段 1：自我調解」、「階段 2：現場對應促進溝通調解」、「階段 3：專任協調者的醫療促進溝通調解」的順序，模擬各個特有的狀況場景，來進行實例分析與角色扮演。

┣第*1*章┫
階段 1：自我調解

Point

• 自我調解是一對一面對患者時的醫療促進溝通調解形式。

• 在自我調解時，不急於「解決」，而是把重點放在協助患者建構修復與醫方對話關係的「準備」。

自我調解的重點

　　事故發生時，患者直接向相關醫護人員或向院內的醫療促進溝通調解員申訴不滿或是要求澄清，首先要以一對一的模式接近患者並且傾聽訴求，同時將與病方的首次對應視爲課題。一開始患者的訴求以「控訴」或「誠實對應」爲主。理解患者的訴求，並建立修復關係的心理「準備」，便是其最終目標。

　　也就是說，通過從接納、同情的「態度」，以達成理解情緒上的混亂，並以防止擴大認知上的分歧爲目標。對於醫方明顯有過失的場合，必須針對這一點道歉。而對於不明瞭的部分，應告訴患者我們會眞誠的進行調查。

　　再者，不管原因是否在患者的誤解，就算我們能夠合理而客觀的說明，不斷反覆這些只會造成反效果。這是因爲強硬的表示醫療方的立場，而沒有理解患者的心情。首先要先理解，能先達成讓患者注意

並轉變認知型態上的「態度」，才能開始有效的進行理論上的說明。

最後，接納抱怨以及被要求澄清的醫療人員，做好自我的情緒管理是很重要的。用一句話來說就是，「自己當中要持有兩個人格」。其一是，在自我之中，要抱持有別於做為直接面對抱怨以及要求澄清的當事人的一面。另一面則是，持有以客觀的第三者角度來看的醫療促進調解員的觀點，或是心情。這就稱做為**自我調解**。

依據實例思考

在進入角色扮演之前，我們先來分析一個事例。後面的「階段2：現場對應促進溝通調解」、「階段3：專任協調者的醫療促進溝通調解」裡也會再次討論到這個例子。那麼，請閱讀以下的實例，來比較看看接在那之後的兩種不同發展（惡化／接受）。

在急診室的死亡事例 1： 惡化篇／接受篇通用

某個星期一早上，A先生上班前在自家心律不整發作，表示上腹部疼痛以及心窩部疼痛，他在上午九點與妻子E到家裡附近的B醫院去就診。A先生會定期到J醫院接受心律不整的治療，但因為B醫院離自宅較近，這次考慮到緊急性的問題，A先生選擇了B醫院。

A先生雖然不是搭乘救護車，是以普通就診方式到醫院，但A先生在掛號時的不尋常模樣，被經驗豐富的急診護理長X看見，馬上指示：「叫醫生來。把這位患者指引到急診室，護士要先幫他照好心電圖，讓醫生診察。」同時，利用緊急呼救連絡內科門診的C醫生，表示希望在急診室診療之後，也拜託病房說：「可能會有緊急入院的患者，請確保床位。」

但是，被叫來的內科門診D醫生，一看到病情穩定的A先生跟妻

子E暢談的模樣，就判斷他應該要先做心臟及腹部的超音波診察，並向C醫生提出自己的意見。C醫生雖然接到X護理長希望將病人視為急診病患的連絡，但卻採用了平日就非常信賴的D醫生的建言，決定不先做心電圖診療，而讓病患A先生先做了超音波檢查。超音波檢查室位於二樓，由於那裡有超音波檢查的主治醫生，C醫生就繼續看門診，並向主治醫生打了電話拜託說「請跟外科醫生一起診斷病患的心臟及腹部。」

A先生在進入二樓超音波檢查室之前，曾向妻子E說：「我覺得有點呼吸困難。」但還是進入了檢查室。超音波診察室只有兩個電源裝置，除了進行超音波檢測的機器外，並沒有提供氧氣設備或是心電圖機。

負責超音波的內科醫生及外科醫生在迎接A先生的途中，A先生突然因心律不整發作而覺得痛苦。A先生表示「沒問題」，而症狀也馬上平復了。在內科醫生的連絡下，C醫生也來到診療室。與三名醫生達成盡可能快速結束檢查的共識後，A先生繼續接受檢查。

在這時，A先生突然手壓著胸口，臉上同時呈現痛苦的表情，說自己突然覺得很不舒服。醫生們慌張地請求急救支援，但會做人工呼吸的麻醉醫生趕到時，A先生的心臟早已停止了。由於當時B醫院的超音波檢查室裡並沒有急救設備或擔架，因此麻醉科醫生趕來之前，三個醫生無法做延命急救的處理，雖然在5分鐘後趕來的護理長X以及外科護士Y也一起做了急救處理，卻無法挽回A先生的性命。

妻子E對自己在超音波檢查室前只待了15分鐘，丈夫就這麼死去深感不解。「這到底是怎麼回事！？」而向醫生們要求必須做說明。但醫院的上層向全體員工指示：「完整的調查報告出來前，不要向妻子E做任何說明，不要管她！不能讓其他患者感到不安，請各自回到原本的工作崗位上！」

看著難過的妻子E，護理長X雖然依照醫院指示守口如瓶，但還是陪著突然失去丈夫不知如何是好的妻子E直到下午。這段期間裡，

她也傳達了遺體處理及種種手續的説明，展現了最大的誠意。

另一方面，醫生C結束了平常的門診業務，下午（A先生驟逝後3小時）向妻子E説明A先生的死因是突發性心肌梗塞導致的致死性心律不整。雖然妻子E表示「如果沒有獲得更合理解釋的話，是不會離開醫院的」。但因爲有喪禮之類的手續要處理，在接受醫生C的説明後，便帶著丈夫的遺體回家。在醫生C説明時，由於護理長X在旁擔任居中協調者，E女士也大致心服。

護理長X察覺到在A先生來醫院時可能是緊急病例，以及醫院的急救醫療體制、超音波診療室的急救設備不足等問題點，希望今後不要再次發生同樣的事故，因此在院內的醫療風險管理（Medical Risk Management）委員會提出事故報告書。

但是，事故調查的結果，A先生的驟逝與醫生的判斷、急救處置沒有直接的因果關係。就算A先生在5分鐘內就接受急救處置，其死因還是被判斷爲致死性心律不整。

A先生的頭七結束時，護理長X收到了妻子E寄來的感謝函。上面寫著：「眞的很感謝您在醫院時跟我們説話，以及在我感到不安打電話到醫院時，親切的回應。其實，家族中有人提出要針對外子在接受診察時驟逝一事提出訴訟。但多虧X小姐的親切回應，過了頭七的現在，我已經開始釋懷了。説不定不管院方做什麼努力，外子都會過世。因爲X小姐的溫柔鼓勵，並感同身受地爲我著想，外子也會安心地前往西方極樂世界吧。眞的非常謝謝妳的照顧。」

雖然這個事例有許多與醫療安全及事故後對應的相關論點。但延續本書的目的，我們還是把焦點放在事故後的醫療促進溝通調解。接下來的階段1：自我調解、階段2：現場對應促進溝通調解、階段3：專任協調者的醫療促進溝通調解，都將沿用此事例。

首先，是階段1：自我調解所產生的場面，以上述事例爲根據延伸出的例子。假設是在A先生驟逝後沒多久，內科門診醫生C要對A

先生的妻子E說明的場面。首先是因為醫生的不當回應，導致妻子E
的情緒惡化的不良示範。

在急診室的死亡實例 1 （後續）： 惡化篇

死亡宣告後。醫師C及妻子E。

妻子：死了？你說他死了？（邊哭邊說）為什麼才剛進診療室就死
了？他又發作了嗎？

醫生：診療時心律不整發作，不安定心律不整導致迫切急性心肌梗
塞、心功能不全（Heart failure）。而罹患胸部疾患的病人突然
過世的情況很常見。

妻子：（瞪著醫生）一定是因為發作了！醫生，你明明就在那裡，為
什麼還可以這麼平靜地說「這種情況很常見」呢？這算什麼醫
院啊！一間好好的醫院，卻救不了心律不整發作的病人？該不
會是因為你們私底下偷偷動了什麼手腳吧？你們想怎麼賠償我
先生的命？你們一定要給我說清楚！

醫生：所以，我剛剛不是已經跟您說明過了嗎？他是在診療中突然心
律不整發作，導致心肌梗塞而死。詳細情況得等解剖結果。

妻子：（表情驟變）你說什麼！解剖？一個小時前還在吃早餐的人，
突然覺得不舒服才來醫院的，卻……。如果是你突然被告知自
己丈夫過世了，會怎麼想？這樣還算是一位手上握著患者生命
的醫生嗎！？

醫生：太太請您冷靜一點。我只是在說明您先生過世的狀況。先生的
驟逝，給您帶來很大的打擊。但此時您自己都不好好振作的
話，之後該怎麼辦呢？您還得連絡其他家人以及處理喪禮等事
情要處理啊！

妻子：你叫我冷靜？對醫生你來說，這的確不關你的事！外子驟逝，

你叫我要怎麼冷靜啊？還叫我要好好振作？我很冷靜，也很振作。夠了，我只要知道到底是發生什麼事就可以了。這情況是合理的嗎？（邊哭邊說）你不說，我也會連絡家人的。葬禮的事，我當然也知道。

醫生：（無言以對）

妻子：早知如此，就去常去的醫院就好了。說不定就不會死於非命。我雖然想回家，但又不知道我不在的期間會發生什麼事，事情也可能會就這樣不了了之！我也想聽其他醫生的解釋！你確定這不是醫療事故嗎？你的態度讓我回想起，爲什麼要讓覺得不舒服的人去二樓診療室呢？說是心律不整發作的話，你有先做心電圖檢查嗎？

醫生：我是中斷其他門診業務過來的，時間差不多了，還有其他病患在等我，我得先走了。

妻子：你說什麼？死掉的病人就無所謂了嗎？

醫生：我不是那個意思。如果我不去看診，會造成其他病人困擾的。

妻子：我知道了。我已經受夠這種爛醫院了。我一定要追根究柢！不跟我好好說明的話，我不會帶我的先生回去的！

醫生：（不高興的）那麼我先告辭了。

妻子：門診結束後，請來跟我說明！大家都會等你的，醫生。

對於已經學習過醫療促進調解的大家來說，應該非常清楚上述的對應到底是哪裡有問題了吧？

在因突發性衝擊造成情緒混亂時，就算想做出合理解釋或正確說明，患者都不會領情的，甚至還會加深不信任感，強化了認知分歧。

接下來要看的例子，是根據醫療促進溝通調解所做出的對應。這次要根據護理長X所做的自我調解來進行說明。

在急診室的死亡實例 1（後續）：接受篇

登場人物：妻子E及護理長X

妻　子：死了？你說他死了？（邊哭邊說）爲什麼才剛進診療室就死了？他又發作了嗎？

護理長：（一邊輕撫妻子一邊說）說不定，您的先生一進診療室就離開人世了。事發突然，我們還不清楚詳細原因。

妻　子：（瞪著護理長）一定是因爲發作！妳不是也在現場嗎？醫生說完「病情突然惡化病逝。」之後，人就不知道跑到哪裡去了。我在這裡到底該如何是好啊？這算什麼醫院啊！一間好好的醫院，卻救不了心律不整發作的病人？該不會是因爲妳們私底下偷偷動了什麼手腳吧？妳們想怎麼賠償我先生的命？妳們一定給我說清楚！

護理長：（誠懇地看著妻子的眼睛）我現在也不知道該如何是好？我可能幫不上什麼忙，但在醫生來之前，我會一直陪在您身邊的……。

妻　子：（邊哭邊說）突然被告知自己的丈夫過世，換做是妳的話，妳會是怎麼樣的心情……。嗚嗚……，我得通知孩子們。這到底是怎麼一回事啊？爲什麼會發生這種事？妳們一定要給我一個交代。

護理長：（無言地點頭）

妻　子：早知如此，就去常去的醫院就好了。說不定就不會死於非命。唉，葬禮該怎麼辦才好？是不是要先回家一趟比較好啊？好想回家。

護理長：現在正在整理您先生的衣服並擦拭他的遺體。如果需要的

話，您可以先回家一趟。您住這附近嗎？

妻　子：是的，我家就在這間醫院旁邊而已。嗚嗚……，還是先打電話叫我女兒過來一趟好了。（擦拭眼淚）總而言之，我先去打電話。但是，接下來到底該怎麼辦才好呢？

護理長：（拿出便條紙）您不嫌棄的話，我可以幫您寫一張準備事項的清單。另外，相關手續上有任何不明白的地方，您都可以跟我說，我會盡力幫忙的。

妻　子：好。就這麼辦吧。護理長，妳剛說會一直待在這的吧？請妳一定要待在這，我馬上回來的。也請待在我外子身旁直到說明結束。我還是覺得這件事非常不合理……。（啜泣）

護理長：（無言點頭並輕拍對方的背）

妻　子：（邊哭邊說）為什麼我老公說走就走？該不會是檢查時出了什麼意外吧？

護理長：（握著妻子的手）我會陪在妳身邊的。我們現在也還不太清楚，檢查時到底發生了什麼事。真的非常抱歉。

護理長：（撥打電話）不好意思，我要陪在A先生的妻子身邊。我負責的指引工作就麻煩醫務課了。

妻　子：那我去去就回。（毅然決然）我得好好振作。回來之後，我會去找妳的。請待在外子身邊，我馬上就會回來。

護理長：在您回來之前，我會陪伴在您先生身邊的。請您也知會一下令郎令嬡過來醫院一趟，也可以連絡一下認識的葬儀社。接下來，我們先做好能讓您待在您先生身邊的相關準備。

妻　子：說的也是，就這麼辦吧。問醫生問題之前，我得先把要辦的事情做好才行。但「檢查途中猝逝」的話，我也不知道你們要怎麼說明。護理長，不好意思，我現在還理不出個頭緒來。總之，我先回家一趟。

（20分鐘後，妻子E再度來到醫院）

妻　子：護理長！不好意思讓妳久等了。我帶了新的換洗衣物過來。

孩子們也應該很快就會趕到。葬儀社就交給家裡的人去處理了。外子還好吧？

護理長：您先生還在這裡，想說等您回來之後，再來進行後續事宜。我們要先幫他更衣，再送他去靈堂。可以請您一起來幫忙嗎？

妻　子：（應和著）好的。那孩子們應該要怎麼辦呢？

護理長：那就等您的家人們來了之後，再一同前往吧。（2人開始幫A先生換上新的衣物）

妻　子：外子真的就這樣說走就走了（邊哭邊搖著丈夫的身體）。老公，你怎麼了？你當時很痛苦嗎？為什麼這麼突然就走了……。你叫我接下來該怎麼辦才好啊？

護理長：（合掌後行禮）我到外面去等，等您跟先生好好道別完之後，再跟我說一聲。

　　看完以上內容，不知道大家覺得如何呢？面對妻子E的激動情緒，護理長X並非直接回應，而是針對隱藏其言語背後的混亂與悲傷情緒加以因應。在對方的混亂情緒漸為減緩並冷靜思考前，在能力所及的範圍之內，做好協助對方的工作。

　　當然，就醫方的情況來說，病方在要求說明的態度會更加強硬，護理長則因將說明部分全權交由醫生負責，所以能致力協助病方。兩者有這樣的差異。初期對應，尤其是有關死因說明方面，像這樣依據職種分配角色與思考因應順序是有其必要性的。不過，就算是由醫生負責說明，只要利用護理長X所展現的協助支援技巧與圓融的對話技巧，也是有可能達成的。

　　接下來，用不同的案例來進行Phase1：自我調解的角色扮演（Role-Play）吧！

WORK⑲ Role-Play「醫生拿錯病例」

　　首先，三人一組，決定分別由誰扮演醫生、患者、觀察者。

　　下頁開始會有醫生情報，患者情報、與觀察者使用的評量表。扮演醫生的請參考（P.272）的情報，扮演患者的請參考（P.274）的情報，雙方不可翻閱對方的情報。扮演觀察者的人，請翻到（P.276）的評量表，並觀察雙方的對話。

　　醫生與患者看過各自的相關情報後，一開始先從患者對醫生陳述訴願，扮演醫生的人，要把各式的技巧牢記心中並做出應答。觀察者不可加入對話，專注於觀察，並活用表格對醫生所使用的技巧做出評價。聆聽雙方對話的同時，依據IPI爭點分析模式，製作出認知結構繪圖。雖然觀察者並沒有加入對話，但請以醫療促進溝通調解員的身分來製作繪圖。

　　那麼就開始吧。全心投入角色是很重要的！

◈醫生情報◈

在尖峰時間的門診，K醫生遵照放在桌上的病歷表為患者I先生說明。但I先生卻控訴說：「這不是我的病歷，醫生，你沒有向之前看診的醫生好好確認過我的病情嗎？」

●K醫生的說法

因為護士把病歷表放在桌上，我下意識以為那就是下一位患者的病歷。而且我今天遲到，門診病人又多，讓我覺得非常焦躁。我才剛來這間醫院沒多久，不是很習慣。但不只住院患者多，連初診病患都要由我負責，我真的快累垮了。不過就看錯病歷而已嘛，又沒有什麼大不了的。

我當然也想好好照顧病人啊。但這麼忙的情況下，我根本就沒辦法聽所有患者訴說自己的狀況。這種時候，我就只能看病歷表而已啊！就連這位投訴的患者，我也只是隱約記得。

MEMO

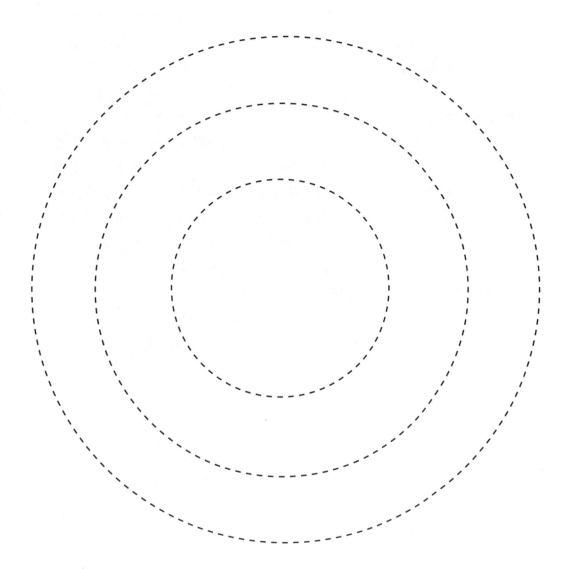

◈患者情報◈

在尖峰時間的門診，K醫生遵照放在桌上的病歷表為患者I先生說明。但I先生卻控訴說「這不是我的病歷，醫生，你沒有向之前看診的醫生好好確認過我的病情嗎？」

●患者的說法

這個新醫生講話時，根本連看都不看我一眼。也沒有確實掌握患者的個人情報。我對自己的病情可是一清二楚。心裡抱著「我的血糖值不是這種數據」的疑惑，默默聽醫生說明時，才發現他根本就是在講解其他人的病歷。到底把病患當成什麼了？之前的醫生明明跟我保證會確實轉告給新醫生！這個醫生真的很離譜！更何況，這間醫院讓病患等了好幾個小時，但看診時間卻一下子就結束了！你們應該要多花一點時間認真問診才對啊！

MEMO

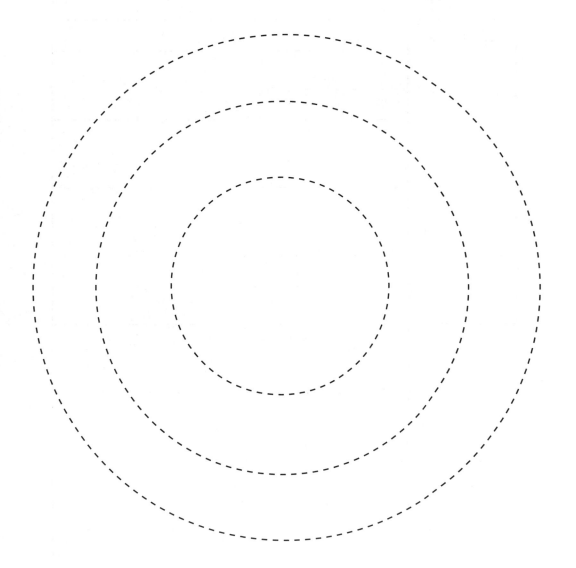

◆觀察者用◆

評 價 表

技巧分類	意見

Role-Play「無法苟同的病房移動」

　　首先，三人一組，決定分別由誰扮演醫生、患者、觀察者。

　　下頁開始會有醫生情報，患者情報、與觀察者使用的評量表。扮演醫生的請參考（P.278）的情報，扮演患者的請參考（P.280）的情報，雙方不可翻閱對方的情報。扮演觀察者的人，請翻到（P.282）的評量表，並觀察雙方的對話。

　　醫生與患者看過各自的相關情報後，一開始先從患者對醫生陳述訴願，扮演醫生的人，要把各式的技巧牢記心中並做出應答。觀察者不可加入對話，專注於觀察，並活用表格對醫生所使用的技巧做出評價。聆聽雙方對話的同時，依據IPI爭點分析模式，製作出認知結構繪圖。雖然觀察者並沒有加入對話，但請以醫療促進溝通調解員的身分來製作繪圖。

　　那麼就開始吧。全心投入角色是很重要的！

◈醫生情報◈

　　住進單人病房的B先生，到現在為止已經有過兩次因重症病患要入住而搬離單人病房的經驗。這次也是因為部長（醫生）說有其他病人想使用單人病房，因此請主治醫生說服B先生。說了「只要有窗邊採光好的床位空出來，讓我入住的話，暫時先睡在靠走廊的床位也無所謂」的B先生，就移到了多人房的靠走廊床位。

　　隔天，得知同房窗邊的床位即將空出，B先生隨即向一早來巡房的主治醫生提出換床位的要求，並按照約定獲得了移到窗邊的許可。B先生已知三天後有其他單人病房會空出來，但在那之前，還是希望能睡在較有個人隱私的窗邊床位。

　　但是，同間病房的另一位患者S先生也曾向醫院護理長提出移至窗邊床位的要求。因此按照前後秩序的話，下一位入住者應該是S先生。於是護理長便指示安排床位的K護士幫S先生安排至窗邊床位。

　　B先生也理解醫院護理長的說明，並接受移往單人病房前先住在走廊邊的床位。但是，對自己身為單人病房的患者卻必須多次移動床位深感不滿的B先生，便向主治護士K抱怨。

●護士K的說法

　　部長突然說有重症病患要住院，叫我把單人病房準備好，我也沒辦法啊！不管是加護病房又或者是回復室的床位都滿了。所以，我只能叫病情已經穩定的B先生移動到多人病房啊。

　　因為B先生要求入住單人病房，確保個人隱私也是必要的，所以才決定安排他住在窗邊的床位。我們的確給了B先生好幾天不好的回憶，但我們真的無能為力啊！因為他的病情已經大致上都穩定下來了。居住環境雖然比不上單人病房，但既然住院了就必須要遵照我們的指示。更何況若不依照重症程度、看護的必要程度、復健的必要程度等醫療事由選擇優先順序的話，我們不就沒有辦法管理病房了嗎？

MEMO

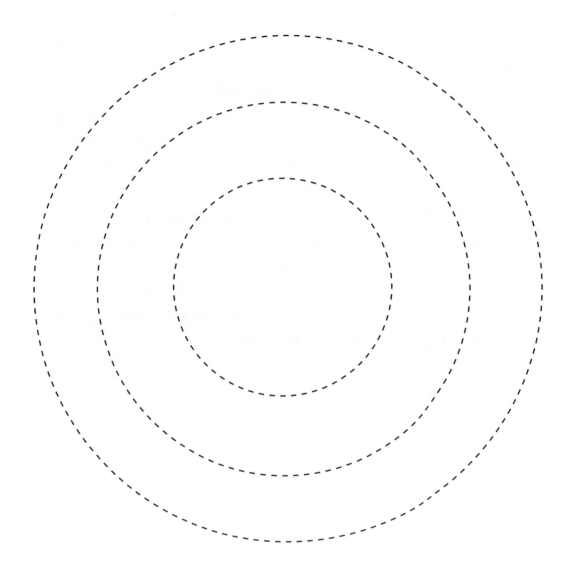

◈患者用情報◈

住進單人病房的B先生，到現在為止已經有過兩次因重症病患要入住而搬離單人病房的經驗。這次也是因為部長（醫生）說有其他病人想使用單人病房，因此請主治醫生說服B先生。說了「只要有窗邊採光好的床位空出來，讓我入住的話，暫時先睡在靠走廊的床位也無所謂」的B先生，就移到了多人房的靠走廊床位。

隔天，得知同房窗邊的床位即將空出，B先生隨即向一早來巡房的主治醫生提出換床位的要求，並按照約定獲得了移到窗邊的許可。B先生已知三天後有其他單人病房會空出來，但在那之前，還是希望能睡在較有個人隱私的窗邊床位。

但是，同間病房的另一位患者S先生也曾向醫院護理長提出移至窗邊床位的要求。因此，按照前後秩序的話，下一位入住的人應該是S先生。於是護理長便指示安排床位的K護士幫S先生安排至窗邊床位。

B先生也理解醫院護理長的說明，並接受移往單人病房前先住在走廊邊的床位。但是，對自己身為單人病房的患者卻必須多次移動床位深感不滿的B先生，便向主治護士K抱怨。

●患者B的主張

這間醫院到底把住院病患當成什麼了？關於換床位這件事，患者應該是有權力要求較優良且能確保個人隱私的環境。醫方也應該考量到病房整體情況，避免發生不公之事。

更何況，昨天聽從院方指示從單人病房移動到多人病房的患者，到多人病房後仍處於劣勢也太奇怪了吧！是主治醫生親口答應說我可以搬到靠窗床位，我才同意搬出單人病房的。不然的話，真以為我想離開單人病房啊。再說，住院前就應該寫清楚，基於護理及治療的理由，單人病房患者也有移動床位的可能性。老是換來換去的，實在是讓人受不了。醫院應該負點責任吧。對患者不和善一點也就算了。這些不公平待遇，更是超乎常理！

MEMO

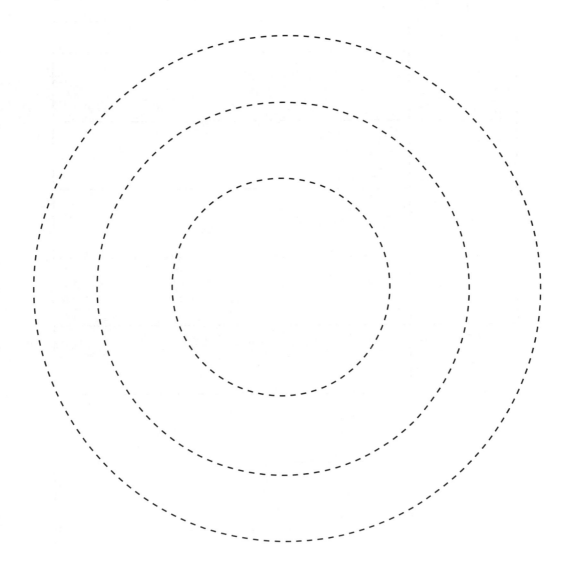

◆觀察者用◆

評 價 表

技巧分類	意見

h 第**2**章 h

階段 2：現場對應的促進
溝通調解

Point

- 在現場對應的促進溝通調解上，問題發生的初期，第一線的醫護人員（護理長或風險管理師等）將扮演醫療促進溝通調解員的角色。
- 在現場對應的促進溝通調解上，不急於「解決」，而是構築病方及醫方能夠朝解決問題之目標前進的對話「準備」。

現場對應促進溝通調解的重點

在此，是假定一對一的情況下無法好好進行溝通，又或是一開始就應該有第三者介入的醫療事故等情況。後者是還沒有進行事故調查的階段、做為初期應對的醫療促進溝通調解。

現場對應促進溝通調解的執行者，並非專任調解員，而是學習過醫療促進溝通調解、第一線的護理長或主任看護、風險管理師、醫療社會工作者等醫護人員。

這個階段有以下幾項特徵。

● 事實情況尚未明朗。

- 患者及其家屬的情感衝突過於激動。
- 相關醫護人員的情緒過於混亂。
- 病方內部的重要協調人尚未明確。
- 醫方內部對事故的見解不同以及利害關係的對立。

　　在這種不安定的狀況下，醫療促進溝通調解員的目標就是接納當事人情緒上的混亂，避免認知分歧激化，構築察覺與改變認知的「準備」。

　　與事故、投訴有關的相關當事人或產生衝突的內容是非常多樣。在病方這邊，衝突的發展可能會牽扯患者本身、親戚或親近的友人。醫方也會因為一起事故而牽扯到眾多醫護人員與部署。因此，醫療促進溝通調解員在初步對應時，不應該只侷限於病方對醫方的構圖，必須多方面的聆聽，進而促進雙方當事人的溝通。為了調整患者與其家屬之間見解上的差異，以及消弭醫護人員之間的不同立場，必須實行多元化的醫療促進溝通調解。

　　雖然這是一項極為困難的作業。對於存在於雙方當事人內部意見及想法的分歧，依據醫療溝通調解做出事前調整的話，不但可以確認病方的重要協調人，也可做為醫護人員主動配合事故調查的基礎。

　　再者，雖然醫療促進溝通調解的基本構造是，醫療促進溝通調解員與雙方當事人呈現三足鼎立的關係。但在初期階段，常會有真正的當事人缺席的狀況。將因事故陷入混亂的醫方當事人，突然帶到情緒激動的病方面前，有一定的困難度。再加上，如果院長等持有最終決定權的人，突然與病方進行直接交涉的話，也會引發許多爭議。

　　因此，在病方及醫方（無論是本人又或是管理職）同席前的階段，擔任調解員角色的醫護人員，應該會有與患者單方面會談的時候。在這種情況下，雖然是一對一的構造，還是可以發揮醫療促進溝通調解員的作用。也就是接納並理解病方說辭的同時，不是身為「夥伴」或是「醫方」，而是以「溝通橋樑」的角色取得病方信賴進行

對話。我們到目前爲止所學的醫療促進溝通調解技巧，都是有其效用的。若以「橋樑」的角色獲得病方信任的話，更能成爲病方的力量。

因此，在現場對應促進溝通調解上，依據情況不同，會採取只有單方當事人出席的醫療促進溝通調解模式。

另外，在這個階段，由於這個階段雙方當事人的情緒還是很激動。因此，醫療促進溝通調解員的自我介紹必須簡潔有力。事實上，在病醫雙方的對談開始時，要採取「依序傾聽並整理雙方對話」這種醫療促進溝通調解的基本模式可能不太容易。調解員也並非一定要墨守成規，而是要隨機應變去讀解對話與情感的眞正含義，並從中尋找促進對話溝通的契機。

再加上，醫療促進溝通調解員也是醫院的一份子，身爲溝通橋樑的公正性也時常會遭受質疑。雖然公正性是一個困難的概念，但在此就區別爲**形式上的中立性**及**過程上的中立性**來思考吧！

如果是形式上的中立第三者的話，一開始就會被定位爲是中立。但若在行爲或見解上稍微偏袒某一方，當事人就會失去對中立性的信賴。相對於此，過程上的中立性是在實際對話中展現不偏袒的態度，在過程中創造出中立的信任關係。換句話說，就是實質上的中立性。院內的醫療促進溝通調解員，雖然缺少形式上的中立性，卻是由與實質上的公正性相關的事物創造出來的。在此構成的信賴，是不會輕易被動搖的。因此，最基本的還是要以傾聽、支援並促進「察覺」自我的認知框架。

首先，讓我們來檢討案例吧。這是一個順利完成現場對應促進溝通調解的實例。經歷了Phase1事例中登場的護理長X的「自我調解」的「好案例」，數個小時後，主治醫生C進行說明的場面。前提是C醫生沒有做出與「自我調解」的「惡例」有關的對應。

依據實例思考

- -

急診室的死亡事例2： 防止擴大篇

登場人物：妻子E及其家人、門診護理長X、醫生C
＊直接對應時深受妻子E信任的護理長X，擔任醫療促進溝通調
　解員的角色。

　　下午說明時，家屬不斷追問是不是在診療過程中發生醫療事故。

護理長：針對A先生的猝死將由主治醫生為大家做說明。我是門診護
　　　　理長X，上午陪太太處理了一些事情，也請讓我參加接下來
　　　　的說明，希望能協助家屬了解真相。太太，請節哀順變。首
　　　　先，想請太太解釋一下為什麼會要求醫生出面說明呢？

妻　子：早上外子的狀況突然變差，原本要去常去的那家醫院，但因
　　　　為他的狀態真的很糟糕，才決定到家附近的醫院。其實原本
　　　　是想叫救護車的，但因為外子說：「走路過去才5分鐘，沒
　　　　關係。」因為這句話，我們才走路過來的。沒多久就被告知
　　　　他在診療過程中過世的消息。等他做檢查時，就突然告訴我
　　　　他死了。（含著淚水）為什麼他剛進檢查室沒多久就死了？

護理長：看來太太是對先生的死因感到不解。（轉向醫生）關於這
　　　　點，醫生您有什麼要解釋的嗎？（接下來，護理長暫不介入對
　　　　話，只需關注雙方當事人對話的進行。）

醫　生：是的，這是因為在檢查途中心律不整發作引起急性心肌梗
　　　　塞，因而導致心功能不全。心臟不好的患者，經常會發生猝
　　　　死狀況。

妻　子：（瞪著醫生）他發作時，醫生你明明就在他的身邊！為什
　　　　麼你可以這麼冷靜地說「經常會發生猝死狀況」這種話！這

裡明明就是醫院，爲什麼會眼睜睜看著突然發作的病患死去？該不會是因爲你在檢查過程中出了什麼差池吧？

醫　生：檢查時我們並沒有注射任何藥物。我們眞的覺得很遺憾，心律不整通常都發生在措手不及的情況下。當我們按了緊急呼救鈴，並準備進行急救時，A先生早已心肺功能停止。

妻　子：心臟按摩呢？該做的事都做了嗎？打從一開始，你們就沒有仔細診斷，看了一眼就把他帶去檢查室。我們原本有常去的醫院，但因爲他突然覺得很不舒服，想說到近一點的醫院比較好，我們才來這的。沒想到你們根本就沒有好好診察……。沒多久，就告訴我外子在檢查過程中過世了……。再加上，醫生你一開始不是不在場嗎？你這樣也算是拯救患者性命的醫生嗎？

醫　生：我們做了心臟按摩，但爲時已晚。沒有診斷A先生的病狀也是事實。那是因爲聽門診醫生說明時，我認爲並沒有大礙。

兒　子：因爲「並沒有大礙」而不做診察，還讓一個早上才發作的心律不整患者走到二樓的檢查室。來這裡之前，我問過當醫生的朋友，他說正常情況下應該要先照心電圖。你們有先幫他照心電圖嗎？

醫　生：我們沒有先幫他拍心電圖。但在那個狀況下……。我們認爲要先做心臟超音波檢查，對治療是比較有利的。就算拍了心電圖，也無法挽回令尊的生命。

護理長：也就是說關於是否能救回心律不整發作的A先生這點，如果考慮到當時狀況，就算拍了心電圖也極爲困難對嗎？

醫　生：是的。

護理長：關於無法挽救A先生性命這點，您有什麼想法呢？

醫　生：用盡一切方法，卻沒辦法挽回A先生的生命這點，我眞的覺得很抱歉。雖說是因爲致死性的心律不整，但我是不是應該能多做一點什麼？如果二樓的超音波檢查室裡有電源設備或

急救推車的話，就算結果相同，但如此一來，我們所做的處
置，是不是就讓家屬們更加了解呢？我真的覺得很後悔。

護理長：您是不是對急救設備不足這點深表遺憾？

醫　生：是的。就算是致死性心律不整，就算結果相同，但我還是很
後悔爲什麼當初不多盡點力跟死神搏鬥？

護理長：（面向醫生）**也就是說，您覺得就算是自不量力，也想多盡
點力跟死神搏鬥是吧？**（回頭望向妻子）**太太與其他家屬，關
於這點，你們有什麼特別想法嗎？**

妻　子：但說到底，外子還是往生了……。

兒　子：這發作就算有急救設備也無力回天嗎？

女　兒：不管做什麼都救不回我爸的命嗎？

醫　生：是的。但是，如果有急救設備的話，就算結果相同，身爲一
名醫生，真的很想盡棉薄之力幫令尊與死神搏鬥。一想到您
們的心情，我真的深表遺憾。

妻　子：就算您這麼說，但您還不是看沒兩眼就離開了。

護理長：家屬是對醫生沒有仔細診療，就直接轉往他處這點抱持疑問
對嗎？

妻　子：是的。

護理長：關於這點，醫生您有什麼需要補充說明的嗎？

醫　生：我真的很抱歉。但我絕對沒有要漠視病患或夫人的意思，侷
限於醫院門診制度，我也是迫不得已的。

護理長：為了遵守醫院診療制度，才迫於無奈地離開是嗎？

醫　生：是的。那時沒有時間仔細說明，我真的非常抱歉。

護理長：太太、家屬們，醫生跟我，都對無法救回您先生這件事深感
懊悔。醫生也因為沒有時間進行說明，覺得很對不起家屬。
對於這點，家屬有什麼想說的嗎？

妻　子：醫生所說的……不就只是推託之詞嗎？

醫　生：絕對不是這樣的。只是對於沒辦法救回您先生這點，我真的

覺得非常抱歉。（垂下頭）我深表遺憾。

護理長：看來醫生的歉意是發自內心的。

醫　生：是。

妻　子：就算您跟我說對不起，外子也不會回來了。但是，我已經確實掌握當時狀況了。致命性心律不整發作導致心肌梗塞，做什麼都無力回天的猝死情況，到別間醫院，結果也一樣嗎？

醫　生：如果再多做些什麼的話，說不定能活下來。但這種事真的很難說。關於是否能救回一命這點，我想送任何一家醫院，結果都大同小異。

護理長：也就是說這是非常棘手的情況是嗎？

醫　生：是的。沒能做出充足的延命治療，我真的覺得很遺憾。

妻　子：原來如此。我了解了。

護理長：雖然太太表示認同。但家屬們還有其他想要詢問，或是無法接受的地方嗎？

妻・女：雖然我們知道是非常棘手的情況……。

兒　子：我很在意醫院的急救設備。醫生懊悔的心情，我也充分了解了。但是，如果設備齊全的話……。就算救不回爸爸的命，但我還是希望您們能盡一切力量去搶救我父親。這是我最不能接受的地方。

護理長：家屬已經充分了解，當時的情況十分棘手，醫生並非坐視不管，檢查中沒有發生任何醫療事故等狀況，但卻無法接受醫院沒有急救設備這點是嗎？

兒　子：是的。

妻、女：（點頭）

護理長：關於急救設備這點，請讓我們準備下一次的談話機會來進行討論。我們也想跟醫院高層報告這件事情。除了這點之外，今天針對令尊的死因進行了相關說明。而針對猝死這點，各位家屬覺得如何呢？或是有其他問題或意見呢？又或是今天

也到此告一段落？

家　　屬：是的，我們已經充分了解猝死的狀況了。

護理長：醫生有沒有想補充的地方？

醫　　生：沒有。

兒　　子：我希望對醫院的急救設備有更進一步的了解。

護理長：好的，我知道了。雖然我是門診護理長，但自始至終都有參
　　　　　與，我會跟醫療安全科的主管商量之後，再向各位報告。

妻　　子：我討厭人一直換來換去，希望護理長能參與到最後。

護理長：我知道了。我今後也會出席的，有其他問題也歡迎隨時來找
　　　　　我。如果有什麼不明白，或有什麼問題的話，隨時都可以跟
　　　　　我說。

　　　　　（決定下次日期後）那麼，今天很感謝各位家屬與醫生，百忙
　　　　　之中抽空參加。我們真的深表遺憾，也為A先生祈福。那今
　　　　　天就到此為止，真的很謝謝大家。

　　在這個事例中，病方的情緒仍處於激動狀態。因此，重點在於接
納病方激動的情緒並做出因應。因此，就算病方家屬打斷醫生說明
時，也不要阻止家屬，而是要協助引導。

　　此外，調解員要做的不是合理的說明，而是要幫忙將對話焦點集
中於醫生的「跟患者一起與死神搏鬥的心情」。對激動的病方來說，
如果要接受猝死的相關醫學說明的話，前提在於醫護人員的態度與心
情。在病方尚未對醫方產生信任之前，就算再合理的說明，也不會被
病方所接受。

　　為了當作教材方便閱讀，我們已經將其內容縮減到一定程度。其
實在處理完醫生的態度與心情的問題後，在超音波檢查室裡發生的事
情與醫學評價，也會被要求在更進一步說明的情況下繼續對談。但
是，在此，醫療促進溝通調解員的初期方針也會成為基礎帶來影響。

此外，在此還剩下急救設備的問題。不是要一口氣把所有的事情解決，在現場對應促進溝通調解的階段中，目的只是要讓病方以解決問題爲目標，做出冷靜對話的「準備」。不要勉強，確認可以解決衝突、增加對話的問題。在這個階段的醫療促進溝通調解只要做到這個程度，就算是成功了。

 ## Role-Play「癌症告知相關爭議」

　　首先，三人一組，決定分別由誰扮演醫生、患者、觀察者。

　　下頁開始會有醫生情報，患者情報、與觀察者使用的評量表。扮演醫生的請參考（P.293）的情報，扮演患者請參考（P.295）的情報，雙方不可翻閱對方的情報。扮演觀察者的人，請翻到（P.297）的調解員情報，並觀察雙方的對話。

　　醫生與患者看過各自的相關情報後，一開始先從患者對醫生陳述訴願，扮演醫生的人，要把各式的技巧牢記心中並做出應答。觀察者不可加入對話，專注於觀察，並活用表格對醫生所使用的技巧做出評價。聆聽雙方對話的同時，依據IPI爭點分析模式，製作出認知結構繪圖。雖然觀察者並沒有加入對話，但請以醫療促進溝通調解員的身分來製作繪圖。

　　那麼就開始吧。全心投入角色是很重要的！

◈醫生情報◈

護士M小姐（50歲）因為右下腹部感到疼痛，於某年的1月至B醫院就診。檢查結果，雖懷疑是膽囊癌（Gallbladder Carcinoma），但U醫生只向M小姐說「由於膽囊肥大，必須盡快動手術，請立即入院」。因M小姐把家庭、工作、國外旅遊等放在優先順位，因此將預約延後，也取消了辦理好的住院手續。六月時，因劇痛前往其他醫院時，癌細胞已經擴散無法開刀治療，M小姐於十二月時死亡。

M小姐的丈夫認為若在就診當時，就告訴患者與家屬有罹癌的可能性，又或者在M小姐延後住院時通知家屬的話，情況就會截然不同。就算無法完全根治，但至少能夠提升五年存活率的可能性。因此，前往B醫院質問當時的主治醫生。於是，學過現場對應促進溝通調解技法的風險管理師介入其中，傾聽兩造說法。

●醫生的主張

事到如今，我還能說什麼？明明是她自己取消預約出國去玩。癌症過世就說是我們的責任，真的很莫名其妙耶。發現癌細胞時就因為為時已晚無法挽救的患者本來就很多。反正她都出國去玩了不是嗎？就算她是一名護士，也不代表就能將病情全盤告知啊。也是有患者因被告知罹癌而造成精神障礙啊。這也不是已經確診了，我們是怕誤診才沒告知家屬的，這點還希望家屬能體諒。我們醫院也是很忙的，沒有時間向家屬一一說明住院或病情的相關事項。若家屬只是怪罪我們沒有道歉，我真的不知道該怎麼解釋才好……。我的確也有「如果當時直接告知病人有罹癌疑慮的話，事情會不會有不一樣的發展。」、「真的很抱歉！」的想法，但因為M小姐才剛逝世，內心覺得有些尷尬，因此無法與家屬會面。這點還希望家屬們諒解。律師也告訴先我不要跟家屬道歉……。但這樣看來，還是應該要連絡一下比較好。雖然要我支付賠償金也是可以，但如果我真的出了的話，不是很奇怪嗎？這樣就好像跟全世界的人說「人是我殺的」感覺一樣。

MEMO

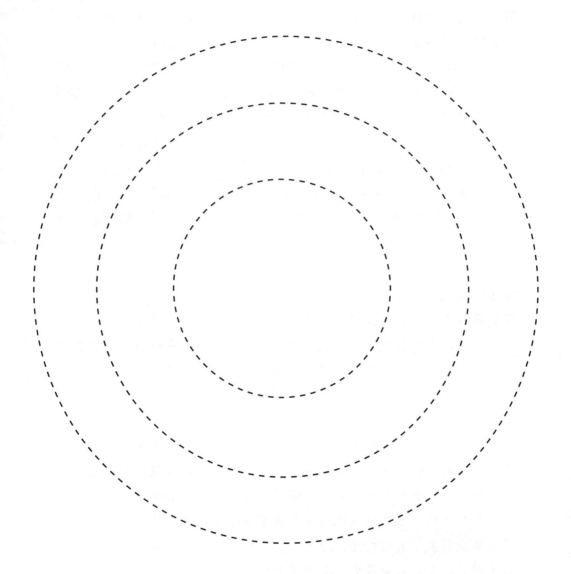

◈患者情報◈

　　護士M小姐（50歲）因為右下腹部感到疼痛，於某年的1月至B醫院就診。檢查結果，雖懷疑是膽囊癌（Gallbladder Carcinoma），但U醫生只向M小姐說「由於膽囊肥大，必須盡快動手術，請立即入院」。因M小姐把家庭、工作、國外旅遊等放在優先順位，因此將預約延後，也取消了辦理好的住院手續。六月時，因劇痛前往其他醫院時，癌細胞已經擴散無法開刀治療，M小姐於十二月時死亡。

　　M小姐的丈夫認為若在就診當時，就告訴患者與家屬有罹癌的可能性，又或者在M小姐延後住院時通知家屬的話，情況就會截然不同。就算無法完全根治，但至少能夠提升五年存活率的可能性。因此，前往B醫院質問當時的主治醫生。於是，學過現場對應促進溝通調解技法的風險管理師介入其中，傾聽兩造說法。

●病方（丈夫）的主張

　　說到底都是因為醫生沒有盡到告知的責任，內人才會過世的。正因為內人是護士，就算不是確診結果，也應該要告知病患不是嗎？一直以來，她都是家庭和工作兩頭燒。好不容易等到女兒嫁人了，兩老終於能過個舒服安逸的日子，沒想到卻……。越想越覺得那個U醫生很奇怪！想跟他談，他卻遲遲不肯露面，醫院也是一味地說全權交給律師處理！一點誠意也沒有，我才會一怒之下提告的！這次醫生終於接受進行協調，但如果他說出任何藐視內人的發言，我就告他！

　　如果當初多點說明，至少告知家屬的話，就會好好陪她到最後了……。我好不甘心又好憤怒！內人真的好可憐。她都已經得了癌症。這樣的患者如果取消住院的話，打通電話來說要商量下次的診療內容也好啊。為了不讓醫院重蹈覆轍，也為了其他的患者著想，請醫院給我們一個交代！這樣一來應該也能為告慰內人的在天之靈。

MEMO

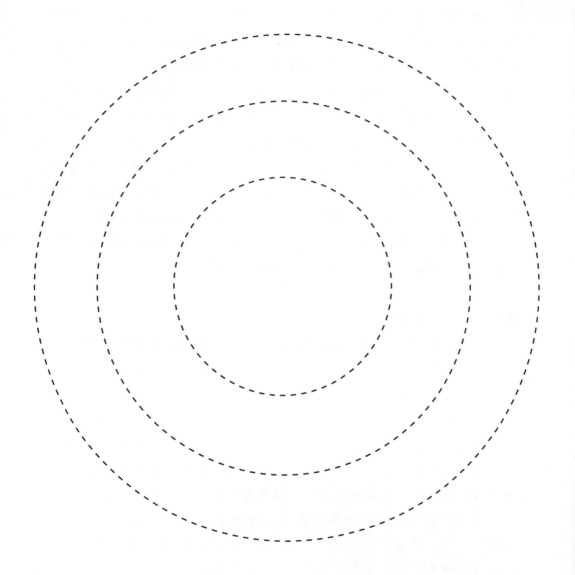

◈醫療促進溝通調解員情報◈

　　護士M小姐（50歲）因為右下腹部感到疼痛，於某年的1月至B醫院就診。檢查結果，雖懷疑是膽囊癌（Gallbladder Carcinoma），但U醫生只向M小姐說「由於膽囊肥大，必須盡快動手術，請立即入院」。因M小姐把家庭、工作、國外旅遊等放在優先順位，因此將預約延後，也取消了辦理好的住院手續。六月時，因劇痛前往其他醫院時，癌細胞已經擴散無法開刀治療，M小姐於十二月時死亡。

　　M小姐的丈夫認為若在就診當時，就告訴患者與家屬有罹癌的可能性，又或者在M小姐延後住院時通知家屬的話，情況就會截然不同。就算無法完全根治，但至少能夠提升五年存活率的可能性。因此，前往B醫院質問當時的主治醫生。於是，學過現場對應促進溝通調解技法的風險管理師介入其中，傾聽兩造說法。

 ### Role-Play「關於藥物的副作用」

　　首先，三人一組，決定分別由誰扮演醫生、患者、醫療促進溝通調解員。

　　下頁開始會有醫生、患者、與醫療促進溝通調解員的情報。扮演醫生的請參考（P.299）的情報，扮演患者的請參考（P.301）的情報，醫療促進溝通調解員者請參考（P.303）的情報。不可翻閱對方的情報。醫療促進溝通調解員，除了自己的情報外，也必須以雙方當事人的對話為線索。

　　看過各自的情報後，一開始先請醫療促進溝通調解員開啟雙方對話。醫療促進溝通協調員，請回憶學過的各式技巧，進行對話。

　　那麼就開始吧。全心投入角色是很重要的！

◈醫生情報◈

　　病患H先生62歲。在胃癌手術後，開始服用抗癌藥。由於H先生的N主治醫生，有好好做出告知罹癌後的因應。手術的風險，也在開刀前做了完善的說明，H先生便安心地服用了抗癌藥。

　　H先生同意免費使用研發中的抗癌藥並協助驗證其效果。但在服用抗癌藥約一個月後，因脫毛及噁心的症狀益發嚴重而陷入食慾不振的狀況。與醫生商量的結果，醫生表示這些是事前說明過的抗癌藥物副作用，所以不用擔心。但由於脫毛越顯嚴重，加上出現了嘔吐、體重減輕的情況而住院。

　　H先生說「都認識醫生這麼久了，所以想繼續服用抗癌藥」，但患者家屬因為擔心，上網查詢了抗癌藥的副作用。家屬發現，此項藥物的確有治療胃癌的效果，但是副作用很多，甚至有死亡的可能性，因此希望能立即停止服用抗癌藥。

　　N醫生則認為患者本身已經同意，也親自跟家屬說明過。但由於患者太太的情緒過於激動，雙方對話毫無進展。因此，希望學習過醫療促進溝通協調的風險管理師能居中協調。

●醫生的主張

　　這款抗癌藥在美國是被批准使用的，副作用也在預估範圍內。因為是臨床試藥，所以半年內都是免費服用的，H先生也表示「服藥的過程，就跟醫生說的一模一樣」而同意繼續服藥。其他家屬介入我跟H先生之間不是很奇怪嗎？家屬們隨便插手，已經造成我的困擾了。還利用網路查詢這款藥物，讓我也覺得不舒服。根本一點都不相信我嘛。我是因為這款藥物有效才會選擇使用它的。希望家屬能夠理解，我非常積極地想幫H先生消滅癌細胞的心情。相關副作用，我也有做出因應措施。副作用就只是一時的，這樣就說要停藥，會不會太過份了！H先生很努力在抗癌，我會堅持下去，也是因為想幫H先生抑制癌細胞的擴散！

MEMO

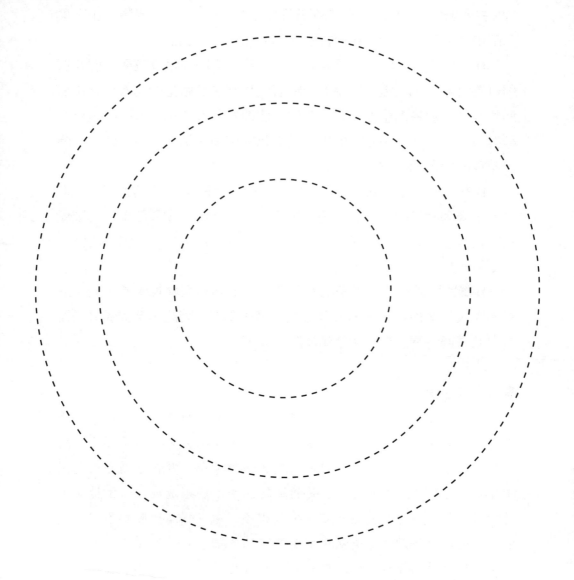

Part 4
醫療促進調解的角色扮演

◈患者情報◈

病患H先生62歲。在胃癌手術後，開始服用抗癌藥。由於H先生的N主治醫生，有好好做出告知罹癌後的因應。手術的風險，也在開刀前做了完善的說明，H先生便安心地服用了抗癌藥。

H先生同意免費使用研發中的抗癌藥並協助驗證其效果。但在服用抗癌藥約一個月後，因脫毛及噁心的症狀益發嚴重而陷入食慾不振的狀況。與醫生商量的結果，醫生表示這些是事前說明過的抗癌藥物副作用，所以不用擔心。但由於脫毛越顯嚴重，加上出現了嘔吐、體重減輕的情況而住院。

H先生說「都認識醫生這麼久了，所以想繼續服用抗癌藥」，但患者家屬因為擔心，上網查詢了抗癌藥的副作用。家屬發現，此項藥物的確有治療胃癌的效果，但是副作用很多，甚至有死亡的可能性，因此希望能立即停止服用抗癌藥。

N醫生則認為患者本身已經同意，也親自跟家屬說明過。但由於患者太太的情緒過於激動，雙方對話毫無進展。因此，希望學習過醫療促進溝通協調的風險管理師能居中協調。

●病方（妻子）的主張

那醫生到底是怎樣啦！動手術前，我一直覺得他是一位好醫生，但一開始使用抗癌藥物時，就只讓患者自己與醫生做決定，沒有對家屬們做任何的說明！外子嘔吐的次數日益增多，少少的頭髮也越掉越多，還不斷消瘦，叫我們家屬怎麼能不擔心呢？雖然醫院告訴我「已經獲得先生同意」，但其實外子是一直跟我們說：「我一直沒跟醫生說，但我真的很難受很痛苦。」

得知我們在網路上調查這款抗癌藥時，醫生就生氣地說：「為什麼你們都不相信我？」為什麼我們不能上網查詢抗癌藥的相關資料？還不是因為他不告訴我們！說到底，我只是擔心外子的身體！如果真有效果的話，持續服藥也是沒有辦法的……。我就是不懂為什麼要無視家屬的感受。現在副作用這麼嚴重，因此我們決定停藥。

MEMO

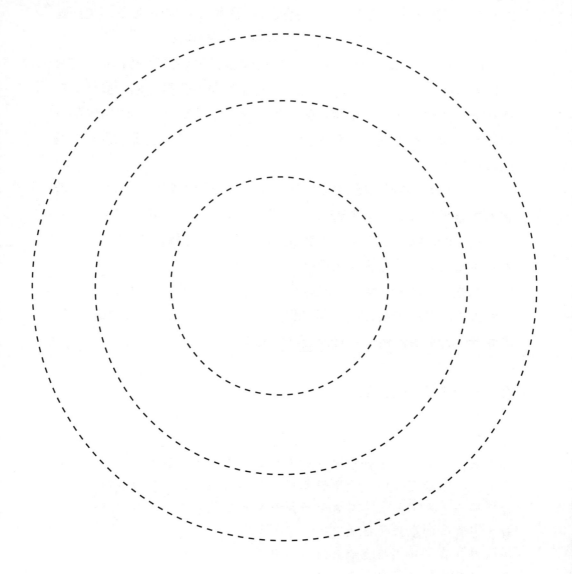

Part 4
醫療促進調解的角色扮演

◈醫療促進溝通協調者用情報◈

　　病患H先生62歲。在胃癌手術後，開始服用抗癌藥。由於H先生的N主治醫生，有好好做出告知罹癌後的因應。手術的風險，也在開刀前做了完善的說明，H先生便安心地服用了抗癌藥。

　　H先生同意免費使用研發中的抗癌藥並協助驗證其效果。但在服用抗癌藥約一個月後，因脫毛及噁心的症狀益發嚴重而陷入食慾不振的狀況。與醫生商量的結果，醫生表示這些是事前說明過的抗癌藥物副作用，所以不用擔心。但由於脫毛越顯嚴重，加上出現了嘔吐、體重減輕的情況而住院。

　　H先生說「都認識醫生這麼久了，所以想繼續服用抗癌藥」，但患者家屬因為擔心，上網查詢了抗癌藥的副作用。家屬發現，此項藥物的確有治療胃癌的效果，但是副作用很多，甚至有死亡的可能性，因此希望能立即停止服用抗癌藥。

　　N醫生則認為患者本身已經同意，也親自跟家屬說明過。但由於患者太太的情緒過於激動，雙方對話毫無進展。因此，希望學習過醫療促進溝通協調的風險管理師能居中協調。

h 第 3 章 ⊣

階段 3：專業醫療促進溝通
調解員的醫療促進溝通調解

Point

- 專業醫療促進溝通調解員的醫療促進溝通調解法，是在現場應對
  醫療促進溝通調解無法應對時，院內負責醫療促進溝通調解的工
  作人員參與的醫療促進溝通調解。

專業醫療促進溝通調解員的醫療促進溝通調解
及其重點

　　現場應對醫療促進溝通調解的目的，是支援當事人並構築一個摸
索出具創造性關係調整的「準備」。若順利執行的話，雖然能順利解
決問題。但若是嚴重醫療事故或激烈情感衝突的話，常常會有單用現
場應對醫療促進溝通調解也無法解決的狀況。

　　在這種場合下進行醫療促進溝通調解的院內系統，被稱為**專業醫
療促進溝通調解的醫療促進溝通調解**。無論是受到公認的醫療促進
溝通調解員、有實踐經驗的醫護人員（風險管理師或是醫療社會工
作者），又或是事務人員等，都被想定為負責人（並不只限以上人
員）。以發揮機能為前提，必須在醫療設施中形成一個與正常的權限
關係分離的獨立機能，並接納信賴醫療促進溝通調解員所有行動的文

化。

在專業醫療促進溝通調解的醫療促進溝通調解中，活用事故調查的成果也是一個課題。但並非只是不分青紅皂白地做出調查結果的合理說明，而是要確認病方內心是否已做出聆聽「準備」。當然，醫療促進溝通調解員並不需要對病方說明任何事故調查的結果。醫療促進溝通調解員就只是雙方的溝通橋樑，並非代表醫方做出回應。

那麼，就以在階段1、2中所舉的在超音波檢查室猝死的事例，來看看其對應實例吧！

依據事例思考

- -

急救門診的死亡事例三： 問題克服篇

登場人物：
妻子E及其家屬、副院長、醫療安全部專業促進溝通調解員M、醫生C、急救科護理長、門診護理長X
＊主持人為專業促進溝通調解員Y。一直協助病方家屬的門診護理長X也同席。

接受了院方有關於猝死原由的相關說明後，家屬要求針對急救體制的不完善進行更詳細的說明，醫方與病方展開了對話。

調解員M：我是醫院的醫療安全部部長Y。我雖然是這個醫院的一份子，但我會秉持公正的立場進行，並盡一己之力做出讓家屬們認可的說明，促成雙方的對話。首先，對於您先生的猝死，我深表遺憾。我知道您已接受了醫生的說明，但為了要求醫院今後不再重蹈覆轍，您才要求了這次的面談。

身為負責人，我已大致了解這起事件的來龍去脈，但能否請家屬告訴我這次的具體要求？

妻　　子：如您所知，外子在檢查途中因心律不整發作導致心肌梗塞猝死。就在我等待檢查結束時，突然就告訴我他死了。（含著眼淚）經由X護理長跟主治醫生的說明之後，我能夠理解這並非醫療事故，但即使這樣，為了救人，應該要多做一點什麼才對啊。說不定以後還會發生相同的事，經由這次的談話，希望院方能夠採取一些相關對應。根據主治醫生的說法，超音波檢查室裡沒有電源、急救設備也不完善。這點是不是需要改進呢？

調解員M：〇〇醫生，關於這點您有什麼樣的看法呢？

醫　　生：是。如果在超音波檢查室裡也設有急救設備的話，就算結果相同，但至少能做點什麼。這是在人員配置不足的情況下，也能處理一般業務的急救體制。我認為至少要有能簡單改善這個問題的設備。

調解員M：如果設備齊全，就能多做些什麼的意思嗎？

醫　　生：是的。

妻　　子：在急救上也有很多差點猝死的案例吧？明明就是處理急救患者的專業急救醫院，卻無法在病患發作時採取有效的措施這件事，真的很不合理。

副 院 長：太太，我們是非常努力在進行急救工作的，也救回了許多急救患者的生命。我們馬上就會接受醫院機能的評鑑，本醫院的運作是以患者為中心的。

調解員M：副院長，您說醫院很努力在工作，而且是以患者為中心是嗎？關於這點，能不能請副院長再說明具體一點？

副 院 長：做為急救責任醫院，新設了急救部門，強化了值班體制。此外，我們也新設了腦外科部門來照顧腦血管疾病的患者。也在進行職員應對的改善工作。

調解員M：這是急救部門已整備完全的意思嗎？那不知道副院長對超音波檢查室的急救設備，有什麼想法？

副院長：這次的猝死與醫生急救處置的延遲或判斷並沒有直接的因果關係，就算是當時馬上急救，也無法避免A先生的死亡。醫院已經盡了最大的努力，現在再提出一堆無理的要求或不滿……。我們真的無能為力。

全　　體：（無語）

調解員M：E太太對於這點有什麼樣的想法呢？

妻　　子：一開始我認為外子的死是院方的責任，是醫療事故。但因為X護理長一直陪在我身邊，我才打消了要對這間醫院提告的念頭。但是，剛剛副院長的話非常傷人。居然說自己「無能為力」。今天有一個人死掉耶！院方不是更應該小心發言嗎？我不是要在這裡提出無理的要求或是發洩我的不滿，只是希望這種悲劇不要再發生第二次，希望醫院有所改變而已。把這些當成指出醫院問題點的聲音來看的話，不就能減少這樣的事故嗎？希望副院長能夠認真思考我們今天所提到的問題。不要把這個當成「病方在發牢騷」而不當一回事，這根本不能叫做以患者為中心的態度。

兒　　子：（點頭）

調解員M：E太太是希望今天的對話能成為今後醫院的改進方針是嗎？

妻　　子：是的。我只是希望醫生和X護理長的心情，也能成為改善醫院制度的基礎。這樣稱得上是無理要求或是發洩不滿嗎？

調解員M：E太太並非提出無理要求或發洩不滿，而是希望第一線醫護人員的意見也能反映在制度上是嗎？各位醫護人員，你們覺得如何呢？

醫護人員：是。我們應該致力於自己能做的事。

調解員M：關於這次的事件，急診科護理長有什麼樣的想法？

急診科護理長：到目前為止，急救設備的重點一直放在急救門診。其他的急救設備，只有在各樓層設置急救藥品推車而已。此外，到今年三月為止，本醫院都以慢性病治療為主要業務。因此，醫護人員對於急救工作還不是很熟練。我也是突然被派到急診科兼任護理長一職，雖然我是負責這位病人的急救，但這次的事件，我是在結束後才有聽聞的。我相信我們能夠做的事情還很多。

調解員M：實際負責這次診察的醫生，請問您的看法是……？

醫　生：我跟急診科護理長的意見一致。

調解員M：也就是說，您認為急救的相關設備跟制度，都還有很大的改善空間嗎？

醫護人員：是的。

調解員M：那麼，我們來討論一下該如何改善呢？根據到目前為止的討論，提出了需要整備急救門診外的急救設備，與改變急救制度這兩點，E太太，您有什麼意見嗎？

妻　子：是的，為了今後不再發生類似的事件，我也希望你們能夠好好思考。

調解員M：其它家屬有什麼意見嗎？（留意在場的其它家屬）

家　屬：是，我們也同意。

調解員M：副院長，關於家屬的意見，您有什麼想法嗎？

副院長：研擬改善方案這點確實很重要，我也覺得有其必要性，但我現在沒辦法立刻做出答覆。我會先向院長報告，並在委員會上提出檢討。將這些意見當作醫院課題，努力去解決。

調解員M：也就是說，您會將家屬的意見當作醫院的課題，提交給院內委員會討論並提出解決方案嗎？

副 院 長：是。

調解員M：關於副院長說他會在院內委員會上提出檢討，並致力於解決這點，家屬們能夠接受嗎？

家　　屬：可以。但這要花多久時間啊？是不是能將檢討結果告知家屬呢？

副 院 長：我們會立即做出檢討，檢討結果會在一個月內告知家屬。

妻　　子：我知道了。這樣就可以了。雖然我知道外子並不是因為醫療失誤而離開人世，但在超音波檢查室內若有急救設備的話，說不定他能夠多活那麼一點時間……。希望你們能理解我有多麼遺憾跟懊悔。我絕非是要做出無理要求……。

調解員M：（面向家屬，並深感認同）**您希望自己的心情，院方能有所理解對嗎？**

醫護人員：我們真的深感遺憾，並至上最深的歉意。真的非常抱歉。

調解員M：**E太太還有什麼意見嗎？**

妻　　子：如果醫院了解我們有多麼遺憾的話，請一定要將對家屬感到抱歉的心情，用於醫療設備的改善。

調解員M：**也就是希望院方能夠致力於改善是嗎？那麼，這次的結論就是希望院方在下次對談前，提出超音波檢查室的急救設備與改善急救醫療體制兩點的具體建言。副院長，這樣可以嗎？委員會的討論結果，若整理出具體提案的話，就由我來告知E太太及其家屬。如果那時候，有任何問題的話，請跟我說一聲。因此，我希望能夠再次邀請大家見面討論。各位家屬，這樣的安排可以嗎？副院長及醫生們，這樣可以嗎？**

全　　體：可以。

調解員M：**那麼我們先協調日程，決定下一次的日期，並結束這次的對談。下次，我們將整合這次提出的具體建言，若雙方都同意的話，希望能製作成協議書。不知各位是否同意？**

全　　　體：同意。

調解員M：E太太及家屬們，若今後還有任何的疑問，請隨時連絡門
　　　　　診護理長或是我。非常謝謝大家在百忙之中抽空參與。希
　　　　　望下次也能夠出席對談。

　　這個事例是改編於真實案件，但故事大綱沒有太大的改變。當
然，實際的協調場面中，可能會發生更激烈的糾紛。但無論如何，嘗
試使用醫療促進溝通調解技能，並非徒勞無功或是退步的。

　　在醫療現場，因為「無法理解」或「無法正確傳達」，而產生了
認知差異，導致衝突越發激烈的情況。就算使用專業醫療促進溝通調
解的醫療促進溝通調解，最重要的不是善用技巧和追求結果，而是做
出「**希望傳達彼此的心情，並相互理解**」這種態度。在雙方當事人動
不動就覺得「反正對方也無法理解、無法傳達給對方知道」的場合之
下，「要怎麼做才能夠把這份心意傳達給對方？」「要怎麼才能理解
對方的心情呢？」以這樣顧慮對方的應答態度，才能建立起能夠解決
問題與調整關係的對話。

　　基於雙方的信賴關係，專業醫療促進溝通調解員不要急於一時，
而是耐心地並抱持解決當事人根本問題的心情去傾聽，依自己的觀察
與線索，協助雙方當事人進行對話。

　　在根據專業醫療促進溝通調解的醫療促進溝通調解中，察覺的技
巧是非常重要的。雙方當事人的關心為何？對一家之柱猝逝的E太太
及其家屬來說，❶無關於有無死亡的原因，希望院方能展現誠意❷既
然負責急救，不希望醫院再重蹈覆轍了。反之，對院方來說，❶必須
做出對應❷既然是急救醫院，當然不希望再重蹈覆轍。最重要的是，
在解決問題時，要根據雙方的關心進行討論，找出各自的真正訴求，
並順著當事人的對話流程，努力協助當事人改變自己的認知。

　　在自我對應醫療溝通調解和現場應對醫療促進溝通調解員順利結

束後，由專業醫療促進溝通調解員所執行的醫療促進溝通調解場合中，有時也會發生雙方主張有所衝突的情況。即使在如此緊張的對立狀態下，要藉由理解和接納對方的感情，避免情緒性的衝突和認知分歧的激化。以此為基礎，去了解雙方的關心，拓展對話，尋求共同認知，這樣才能夠發現解決問題的線索。

　　這也會是醫方本身不會陷入混亂狀況，藉由解決問題，重新檢視如何創造出更有未來性、建設性、以患者為本的醫療課題。

Role-play「紗布留在體內的爭辯」

　　首先，三人一組，決定分別由誰扮演醫生、患者、調解員。

　　下頁開始會有醫生，患者、調解員的情報。扮演醫生的請參考（P.314）的情報，扮演患者的請參考（P.316）的情報，醫療促進溝通調解員的請參考（P.318）的情報。不可翻閱對方的情報。醫療促進溝通調解員除了自己的情報外，也必須以雙方當事人的對話為線索。

　　看過各自的情報後，一開始先請醫療促進溝通調解員開啟雙方對話。醫療促進溝通調解員，請回憶學過的各式技巧，進行對話。

　　那麼就開始吧。全心投入角色是很重要的！

MEMO

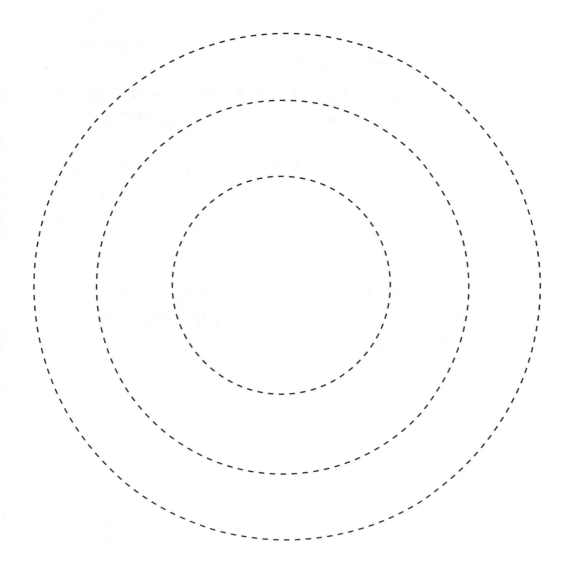

◆醫生情報◆

　　60歲的Y先生在H醫院做了消化器官外科手術，但在手術隔日，為觀察進展而拍攝X光時，發現體內有紗布未取出。在上腹部殘留了一塊手術用紗布（四方形約8cm）。

　　對於這件醫療事故，院方說明「是護士確認紗布數量時出錯」，並且提出「立即進行第二次手術」的建議。此外，也向病方謝罪，並發表新聞稿進行說明。

　　依據院方的說法，手術時使用的紗布，通常會經由複數護士進行多次的紗布數量確認工作。為何會發生這樣的事故，調查委員會正在調查原因，並提出今後增加確認的人數與相關要點等「防止錯誤再度發生的具體對策」。

　　Y先生以前在H醫院動手術時，因傷口裂開進行了兩次手術，這次已經是第三次的手術了，再加上這次要拿出體內紗布的手術，就會變成第四次。Y先生非常激憤，並表示：「這是醫療失誤，我要你們醫院賠償責任！」

●醫生的主張

　　啊……真是太粗心了。居然會忘記把紗布拿出來……。負責確認紗布數量的護士是已經是擁有五年經驗的護士了，擔任手術的第一助手也做得很好，真沒想到她居然會出錯。以往都是一起進行確認工作的。想說如果是她的話應該沒問題，加上前一天的工作讓我感到疲倦，不小心就忘了確認。我應該要反省。我到底該怎麼辦才好……。總而言之，再進行一次手術取出紗布是正確的，而且也必須做處理。如果真的告上法庭我會受不了。我不想一輩子都擺脫不了紗布的陰影。

　　但是，失誤就是失誤！我得老老實實地道歉。說到底，這都是我的責任。可惡，這麼簡單的手術，我居然會犯這種錯……。我得好好

跟患者說明，這只是個小手術！

　　我知道Y先生做過多次手術，但我聽說那不是院方的失誤，而是傷口的癒合情況不佳，跟這次的失誤，完全沒有任何的關係。事務長叫我不要擅自談錢的事，如果患者說他不付治療費的話……。而這只是個小手術，Y先生也習慣醫院，是個很能體諒別人，個性也非常穩重的人。沒想到他居然會那麼生氣。我到底該如何是好呢？希望上司不要把患者全都推給我，希望他們能診療多一點病人。總而言之，現在要設法讓患者安心，趕緊重新動手術。

◆患者情報◆

　　60歲的Y先生在H醫院做了消化器官外科手術，但在手術隔日，為觀察進展而拍攝X光時，發現體內有紗布未取出。在上腹部殘留了一塊手術用紗布（四方形約8cm）。

　　對於這件醫療事故，院方說明「是護士確認紗布數量時出錯」，並且提出「立即進行第二次手術」的建議。此外，也向病方謝罪，並發表新聞稿進行說明。

　　依據院方的說法，手術時使用的紗布，通常會經由複數護士進行多次的紗布數量確認工作。為何會發生這樣的事故，調查委員會正在調查原因，並提出今後增加確認的人數與相關要點等「防止錯誤再度發生的具體對策」。

　　Y先生以前在H醫院動手術時，因傷口裂開進行了兩次手術，這次已經是第三次的手術了，在加上這次要拿出體內紗布的手術，就會變成第四次。Y先生非常激憤，並表示：「這是醫療失誤，我要你們醫院賠償責任！」

●患者的主張

　　居然沒有任何醫護人員發現我身體裡留有8cm的紗布！真是的，這算什麼醫院啊！如果沒有拍X光的話，那塊紗布就會留在我身體裡一輩子耶！這到底是怎麼一回事！所以我就說我最討厭手術了！

　　這裡是我常年往返的醫院，做完大腸癌手術後，我就一直在這裡做治療，所以很相信這裡的醫生。沒想到居然會發生這種事情。連主治醫生都換了，我真的無法相信這間醫院。他們一定忘了我曾經在這裡動過手術！他們該不會把手術當成實驗了吧！院長說什麼這是護士的錯。但那時候明明就那麼多人，手術室裡的其他醫護人員到底在幹嘛？雖然麻醉醫生也在場，但開刀的醫生該不會是因為在想別的事吧？年紀輕輕，看起來很不可靠，最近又常常在發呆。那個護士該不

會也是菜鳥吧？請不要派新人到手術室好嗎？

　　又要動手術嗎？為了取出紗布，這也是沒辦法的事……。加上這已經是我第四次手術了。真的希望院方能好好反省！到底把人的身體當做什麼了？這樣的話，我才不要付什麼醫藥費呢！挨刀的人是我，痛的人也是我，通通都是我！混帳東西！這可是醫療失誤，不賠償根本說不過去！沒做出相對回應的話，我就去告你們！

◈醫療促進溝通調解員情報◈

60歲的Y先生在H醫院做了消化器官外科手術，但在手術隔日，為觀察進展而拍攝X光時，發現體內有紗布未取出。在上腹部殘留了一塊手術用紗布（四方形約8cm）。

對於這件醫療事故，院方說明「是護士確認紗布數量時出錯」，並且提出「立即進行第二次手術」的建議。此外，也向病方謝罪，並發表新聞稿進行說明。

依據院方的說法，手術時使用的紗布，通常會經由複數護士進行多次的紗布數量確認工作。為何會發生這樣的事故，調查委員會正在調查原因，並提出今後增加確認的人數與相關要點等「防止錯誤再度發生的具體對策」。

Y先生以前在H醫院動手術時，因傷口裂開進行了兩次手術，這次已經是第三次的手術了，在加上這次要拿出體內紗布的手術，就會變成第四次。Y先生非常激憤，並表示：「這是醫療失誤，我要你們醫院賠償責任！」

習題解答與說明

此處提供事例解答與說明。考量到第四章 "醫療促進溝通調解角色扮演" 是實際演練用的,故不提供解答。

這是常見的表現手法。這樣的報導文章反應出誰的角度?從文章第二行的「隨著救援活動進行,死者人數可能還會向上攀升」這句話可以看得出來,這是置身事外的第三者、「活人」的角度。大多數的死者,幾乎都已經死亡了,不會再有「增加」的可能性。死亡人數「向上攀升」,只不過是以置身事外的活人角度來描述。這句話對失去寶貴家人的民眾來說,說不定會覺得無法感同身受的的人,是這麼的冷酷無情。

還有,對於那些自己親人下落不明,仍抱著一絲希望的人來說,這句話就好像「死亡宣告」一樣。

另外,用「度過了不安的一夜」這句話來描繪災民們的苦難,其實太過簡單。可能會讓一些認為「事情哪有你們說的那麼簡單」的人,覺得這個說法不妥,甚至有所不滿。

因此,客觀表現,也是來自於某特定「觀點」所構築的典型敘事,對處於不同情況的當事人來說,可能會變成無法接受的說法。災民所經歷的「現實」,只能以個別的敘事來表現。

❶ 這也是因人而異，或因狀況不同而有不同的表現。不要想得太複雜，把自己想到的統統寫出來。例如「讓對方服從自己」、「命令」、「威脅」等。可能會有「唯命是從」、「讓步」、「委屈自己」等等。還可能會有「考慮第三種辦法」、「堅持對話」、「讓誰來作中間人」等等。重點在設定某具體事例進行思考，靈活地舉出各種可能性。

❷ 整理列舉出的行動，而且把相近的歸在一組。如此一來，就能大略分成以下幾類，比方說「互不相讓」、「讓步」、「通過交涉來協調」等行動類型。

❸ 按照分類後的行動類型，思考各種行動背後隱含的意圖。「互不相讓」的類型會有哪些意圖呢？例如「爭奪的東西非常重要，非拿到手不可」、「不是很想拿到那東西，只是不想輸給對手」、「如果不強力去爭取的話，就會被其他人小看」……。如此一來，即使通通都被列為「互不相讓」的行動類型，實際上背後可能潛藏著各種要素。對於其它的行動類型，也可按照相同方法進行思考。

　　請思考一些具體事例來進行分析吧！最近在新聞裡看到的紛爭（國際、政治紛爭或訴訟都可以），或自己經歷的一些糾紛都可以。依照當事人A和當事人B（需要的話，也可增加C、D等）所採取的行動詳實填入左邊的空欄裡。

　　接著，大家一起討論各自行動的優缺點並填入欄中。這時，要區別短期與長期的優缺點。有時，短期的缺點可能會變成長期的優點，

反之亦然。

再者，為了理解糾紛不只是當事人之間的事情，各種行動都要考慮到對周遭的影響以及其需求；如家屬、同事、鄰居、輿論等都有可能涉及其中。

最後，思考並分析雙方的行動是如何影響糾紛，並將它寫下來。如此一來，就能夠了解各種交涉模式的特徵與造成的影響。

這個遊戲是檢證在交涉過程中，每個人考量的程度有多廣。經濟學裡所定義的「人」，是在合理的範圍內，將自己的經濟利益最大化的存在。但現實生活中的「人」，還需要考慮許多因素。

在這個遊戲裡，如果回答「不」的話，雙方的利益都會歸零。所以即使只拿到一元，也比回答「不」所得到的利潤高，就經濟方面來說，也是非常合理的。因此，關於一千元的分配方案，即使一方提出九百九十九元對一元的方案，這分配也是非常合理的，因此應該回答「好」。因為對提出分配方案的這方來說，將自己能獲得的利益最大化，是非常合理的行為。

但是，在現實生活中，沒有人會提出這種分配方案。不知道大家是提出何種方案呢？可能會有五百元對五百元、六百元對四百元，或自己只拿四百元給對方六百元等情況。此外，應該也有拒絕七百元對三百元的人吧。這是為什麼呢？

請跟其它成員一起討論其原因。這裡面包含「為對方著想」、「計算風險」、「按正義原則進行分配」、「報復貪得無厭的對方」……等因素。在這看似單純的一千元分配遊戲中，人們應該能了解與對方的關係或感情因素相互結合所產生的衝突，並知道該如何因應。

換句話說，藉著解決分配一千元這個表面問題的同時，在深層意識中，其實也在處理如何與對方建構關係這個問題。因產生難以解決的零和問題（如果一方贏的話，另一方就會輸）而陷入膠著時，醫療促進溝通調解員要更深入地拓展視野，藉此來轉換問題。簡單來說，當碰到問題難以解決的情況時，換個角度去看問題，就是醫療促進溝通調解的發想。

分成不同的小組進行角色扮演時，不同的小組應該會有不同的討論過程跟結果。這個角色扮演的事例中，隱藏了幾個跟交涉行動有關的重要技巧。接下來將依序確認。

發現追求的東西（深層欲求）

遊戲結束後，也請看看其他角色的相關情報。有沒有什麼新發現呢？事實上，P藥品公司正在開發治療花粉症的特效藥，而它的原料是Naranja Tigre的「花瓣」。而Q製藥廠成功研製的流感特效藥，其原料是Naranja Tigre的「根」。P藥品公司和Q製藥廠雖然都積極要購買Naranja Tigre，但是兩家公司所需的部位不同。能否注意這一點，將會為交涉帶來相當大的影響。

如果注意到這一點的話，P藥品公司和Q製藥廠之間就不是競爭關係，可以各出一半價錢來購買Naranja Tigre的不同部位。也就是說，雙方都能以半價買到所需的Naranja Tigre部位。如果沒有注意到這一點，就會拼命想去搶購限量Naranja Tigre，不管哪一方搶到購買權，都演變成由其中一家公司負擔全額，還會白白浪費掉自己認為不需要的部位。不要侷限於表面競爭，而是要考慮對方追求這項東西的目的。如此一來，就能察覺到「雙方需要的部位不同」這件事了。

交涉的構造與交涉力——BATNA的變化

可以從交涉模式來學習交涉的構造與交涉力。與交涉有關的重要概念，稱之為BATNA；是Best Alternative To Negotiated Agreement（談判協議的最佳替代選項）的第一個字母。比方說，就算A跟B的交涉破局，A還可以和C交易。這時候，對A來說，與C的交易條件就是BATNA。

我們舉一個簡單易懂的具體例子來說明。A先生要買汽車。因此，他與B車行進行交涉。B車行堅持要賣兩百萬，死都不降價。如果A先生不到別家車行去交涉看看的話，他就只能用兩百萬買下B車行的車。但是，A先生前一天去過C車行，同樣車款那裡出價一百九十萬。在這種情況下，A先生就能強勢地與B車行進行交涉。就算與B車行的交涉破局，也還是可以到C車行以一百九十萬買到想要的車。因此，A先生還可以對B車行說：「不降到一百八十萬的話，我就不買。」如此一來，B車行或許就會降價以一百八十萬的價格賣出。這個時候，A先生和B車行交涉時的BATNA，就是C車行提出的一百九十萬。

如上所述，有沒有好的BATNA，決定了交涉力的強弱。接下來，我們就運用這個觀點，來分析「Naranja Tigre」的交涉構造。

①察覺P藥品公司和Q製藥廠所需部位不同的情況

在這種情況下，P藥品公司和Q製藥廠可以攜手與R商社進行交涉。雖說是共同交涉，但可以指派P藥品公司或Q製藥廠的某一方，做為雙方代表進行交涉。此時，情況就轉變為（P藥品公司＋Q製藥廠）與R商社的一對一交涉。R商社就不是天平另一端的對手，BATNA也會變成談判破裂（利益歸零）的風險。此外，收購價格若是由P藥品公司和Q製藥廠各負擔一半的話，兩家公司就能各取所需。

②未察覺P藥品公司和Q製藥廠所需部位不同時的情況

就算沒有發現所需部位不同，也會有P藥品公司和Q製藥廠事先達成各採購一半的共識，再跟R商社交涉的情況。這種情況下，（P藥品公司＋Q製藥廠）和R商社仍是一對一的交涉。這情況，也適用於我們前面分析的一對一構造。但因為沒有察覺到對方所需部位不同，除了價格折半外，數量也折半。

③未察覺P藥品公司和Q製藥廠所需部位不同，各自進行交涉的情況

在這種情況下，R商社就能將P藥品公司跟Q製藥廠放在天秤兩端，衡量其輕重。跟P藥品公司交涉時，Q製藥廠的交涉方案，及Q製藥廠交涉時，P藥品公司的交涉方案，都可以作為BATNA，發揮很大的作用。這與剛剛的買車，是一樣的道理，P藥品公司和Q製藥廠都在競購Naranja Tigre，R商社就可以抬高價格進行交涉。

④只有R商社察覺P藥品公司和Q製藥廠所需部位不同的情況

R商社在與P藥品公司和Q製藥廠各自交涉的過程中，察覺到他們所需部位並不相同。但P藥品公司和Q製藥廠卻沒有發現。在這種情況下，R商社的交涉力會變最強。R商社除了可以煽動P藥品公司和Q製藥廠不斷競價，並將他們需要的部位切開賣出。如此一來，R商社就能獲得雙倍利益。

但是，實際的遊戲經過與結果，可能不會進行地跟理論所說的一樣順利。在這種情況下，請大家討論看看有哪些因素會導致這樣的差異？

極具創意的解決

R商社的情報裡，也隱藏著非常重要的提示。多明尼加共和國的總統正在努力振興國內產業與提高就業率。對R商社來說，他們該如

何利用這些資訊呢？

　　P藥品公司和Q製藥廠，之後應該也還需要Naranja Tigre。此外，安定與擴大供給，應該也是重要的深層欲求。若將多明尼加想振興國內產業的需求，與P藥品公司以及Q製藥廠的需求相互結合的話，就能擴大Naranja Tigre的栽培和促成品種改良。P藥品公司、Q製藥廠、R商社以及多明尼加共和國聯手拓展Naranja Tigre栽培事業的話，說不定全體參加者都能從中獲得利益。這個事例告訴我們，要跨越「今年的Naranja Tigre該如何分配」的狹隘視野，更加重視「如何將該解決的問題轉變為更加豐富的內容」的這個視點。

　　從IPI爭點分析模式來解讀這個事例的話，應該能簡單了解其爭議點與立場。姐姐的立場是「橘子是我的」，妹妹的主張也是「橘子是我的」。爭議點就變成「橘子到底是誰的」。那麼，深層欲求是如何呢？

　　請回想一下WORK 5。P藥品公司和Q製藥廠都擁有「想拿到Naranja Tigre」的立場。但事實上，他們所需的部位完全不同。那這裡提到的橘子呢？其實姐姐只是需要一顆橘子的皮來做橘子蛋糕，妹妹則需要一顆橘子的果肉來做橘子汁。把橘子皮和果肉各分給兩姐妹的話，兩個人都可以得到100%的滿足。這是想出此一事例的學者Marry follett 的答案。

　　但不能只侷限於此，讓我們更進一步思考。問姐姐為什麼想做橘子蛋糕呢？她說：「因為今天是媽媽的生日，所以想做蛋糕讓媽媽開心。」接著，又問妹妹為什麼想做橘子汁。妹妹說：「因為今天媽媽過生日，所以想做橘子汁給媽媽喝。」也就是說，兩姐妹都是為了幫媽媽慶祝生日，讓媽媽開心。如此一來，就能用「兩個人一起動手

做，讓媽媽吃了很開心」這個辦法還解決問題。

從這裡我們可以發現，深層欲求是呈現多層構造。這一點請大家牢記。

還有，應該有很多人在想上一道習題提到的「Naranja Tigre」到底是什麼？其實這個字是西班牙語，如果翻譯成英語的話，就成了Tiger Orange。因此，上一道習題也可以視為「橘子」的延伸。如果，我們一開始就寫成英文的Tiger Orange的話，或許會有人嗅出一些蛛絲馬跡，所以，我們就故意寫成西班牙語。

這個橘子的事例，可能會有人覺得怎麼會有這麼剛好的事。那麼，我們再稍加變化一下吧。姐姐會說出「想要橘子」這句話，是因為媽媽最近老說「妳是姐姐要讓妹妹」。為了跟媽媽賭氣，才跟妹妹搶自己並不想要的橘子。因此，真正的問題並不在橘子上。而是如果媽媽能給予姐姐適當關愛的話，即使把橘子都給了妹妹，姊妹倆也都能覺得滿足。這種例子在日常生活中不是也很常見嗎？

前面已經說明過認知構造圖可分兩個階段。第一階段，是做為掌握當事人立場與深層欲求的道具的階段。第二階段，則是整理上述內容，找出促成醫療促進溝通調解的指南針。接下來，我們將按照順序檢討習題。

第一階段：爲掌握IPI的圓形圖

為了掌握當事人的IPI，先繪製一張圓形圖並詳加記錄。首先，壓抑立場，是一個較為簡單易懂的方法。P先生有什麼立場呢？我們可以立即歸納出以下幾點：

1）沒有醫護人員協助患者做治療這件事很不合理。

2）耳鼻科門診環境很不整潔，應該要改善。

3）護士以暱稱來稱呼彼此很不得體，應該要改進。

4）搞錯吸入器這件事很不合理。

相對於此，醫方的想法又是如何呢？實際的醫療事件並不會像我們的舉例一樣簡單。但我們還是可以歸納出以下幾點可能性：

1）上一次可以自己來的話，這次應該也沒問題。希望患者有所學習。

2）門診的確有點雜亂，但絕對不是骯髒。我們以後會改善。

3）護士之間並沒有以暱稱來稱呼彼此，這是誤會。

4）我的確是搞錯吸入器，也立即發現錯誤。重點是，我都道歉了。

由於雙方主張（立場）相互摩擦所產生的爭議點是：①引導患者的方式是否妥當。②所處環境的衛生問題。③有沒有以暱稱稱呼彼此的事實關係。④誤用吸入器（鼻用和口用）的重大問題。

那麼，最關鍵的深層欲求又是如何呢？其實從這些稀少的情報量中，是很難看出來的。因此，必須透過持續對話的過程才能浮現出來。但還是能想到以下的可能性：患者說跟住院部的護理長反應沒有任何意義，雖說契機是耳鼻科門診的對應方式，但爭議點是以包含病房應對（暱稱等）的形式向外延伸。以及患者不斷強調的住院醫生態度問題。從這些問題可以推測出「患者P先生是不是對住院部抱著強烈的不滿」？

也就是說，P先生覺得：「平常沒有得到住院部的尊重，因此想多獲得尊重。」這就是P先生的深層欲求。因此，即使P先生可以自己做吸入治療，他卻說出：「妳又沒幫我準備器材！我要怎麼開始

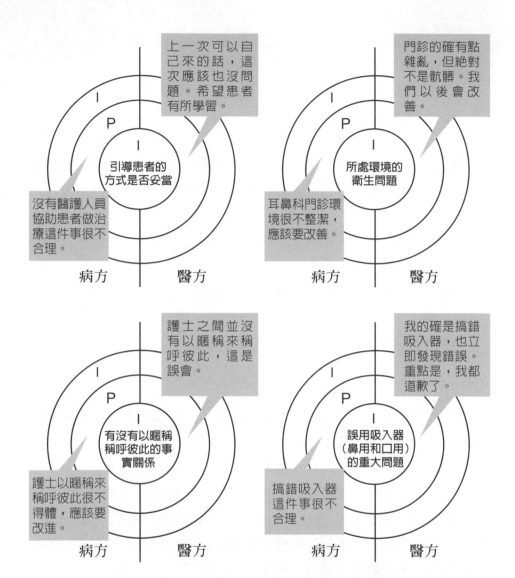

習題解答與說明

啊！」但是這也可以解讀為P先生的投訴裡其實隱含了「希望醫護人員可以對我好一點」的心情。

上一次可以自己來的話，這次應該也沒問題。希望患者有所學習。

第二階段：促進對話的指南針 —— 圓形圖

從這個深層欲求可以找出促進對話的方向。在這個事例中，若針對「患者是否會自己動手」、「住院部護士是否用暱稱來稱呼彼此」等問題進行探討的話，對話根本無法向外延伸。說難聽一點，這些根本就是無關緊要的問題。P先生之所以不接受護士的道歉，是因為問題不在表面的過失，P先生在意的是日常生活的基本應對。因此，最重要的是，要感同身受地去了解P先生的深層欲求，展現出「讓患者覺得備受尊重」的積極態度。如果醫方也擁有「積極解決問題」、「滿足患者願望」等想法的話，應該就能展開具有協調性的對話。

醫療促進溝通調解員找到這些深層欲求後，接下來就是視情況轉換爭議點來促進對話。先準備一張跟前頁一樣的圓形圖，但這次是要從醫療促進溝通調解員的角度，來繪製促進對話的圓形圖。爭議點是「如何具體改善對待患者（P先生）的態度」，這裡面有許多可能性。此時，醫療促進溝通調解員設定的爭議點，應該會具有以下特徵：

- 比起立場，更重視深層欲求。
- 人與問題要分開思考：並非要責備某一位工作人員，而是要將重點放在應該改善的「問題」。
- 走出過去，朝向未來：不是去確認事實，而是著重於能反映出雙方當事人真正想法的廣泛背景或與共享情報有關的要素。

以爭議點為主的促進對話方式，除了非常受醫方歡迎外，只要病

方在感情上有一定接受度的話，也是會欣然接受的。

　　但我們也不斷強調，在對話的過程中，圓形圖必須不斷更新且靈活運用。此外，順著對話的推進，這次必須以更具體的程度來細分爭議點。比方說，依醫護人員劃分為護士的應對與醫生的應對、依場所劃分為病房的應對與門診的對應、亦或者是依種類劃分為治療時的對應和日常的對應。這些分類在對話過程中是有其必要性的。

　　這是護士被患者指出打錯針的案例。單純一點來看的話，打錯針看起來只是「明顯是護士的錯」與「引發患者的不滿」之間的問題。雖說是這樣沒錯，但如果只是以「讓護士為此道歉，患者勉為其難接受」的形式解決問題的話，醫病雙方內心都會留下疙瘩。患者依舊懷抱著不安。護士也會對存在於醫院體制背後的問題心懷不滿。就結果來說，醫病雙方之間依舊無法形成良好的關係。

　　我們用IPI爭點分析模式來分析。每個人圓形圖有什麼不同的地方呢？因為是角色扮演的關係，圓形圖的內容也會隨著各個小組呈現不同的樣貌。

　　即使看起來只是打錯針這樣單純的問題，在各自的立場中會隱藏著許多爭議點（具體來說，應該是與爭議點有關的主張立場）。此外，也能發現隱藏在背後的深層欲求。緊盯這些深層欲求的同時，要選擇及調整能促進雙方當事人對話的爭議點，就能藉此完成圓形圖。

　　雙方當事人都會有許多爭議點。但就像之前所提過的，在醫療促

進溝通調解中，要聚焦在能夠協調處理的爭議點上。在此，我們將焦點放在「轉院」來進行分析。雖然「能否轉院」本身是一個全有或全無（all or nothing）的狹隘問題，但能發現雙方的立場背後隱藏的共通要素。此外，也能將問題與「對人（醫生）的責難與攻擊」區隔開來，不再執著於過去而轉向思考「今後該怎麼辦」的問題。

與此爭議點有關的患者深層欲求，是「希望妻子獲得更有誠意且適當的治療與對待。希望醫護人員能更了解妻子的感受」。更進一步來說，丈夫對妻子病情的擔心與不安，自己一點忙都幫不上忙，也不能把病情告訴患有躁鬱症的妻子。在妻子的治療過程中，什麼事都只能自己承擔的痛苦，「一起生活卻沒發現她罹患癌症」的懊悔，與對妻子的愧疚感等都隱藏其中。醫方認為「住院時，我們都已經說明過了。現在是在等待體力恢復，以後會根據病人的情況，說不定也有動手術的可能性。就算無法天天來進行說明，但我們也想給患者最好的治療。現在轉院的話，只會讓病情惡化。別家醫院跟我們採取的治療方法也大同小異。」

因雙方當事人都是從「患者的利益」為出發點。如果促進雙方對話了解彼此的需求，解決轉院問題的話，說不定就能藉此構築醫病雙方的良好關係。

當然，並不是每次都能夠使病方的立場轉為好的方向發展。在這種情況下，轉院也是可行的辦法。雖然雙方無法透過對話達成全面共識，但應該可以達到讓雙方都能接受的結論。對話過程本身，無論結果如何，對做出雙方都可接受的結論是有所貢獻的。因此，將焦點放在有其可能性的爭議點上是很重要的。

❶昨天和你說過話是哪些人？應該包括家人、朋友、同事、上司、患

者、患者家屬、超商店員等等吧。跟這些人說話時，你的應對方式也一定截然不同吧！那就選出5個差異很大的人物。

接下來，我們就來思考為什麼會產生不同的傾聽方式？應該會有各式各樣的理由吧。把你想到的點，通通寫下來吧。例如：「和對方的日常關係」、「給對方的印象」、「有沒有時間」、「自己的身體狀況如何」、「自己的心情如何」、「有沒有什麼在意的事」、「周圍是不是很吵」、「是不是太冷或者太熱」……。如此一來，我們就會發現能不能認真地傾聽對方的談話，與自己和對方的關係、自己的狀況、對話的環境等因素息息相關。

❷回想有誰「認真聽你說話」的經驗時，是什麼原因促使對方認真傾聽你說話呢？針對問題❶列舉出的因素，一一進行檢討吧。藉此應該就能確認「認真傾聽」的必要條件欲要素。

1. 能不能請您仔細描述一下醫生來查房時的情形？
2. 能告訴我，您來醫院時的情形嗎？
3. 對於醫生的說明，您有什麼看法？
4. 對於支付醫藥費，您的想法為何？
5. 能否告訴我，您向醫生說明過敏時的情形？

　　這些只是眾多解答之一。為了讓回答的人能毫無忌諱地說出自己想說的話，傾聽者要隨時留意自己的應對態度是否得體。

1. 您的意思是再也不會去那間醫院了嗎？

2. a）您沒有聽說超音波檢查還要裸露上半身是嗎？

   b）您的意思是也不准您拿毛巾來遮是嗎？

3. 您的意思是一點都不了解患者的心情是嗎？

4. a）您的意思是想換個醫生是嗎？

   b）您的意思是沒有聽醫生說明過的印象是嗎？

5. a）您的意思是醫生的話很難懂是嗎？

   b）您的意思是不知道怎麼跟您丈夫解釋是嗎？

6. 您的意思是沒有和家屬商量是嗎？

7. 您的意思是被醫護人員無視是嗎？

8. a）您的意思是您每天都精疲力盡是嗎？

   b）您的意思是根本沒力氣和顏悅色地跟家屬溝通是嗎？

9. 您的意思是沒有確認點滴瓶中裝了什麼是嗎？

10. 您的意思是醫生說完馬上就離開了是嗎？

　　這些只是眾多解答之一。沒有所謂的「正確答案」。重要的是，掌握話者強調的重點，找出關鍵字來回應。請牢記與其仔細檢討每個回答，不如「瞬間抓住關鍵字來回應」才是最重要的。

1. 您覺得很憤怒吧。

2. 您覺得很懊惱吧。

3. 您對醫院的應對感到氣憤吧。

4. 您覺得很不安吧。

5. 打針這件事，讓您覺得很生氣吧。

6. 您對未來感到很不安吧。

7. 這種事讓您覺得很痛苦吧。

8. 丈夫的事，讓您覺得很痛苦吧。

這些只是眾多解答之一。為了回應對方的感情，醫療促進溝通調解員必須擁有各種有關情感表現的詞彙。與其用說話者的句子直接回應，不如改變一下說法。此外，執行如解答例7、8所見的深層感情反映時，其前提就是要建構起穩固的信任關係。

這個習題是用來訓練傾聽方法的，一起來討論得到的結果吧。大家應該能夠從中學到對不同角色來說其技巧具有什麼意義和問題點。

此處的重點是，技法不是「會用就好」或是「刻意去使用」的東西。刻意去使用的話，只會讓話者覺得很不自然。技法必須自然而然表現出來才有意義。可說是做為「潛規則」的能力。

不知道大家做出來的結果如何呢？即使話者只是想站在中立立場提供情報，但聽者有沒有認為是在攻擊自己的情況發生呢？立場不同，對對方話中含意的解讀也會有所不同。特別是醫方和病方擁有的知識也截然不同，即使沒有攻擊意圖也很容易遭到誤解。在醫療現

場，要經常留意對方的認知結構，不要只有單方面的說明。

1. 應對再好一點的話，就會考慮再去那家醫院嗎？

（將對醫院的責難，轉換爲改進方法的摸索。）

2. a）如果事先說明需要裸露上半身的話，您能接受嗎？

b）要是能拿毛巾遮一下的話就好了嗎？

（將對醫院的責難，轉換爲改進方法的摸索。）

3. 對醫護人員來說，了解患者感受非常重要嗎？

（將對護士人格的責難，轉換爲改進方法的摸索。）

4. 仔細說明與來巡房都很重要嗎？

（將對醫生的責難、要求，轉換爲了解患者需求。）

5. 如果醫生的說明簡單易懂的話，就能跟丈夫解釋了嗎？

（將對醫生的責難，轉換爲改進方法的摸索。）

6. 如果好好跟家屬商量的話，也是可以考慮動手術嗎？

（將對過去說明不足的責難，轉換爲考慮動手術的正面論點。）

7. 認真傾聽並尊重患者的聲音是很重要的嗎？

（將責難轉換爲改進方法的摸索與了解患者需求。）

8. 如果改善目前醫生過忙情況的話，醫生也會更有耐心地去診療每個病人嗎？

（將對工作環境的責難，轉換爲確認醫生也想耐心對待每位患者的真正心意。）

9. 如果有仔細確認點滴內容此一步驟的話，問題就不會發生了嗎？

（將對護士的責難，轉換爲提出改善步驟等醫療安全管理問題。）

10. 要是醫生查房時，能認真傾聽患者說話就好了嗎？

（將對醫生的責難，轉換爲改進方法的摸索。）

這些只是眾多解答之一。

1. "砰"地一下把門關上時,您的感覺如何?

   (將對護士的責難,轉換為朝開關房門或病房內保持安靜的問題。)

2. 當要重新插針時,您覺得醫護人員該如何對病人解釋呢?

   (將過去的問題,轉換為與將來有關的應對問題。)

3. 那時候,您的感覺如何?

   (將焦點放在患者的內心感受,了解患者的真正需求。)

4. 關於移動床位這件事,您的感覺如何?

   (將被指示移動床位的不滿,轉換為了解患者想移動床位的需求與生氣原因。)

5. 你認為醫院方面該如何處理這個問題?

   (將對醫生的批評,轉換為了解患者對將來醫院因應態度的要求。)

6. 關於熄燈時間,您有什麼意見嗎?

   (將對護士的責難,轉變為了解患者對熄燈時間的要求。)

7. 那時候,您的感覺如何?

   (將對對方的責難,轉換為了解這位患者目前的要求。)

8. 這時候,護士該如何對應呢?

   (將對護士的責難,轉換為改進方法的摸索。)

這些只是眾多解答之一。最有效的「開放式提問」會隨著對話過程不斷改變。所以,調解時請隨機應變並根據不同的狀況作出調整。

繪製認知構造圖的同時，請按照順序分析下去。

　　負責512號房的資深Q護士，搞錯住在同病房、姓氏相同兩名患者的點滴，兩人都同樣注射了100mL的點滴（抗生素）。點滴打到一半時，患者J先生發覺點滴顏色跟平常不同，這才發現疏失。所幸沒有對人體造成任何影響，但就在準備動手術前，院方發生這種疏失，讓J先生感到很不安。「這是醫療事故！我絕不原諒這名護士，我要轉院！也不會付半毛醫藥費。」J先生透過護理長向主治醫生投訴。Q護士也已經提出醫療事故報告。

　　在這個時點，患者提出了幾個與爭議點息息相關的立場。我們來了解患者的立場吧。

- 對護士失誤的憤怒，不可原諒。
- 想要轉院。
- 不想支付醫藥費。

　　這三點是患者提出最顯而易見的立場。雖然在這篇文章中，無法看出與患者相對的醫生立場。但我們可以列舉下列這些主張：

- 患者又沒有受傷。我也道過歉了，希望他能原諒我。
- 不應該轉院。
- 當然要支付醫療費。

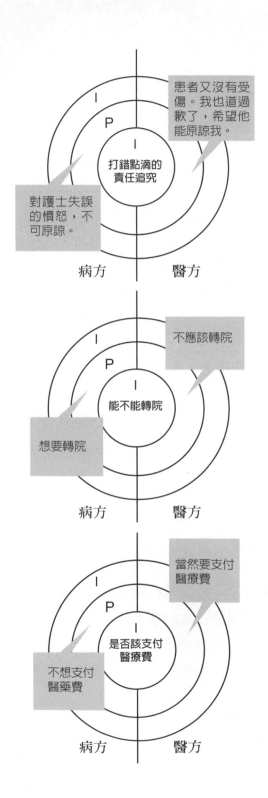

而爭議點如下：

- 打錯點滴的責任追究。
- 能不能轉院。
- 是否該支付醫療費。

在這個階段中，雖然還無法確認其深層欲求，但醫方的深層欲求，應該是「即使有錯，也是為了患者想進行治療」吧，這就是產生「不應該轉院」立場的原因。此外，「當然要支付醫藥費」的立場，不用說就是涉及到醫院的利益。

患者真的想轉院嗎？真的不打算支付醫藥費嗎？這些應該只是處於憤怒狀態的表面立場。背後的深層欲求，可能是「我想要的是不會發生事故，讓病人放心的醫療。但現在對醫院能否做到這點，我覺得很不安」。因此，深入對話去尋找這些深層欲求，企圖將現在的爭議點（打錯點滴的責任追究、能不能轉院、是否該支付醫療費）轉換為不同爭議點，就變得非常重要。

一開始以IPI展開的對話，隨著主治醫生巧妙的對話技巧不斷改變。在這個事例中，基本上患者是相信主治醫生的，再加上這次的事故並不是主治醫生引起的。因此，相較之下比較有可能與患者進行一對一的交談。

主治醫生：（一鞠躬，不疾不徐地開始說話）這次造成您的困擾，我們深感抱歉。大致情況，我已經聽護理長轉述了，但還是想聽J先生親口告訴我事情的來龍去脈，能否請您告訴我？

主治醫生已經聽護理長轉述，掌握了大致的情況。但醫生先把這些情報放在一旁，想從頭開始聆聽患者描述整起事件的經過。因此，

他使用了"開放式問題"。

J 先 生：好，這樣正好，我已經考慮要轉院了。從門診開始，我就再三強調我討厭打點滴、抽血這些會痛的動作。這件事，醫生你應該是最清楚的。沒想到這名護士，不但點滴針插了兩次才成功，還打錯點滴！

主治醫生：您的確在門診時，就說過不喜歡打點滴和抽血。沒想到被插了兩次針後，還注射到別人的點滴。能否告訴我您當時的心情呢？

前面兩句話採用了「言語置換（釋義）」的技巧。藉由在接納且不改變其內容的原則下加以回應的方式，積極地去傾聽對方說的話。之後，醫生也不輕易改變「害怕打針」這種無法輕易改變的論點，或是「打錯針」這種容易與責備護士相互連結的過去觀點，而是透過反覆提出「能否告訴我您當時的心情呢？」的開放式提問，增加與患者有關的訊息，試著讓患者了解本身的深層欲求。

J 先 生：本來以為是個認真的護士，結果居然捅出這樣的簍子。我也知道護士很忙，但應該要更小心照顧每一位病人才對啊。

主治醫生：您說之前認為她是認真的護士，沒想到居然犯下這種錯誤是嗎？

在這裡，患者說出了「認真的護士」這句話。接著，也說了「她很忙」這句話。我們能藉此看到將護士個人錯誤這個爭議點轉換其背景狀況爭議點的可能性。因此，主治醫生馬上抓住「認真的護士」這句話，並透過釋義技巧不斷重複、確認。

J 先 生：對啊，真讓人不敢相信。她的動作很俐落，我最討厭的打
點滴，也一次完成，沒想到她竟然會出錯。我就要動手術
了，一點風吹草動都緊張地要命，最近不是有很多醫療事
故的新聞嗎？

主治醫生：要動手術了，所以您很緊張是嗎？結果護士卻發生疏失，
讓您想趕快離開這裡吧。

J 先 生：對，我待不下去了。我就快動手術了，萬一出事怎麼辦？
我認為這不是因為沒鬧出人命就能草草了事的問題。

主治醫生：（一邊點頭）您說的沒錯。這不是沒發生不幸就能草草了
事的問題。剛剛您有提到當天護士看起來很忙，那時她看
起來如何？

主治醫生所做的嘗試，當然不可能馬上見效。患者的發言，在護
士的責任與背景狀況這兩個問題之間搖擺不定。主治醫生不斷使用釋
義技巧，傾聽患者心情的同時，也努力嘗試改變爭議點。最後的發言
是一邊確認患者針對當天背景狀況的發言，一邊運用「開放式提問」
來尋找其論點。

J 先 生：是，她看起來手忙腳亂的，另一名被打錯點滴的奶奶也在
找她，她身上的手機也響個不停。但是，因為這樣就能出
錯嗎？你們是專業的醫護人員耶！

主治醫生：她同時在做很多事情是嗎？但因為是專業的醫護人員，所
以不希望她出錯對吧!?

但是，從這段對話中，我們可以看到主治醫生的嘗試也沒奏效。
患者又再度回到「專家不應該犯錯」這個追究護士責任的論點上。主
治醫生絕非強迫自己聽患者說話，而是運用釋義技巧，隨時跟上患者

的談話內容。

J 先 生：沒錯，不希望她出錯。病人能仰賴的只有醫生跟護士。雖然護理長還有那位護士都來道過歉，但我沒原諒她們。畢竟發生這種事，叫我怎能安心？

主治醫生：（一直注視患者眼睛，不疾不徐地說）為了讓您安心，不再重蹈覆轍，我、護士以及所有同仁，都會以此警惕自己繼續努力，您願意相信我們嗎？

因為百分百接納了患者心情，患者也開始慢慢放鬆了，甚至還說出了「病人能仰賴的只有醫生跟護士」這句話。此時，主治醫生趁勝追擊，不斷地使用相關的溝通技巧。藉由患者的「能仰賴的只有醫生跟護士」的需求、「叫我怎能安心」這句話，主治醫生說出了「為了讓您安心……，您願意相信我們嗎？」這句話，試圖將責難這種消極的爭議點轉變為摸索出改善方法的積極論點，不斷使用改變框架的技巧。此外，也要留意「一直注視患者眼睛」這些非語言訊息。

J 先 生：嗯……，這個嘛？你說要讓我繼續相信你們，那麼你們要怎麼努力？

主治醫生：要打針時，我們會嚴格遵守基本步驟，並再三確認。J先生不喜歡注射藥物，可以試看看用口服藥物代替。還有護士打點滴和抽血時，如果失敗兩次，我們就換人。至於我呢，因為您就快要動手術了，如果我來巡房時，一定會來看您，有什麼問題您都可以跟我說。為了讓J先生能安心，我們目前能做的就是這些，除此之外，您還需要我們為您做些什麼？

主治醫生成功轉換了爭議點。患者也開始詢問具體的改善措施，

這就代表了醫生成功轉換了患者的爭議點。患者也對「改善醫院的應對方式」展現了濃厚興趣。

　　在這裡，爭議點就是「讓患者安心的應對」。這裡設定的爭議點，與其說是用來了解患者的需求，不如說是指引如何解決問題方向的指南針。因此，主治醫生提出了很多立場作為爭議點的對策。醫生的深層欲求，就變成「想提供讓患者安心的醫療服務」。接下來，主治醫生也繼續以「開放式提問」來詢問患者的意見，並時時刻刻注意不以醫院單方面的提案做結。

　　此外，患者的爭議點之所以能成功轉變的另一個原因是，主治醫生不斷地運用許多傾聽技巧，來聆聽患者的想法。雖然一開始，患者的發言，在護士的責任與背景狀況這兩個問題之間搖擺不定。但主治醫生隨時跟上患者的談話內容，在順其自然的情況下，多次運用了傾聽技能。將爭議點從護士的失誤轉向對背景狀況的論點。雖然表面上看起來沒有成功，但在對話的過程中，增強了患者對主治醫生的信任，對護士的看法與感情也一點一滴地開始變化。這與積極轉換爭議點是有所關連的。

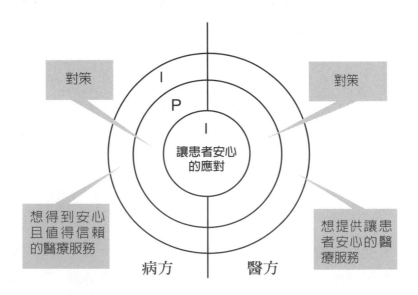

J 先 生：這個嘛，我不想再讓那位護士幫我打點滴了。如果可以不
用打點滴的話，畢竟我在這裡接受診療這麼久了，還是想
請醫生幫我動手術。醫生如果每天都能來我這看看，我也
會比較安心……。

主治醫生：也就是說，將點滴換成口服藥物、將抽血降到最低限度、
我每天都來病房看您，這樣您就能安心不辦理轉院是嗎？

　　患者也提出了一些具體的建議。話中好像還帶著對護士的不信任
感，但也可以看出對主治醫生的信任。「能不能轉院」的爭議點也自
然消滅，看得出來患者想繼續跟著這位醫生。因此，主治醫生把握了
這次機會，以釋義技巧進行確認，並以提問的方式提出了不轉院這個
結論。

J 先 生：是的，這樣的話，我就不轉院了。那名護士的態度，也讓
我感受她的誠意……。

主治醫生：您願意不轉院，還肯諒解我們的護士，真的很感謝您。造
成您的困擾我們再次深感抱歉。不過，您之前有提到醫藥
費的問題，不知道您現在的打算？

J 先 生：如果你們負起責任好好治療，我當然會付醫藥費。不過，
萬一留下什麼後遺症，你應該知道我會怎麼做了吧。

主治醫生：我了解了，只要負起責任，進行讓您安心的治療，您就會
支付醫藥費。當然，如果有什麼後遺症，您就會採取必要
手段是嗎？

J 先 生：沒錯。

　　終於成功地讓患者講出了「不轉院」這句話。到此為止，問題幾
乎都已經圓滿解決了。患者也說出了對護士的正面評價。聽到這些話

的主治醫生也表示了感謝之意，再次與患者致歉。並趁此機會，使用「開放式提問」詢問患者「是否支付醫藥費」這個問題。在此也成功獲得患者的肯定答案。

換句話說，患者真正的深層欲求 ——「想得到安心且值得信賴的醫療服務」，都因為主治醫生提出的提案獲得滿足。一開始的表面爭議點，如「護士的失誤」、「能不能轉院」、「是否該支付醫療費」等，都可以說是煙消雲散了。主治醫生所提出有關這些論點的最後問題，只不過是要確認這件事而已。

但是，主治醫生還是沒有忘記使用釋義技巧，接納患者「萬一留下什麼後遺症」的不安表現，用心傾聽患者說的每句話。

- -

主治醫生：很高興今天您願意跟我談這麼多。為了提供讓您安心的手術和醫療，我們會繼續努力。這次真的很抱歉。

J 先 生：好了，別再道歉了，只要聽到醫生您這樣講，我就放心了。之前因為太生氣，情急之下就說要轉院，真的很不好意思。我的手術，就麻煩醫生了。

主治醫生：好的，沒問題。

- -

最後，主治醫生還是表示了適當的感謝和道歉之意，成功修護了醫方與病方的關係。透過角色扮演親身體驗這些技巧的效果，是很重要的。

醫療促進溝通調解｜修訂版｜

醫療爭議管理
——醫療促進溝通關懷與衝突管理 　　　　HD7008X

作　　　者／和田仁孝・中西淑美
譯　　　者／李晨芸・詹文君・黃羿文・董瑋亭・李訓承・王薇婷
總 策 劃／陳永綺
總 審 定／李詩應
審　　定／黃鼎文
校　　對／王薇婷
選　　書／林小鈴
責 任 編 輯／梁瀞文

行 銷 經 理／王維君
業 務 經 理／羅越華
總 編 輯／林小鈴
發 行 人／何飛鵬
出　　版／**原水文化**
　　　　　台北市民生東路二段 141 號 8 樓
　　　　　電話：02-2500-7008　傳眞：02-2502-7676
　　　　　網址：http://citeh2o.pixnet.net/blog E-mail：H2O@cite.com.tw
發　　　行／英屬蓋曼群島商家庭傳媒股份有限公司城邦分公司
　　　　　台北市中山區民生東路二段 141 號 2 樓
　　　　　書虫客服服務專線：02-25007718；02-25007719
　　　　　24 小時傳眞專線：02-25001990；02-25001991
　　　　　服務時間：週一至週五上午 09:30-12:00；下午 13:30-17:00
　　　　　讀者服務信箱 E-mail：service@readingclub.com.tw
劃 撥 帳 號／19863813；戶名：書虫股份有限公司
香 港 發 行／香港灣仔駱克道193號東超商業中心1樓
　　　　　電話：852-2508-6231　傳眞：852-2578-9337
　　　　　電郵：hkcite@biznetvigator.com
馬 新 發 行／城邦（馬新）出版集團
　　　　　41, Jalan Radin Anum, Bandar Baru Sri Petaling,
　　　　　57000 Kuala Lumpur, Malaysia.
　　　　　電話：603-9057-8822　傳眞：603-9057-6622
　　　　　電郵：cite@cite.com.my

封 面 設 計／鄭子瑀
內 頁 設 計／陳廣萍
內 頁 排 版／浩瀚電腦排版股份有限公司
印　　刷／卡樂彩色製版印刷有限公司

初　　版／2013年11月14日
修 訂 一 版／2019年12月26日
定　　價／480元

城邦讀書花園
www.cite.com.tw

Medical Mediation by Yoshitaka Wada, Toshimi Nakanishi
Copyright © 2011 Yoshitaka Wada, Toshimi Nakanishi
All rights reserved.
Original Japanese edition published by Signe, Limited company.
Traditional Chinese translation copyright © 2013 by H2O Books, a Division
of Cité publishing Ltd.

ISBN　978-986-5853-25-9
有著作權・翻印必究（缺頁或破損請寄回更換）

國家圖書館出版品預行編目資料

醫療促進溝通調解 —— 由敘事著手的衝突管理
／和田仁孝、中西淑美著. 李晨芸等翻譯. --
初版一版 .-- 臺北市：原水文化出版：家庭傳
媒城邦分公司發行，2013.11
　　面；　公分

　ISBN 978-986-5853-25-9（平裝）

　1.醫療糾紛　2.衝突管理　3.溝通技巧

585.79　　　　　　　　　102021708

● 简体版广州暨南大学出版

《医疗纠纷调解：纠纷管理的理论与技能》
和田仁孝、中西淑美／合着
晏英／译
出版社：中国广州暨南大学出版社
定价：¥36.00元